普通高等教育"十二五"金融学专业规划教材

陕西省优秀教材

总主编 李 成

证券投资学

【第二版】

主 编 王建喜

西安交通大学出版社

XI'AN JIAOTONG UNIVERSITY PRESS

内 容 提 要

　　本书以简洁的语言比较全面地介绍了证券投资的理论与实务。从内容上来看，全书可分为四大部分：第一部分共四章内容，主要介绍证券基本知识、投资工具和证券市场及交易等相关规定；第二部分共五章内容，主要介绍股票、债券和衍生证券投资的分析；第三部分共两章内容，主要介绍证券投资的重要理论；第四部分一章内容，主要介绍证券投资的国际化发展趋势等。

　　本书在编排上力求反映最新的知识，全书结构严谨，内容新颖，理论与实践性强，不仅适合高等院校财金、经管类专业教学使用，也可作为证券从业人员培训用书。

普通高等教育"十二五"金融学专业规划教材

编委会

学术指导：赵海宽

总 主 编：李　成

编 委 会(以姓氏笔画为序)：

　　王建喜　王政霞　申尊焕　李　成　李忠民

　　李富有　任　远　刘　月　祁敬宇　陈卫东

　　陈永生　孟钊兰　周好文　胡　碧　胡　智

　　徐璋勇　强　力　程婵娟　翟立宏　颜卫忠

策　　划：魏照民

总　序

　　现代市场经济中,金融已经成为整个经济的核心。第一,金融在市场资源配置方面发挥着核心作用,是连接商品市场和其他要素市场的枢纽,在价值规律作用下,金融机构将资金投向效益好、前景好的产业和企业,使社会资源得到优化配置。第二,金融在宏观经济调控中发挥着核心作用,是宏观经济调控的重要杠杆。国家运用利率、汇率等多种金融手段,调节货币供应量,争取经济的总量平衡,实现物价稳定、经济增长、充分就业和国际收支平衡,促进经济又好又快发展。第三,金融在维护国家经济安全方面发挥着核心作用。经济发展中最大的不安全因素之一是金融危机;要保证国家经济安全发展,首先必须掌握金融发展状况,保证金融业的健康运行。第四,金融在决定国家经济综合竞争力中发挥着核心作用。发达的金融业能给科技创新、实业发展、政府公共支出等提供源源不断的低成本资金,带动投资、消费的增长,推动社会经济的繁荣和居民生活的改善。没有现代化的金融,不可能有现代化的经济。掌握和控制国际银行系统、拥有硬通货以及主宰国际资本市场,被视为西方强国控制世界的三大战略手段。美国之所以能够称霸世界,美元的霸主地位和金融业的高度发展是重要因素。根据洛桑国际管理发展学院发布的 2007 年世界竞争力年度报告,名列前 6 位的美国、新加坡、香港、卢森堡、丹麦和瑞士,都具有十分发达的金融业,其中有的是世界的金融中心。

　　在经济全球化趋势加快的背景下,金融在经济中的核心地位将越来越突出。谁能率先实现产业结构的调整和升级,优先发展金融为主的服务业,尽快建立发达的金融体系,谁就能站在全球竞争的最前面。

　　近些年来,发达国家开始放松对金融业的管制。美国在 1999 年颁布《金融服务现代化法》以后,取消了银行、证券、保险业之间传统的跨业经营限制。俄罗斯、印度等一些新兴市场经济国家也纷纷加快了金融自由化步伐,放松或取消金融管制,为金融发展创造更加宽松的制度和条件。与此同时,世界金融业的并购、整合加快,创新能力和风险管理能力提升,金融格局正在发生重大变化。这种变化主要表现在三个方面:第一,全球金融资产迅速膨胀。美国和日本等长期的低利率政策,造成了全球货币的超额供给和流动性过剩,大量资金涌入金融市场,扩大了金融市场的规模。反过来,金融市场的快速扩张,又刺激了全球流动性的进一步膨胀。据国际权威机构统计,目前全球金融业核心资产总额已达 140 万亿美元,占全球 GDP 总额之比,由 1980 年的 109% 提高到 316%;全球金融衍生产品的名义价值已达 370 多万亿美元,超过全球 GDP 的 7 倍。第二,资本市场进一步成为金融市场的主体。全球银行资产占金融资产的比重,由 1980 年的 42% 下降为 2005 年的 27%。第三,新型金融投机资本迅速兴起。全球对冲基金、私人股权投资基金数量增加很快,拥有的资产数额急剧膨胀,世界金融业的风险增加。

　　我国改革开放以来,充分发挥金融在现代经济中的核心作用,果断推出了一系列重大金融改革措施,不失时机地实施国有商业银行股份制改革,推进建立现代金融制度,大力推进以深化农村信用社改革为重点的农村金融改革,发挥金融在支持社会主义新农村建设中的重要作用。积极推行互利共赢的开放战略,不断提高金融对外开放水平。强调金融创新的重要位置,全面提升银行业的竞争力和服务水平。坚持把金融监管作为金融工作的重中之重,维护金融体系稳健、安全运行。由于采取了一系列强有力措施,我国金融业取得长足进步,发生了历史性的剧变。金融体系不断完善,金融资产迅速增加;金融企业的公司治理加强,盈利能力提高,财务状况和资产质量明显改善;金融改革迈出重大步伐,商业银行改革、农村信用社改革取得了阶段性进展;人民币汇率形成机制和利率市场化改革进展顺利;资本市场基础性制度建设全面加强;保险业改革成效显著,保险公司整体实力和承保能力提高较大;金融监管明显加强,防范和处置金融风险力度加大;金融对外开放水平不断提高。截至 2006 年底,中国金融资产总量已突破 60 万亿元,其中,银行业金融机构资产为 44 万亿元。中国的经济货币化程度(M2/GDP),已由改革初期 1978 年的 30% 跃升至当前的 180% 强。至 2007 年 7 月底,沪深两市股票市值 20 万亿元,占 GDP 的比重达 98%。金融业在推动我国经济转型、支持经济发展方面发挥了重要作用。当然,同国际先进水平相比,中国金融业的发展水平还不算高,结构仍然不够合理,区域发展不平衡,创新能力、服务水平与实际需求还有差距等。必须进一步深化金融改革,加快金融发展,扩大金融开放,加强金融监管,提升我国金融业的水平。

金融大业,人才为本。面对新形势新任务,迫切需要一大批经济、金融理论基础扎实、对现代金融业务熟悉、能适应国际竞争需要的高级专业人才。只有培养和造就一大批这样的人才,才能应对国际竞争和挑战,更好地服务经济、服务社会。

金融业的发展依靠人才,人才培养依靠教育,发展教育离不开高质量的教材。作为知识载体和教学工具,教材质量关系教育质量和人才质量。西安交通大学李成教授组织编写的这套金融学专业系列教材,适应新形势对培养金融人才的需要,以面向世界、面向未来,体现学术性、系统性和前瞻性为宗旨,注重培养学生的创新能力和实践能力,为塑造高素质、创造性、复合型人才提供了条件。教材编写者,大都是具有扎实经济金融理论基础和较丰富的教学经验的年轻学者。他们思维活跃,思路开阔,善于学习和借鉴国内外研究成果,具有宽广的国际视野。在吸收国内外重要专业文献、教材内容的同时,有不少创新。我相信,这套系列教材的推出,必将有助于我国金融教学和金融研究水平的提高。

2007 年 7 月 28 日
于北京

注:赵海宽先生是我国老一辈著名金融专家,中国金融理论和金融改革的开拓者,中国人民银行研究生院创始人之一。曾任中国金融学会副会长,中国人民银行研究所所长,《金融研究》主编等职。现任国家政治协商委员会委员,中国人民银行研究生院博士生导师、教授,国内多家著名大学特聘教授。

第二版前言

2006 年,中国股市牛劲十足,A 股走势如一头狂奔的"疯牛",股指狂涨 130%。进入 2007 年 1 月,仍无停止的趋向,继续狂飙,沪深两市交易量屡创新高。火爆的牛市,吸引了大量的散户入市。根据中国证券登记结算有限公司的统计,2007 年 1 月 29 日,沪深两市投资者新增开户总数为 108 332 户,创下单日开户新高;截至 2007 年 4 月中旬,沪深两市账户总数已超过 9 000 万户,据有关报道,该数字已经超过全球资本市场最发达的的美国。与此同时,股民的激增和交易量的屡创新高,也使得一些券商证券交易系统发生大面积拥堵,无法进行正常交易。此情此景,使人又仿佛回想起 20 世纪 90 年代当时中国火爆的股市。但是放眼观察股市上众多投资者的投资行为,人们会发现,新一代散户的投资风险意识淡薄,期望收益率又很高,很多投资者买卖股票,不是根据基本面分析,而是跟风消息、猜测"庄家"动向、联想无价值信息进行的,市场上到处是追涨杀跌,这类投资现象被行为金融学家称为"噪音交易"。实际上,中国股市中一直充斥着这类"噪音"。"噪音交易"的激增,反映了很多投资行为的非理性,同时也预示着风险的增加。为此,2007 年 1 月下旬以来,中国证监会、银监会、统计局等多个部委都在公开场合相继向广大投资者提示风险,但是收效甚微,反而引致更多的新散户入市,新散户又在重复个人投资者几百年来不断重复的错误。由此可见,证券投资知识的普及和掌握,对于证券市场和证券投资的健康发展有着重要的意义。

本书自从 2007 年由西安交通大学出版社正式出版以来,得到市场的广泛认可,已重印 6 次,并于 2011 年荣获陕西省普通高校优秀教材奖。市场的反应和教育主管部门的奖励,对我们是一个极大的肯定和鼓励。因此,我们根据证券投资市场的变化和需求,决定对第一版进行修订,推出第二版。

修订后的本教材,具有以下特点:

1. 体系成熟,结构清晰,各章节内容之间体现了很强的逻辑性。

2. 论述严谨,通俗易懂,简明详尽,具有很强的可读性。

3. 注重理论与实践的结合,更易于学生理解和具体操作。

4. 编排贴近现实,体现最新研究成果。

5. 满足教学的需要,为老师课堂讲授留有较多的发挥空间,注重培养学生分析问题和解决问题的能力。

本书共十二章,由西安外国语大学商学院王建喜教授担任主编,西安外国语大学商学院张金梅、庞加兰,西北政法大学经管学院陈卫东三位老师担任副主编。本书撰写和修订的具体分工如下:王建喜第一章;庞鹤(西安财经学院)第二章、第十二章;胡杰(陕西师范大学国际商学院)第三章;庞加兰第四章;陈卫东第五章、第七章;陈峰(西北政法大学经管学院)第六章;张金梅第八章;李川(陕西行政学院)第九章;沈燕(西安理工大学经管学院)第十章;毛英(西安交通大学经济与金融学院)第十一章。全书由王建喜总纂并定稿。

  本书在编写和修订过程中参考了大量的中外文献,在此谨向这些文献的作者表示诚挚的谢意。同时,对本书编写和出版工作给予过大力支持的西安交通大学出版社和本书的策划和责任编辑魏照民老师表示最真挚的谢意。

  限于我们的学识水平和经验,书中缺点和错误在所难免,恳请广大读者予以批评指正,联系邮箱为 wangjianxi@xisu.edu.cn。

作 者
2014 年 8 月

目　录

第一章 证券投资导论

本章要点

1. 投资的类别,投资、投机与赌博的区别
2. 证券、证券投资的概念、要素
3. 证券投资的流程

第一节 证券投资的发展

一、投资概述

(一)投资的含义与种类

在市场经济条件下,投资活动作为一种重要的经济活动,已越来越被众多的人所熟悉。那么什么是投资? 投资一般是指投资者将目前持有的资金用于购买具有孳息能力的资产,以换取未来的财富。由于投资者可能是个人、企业、政府或各种基金,投资一词因而有不同的含义,例如个人的投资可能是购买股票、债券或不动产;企业的投资则可能是购置土地、厂房或机器设备;个人交纳学费、接受教育,希望将来功成名就的行为也是一种投资;企业聘请专家来公司讲授最新的法律知识、管理技巧或经验等,此种为员工"充电"的做法也属于人力资源方面的投资。因此,投资一词所包括的范围十分广泛,以下根据不同的投资方式与内容,为投资赋予更多不同的意义。

1. 广义投资与狭义投资

根据投资概念范畴不同,投资可划分为广义投资与狭义投资。

广义投资是指投资者为了获取未来预期收益而将资金投入具有生产能力的资产(如土地、厂房或机器设备)的行为。其目的不仅在于增加自己的财富,而且更能增进整体经济的成长。一般而言,广义投资可分为有形投资与无形投资。①有形投资又称直接投资,是指将资金直接或间接用于从事实质的生产活动,以获得可用货币单位计算的收益或报酬。②无形投资是指投资活动的预期收益难以用货币单位衡量的投资。

狭义投资是指购买金融资产的投资,如股票、债券等证券投资皆属于这一类。

2. 实物资产投资与金融资产投资

根据投资对象的性质和形式,投资可分为实物资产投资与金融资产投资。实物资产投资是指投资者直接拥有土地、机器、厂房等实物资产的投资行为。金融资产投资是指投资者对金融资产的投资活动。在过去的经济环境中,投资活动大部分都以实物资产投资为主,而当今的发展趋势则是金融资产投资已成为主要的投资活动,这种趋势与金融投资机构及证券管理制

度的发展有关。这两种投资是互补的而非相互排斥的。

3．直接投资与间接投资

根据投资者能否直接控制其资金的运用，投资可分为直接投资和间接投资。直接投资是指投资者将资金直接用于开办企业，进行项目建设或购置设备，并购其他企业的行为。其基本特征是投资者能有效地控制投资资金的运用。间接投资是指投资者通过购买金融资产，以获取一定预期收益的投资。其特点是投资者在投资活动中不能有效地控制资金的运用状况。

（二）投资、投机与赌博的区别

投资、投机与赌博在证券投资中经常被人所混淆。之所以如此，是因为有时这三者的确难以区分。但为了分清它们之间的关系，又必须进行区分。下面以表1-1所列的项目来区别投资、投机与赌博的不同。

表 1-1　投资、投机与赌博的区别

类别 项目	投资	投机	赌博
持有时间	长	短	最短
风险大小	小	大	最大
风险来源	现实经济生活中已存在	现实经济生活中已存在	人为制造
对待风险的态度	厌恶	偏好	嗜好
报酬的来源	着眼长期的股利或利息收入	追求短期的资本利得	追求短期暴利
投资分析重点	着重基本分析与投资组合的观念	着重技术分析	凭谣言或人心的浮动而盲目投资
所需资料的多寡	多且又系统	少且不完全	凭谣言及侥幸心理
个性	保守	积极	胆大妄为
结果	资本增值，有助于经济发展，或亏损	分担价格风险，增加流动性，或增大社会风险	金钱在不同的人之间转移，不创造价值

二、证券投资的产生与发展

证券投资是随着证券的出现而产生的。早期的证券主要有债券与股票，因而早期的证券投资主要为债券投资和股票投资。最早的债券投资是随着国债的发行而产生的。早在 12 世纪末，威尼斯共和国就发行过债券。17 世纪后，国债的发行规模日益扩大，日益壮大的公司已开始利用债券作为筹资手段，但公司债券的迅速发展则出现在资本主义社会进入垄断阶段后。伴随着债券的发展，债券投资也日益成为一种重要的投资手段。

股票投资的产生源于股份制和股票交易的产生与发展，至今已有 400 多年的历史。早在古罗马时代，已出现了保税人所组织的股份委托公司。15 世纪，地中海沿岸的城市出现了邀请公众入股的城市商业组织。在 1613 年，荷兰的阿姆斯特丹已经出现了证券交易所的雏形，一些商人在此买卖海外公司的股票。1773 年，世界上第一个证券交易所在伦敦成立。这表明基本的证券投资制度由此正式产生。到了 17 世纪后半叶,证券投资获得了迅速发展。

19 世纪末到 20 世纪初,股份经济进一步发展,与之相关的证券投资也得到了长足的发展;但是,1929—1933 年的经济大危机严重影响了证券投资的进一步发展,使证券市场几乎崩溃。第二次世界大战后,随着主要工业国经济的复苏,证券投资日益兴旺。特别是 20 世纪 50 年代以来,证券投资的发展发生了质的变化。这种质的变化主要表现在:①证券投资规模不断增大。②新的趋向和新的特点不断涌现。尤其是进入 80 年代以来直到 90 年代以后,这些特点表现格外明显,例如,证券投资机构化、投资工具多样化、证券投资电子化、证券投资国际化、金融活动证券化等。③证券投资理论不断完善与创新。早期的证券投资理论中,最有影响的学派主要有:以威廉姆斯和格雷厄姆为代表的稳固基础理论、以道氏理论为代表的技术分析学派、凯恩斯的空中楼阁理论、巴契里耶开始的市场有效性的早期研究。到了 20 世纪 50 年代,马柯维茨资产组合选择理论的提出,标志着现代证券投资理论的产生,它第一次为人们打开了通往现代投资理论体系的大门,从此以后,证券投资理论不断得到创新与发展。1963 年,威廉·夏普提出了单因素模型,极大地简化了选择资产组合的计算工作量;同年,尤金·法玛首次提出了有效市场理论。1964 年,威廉·夏普以有效市场为基础,提出了资本资产定价模型,第一次较合理地解决了资本性资产的定价问题。其后,罗斯对资本资产定价模型进行了修正,进一步缩小了资本资产定价模型的假设,使其可适用性大为增加。1973 年,布莱克和斯科尔斯在资本资产定价模型基础上,提出了期权定价模型,不久,莫顿给出了该模型的扩展形式,使期权定价模型更为完美。期权定价模型为期权等金融衍生工具的交易提供了客观定价依据,使金融衍生品的大量涌现成为可能。

在证券投资理论的发展创新中,莫迪利亚尼-米勒于 20 世纪 50 年代提出了关于资本结构和股息政策选择模型。该模型后来被人们称为 MM 定理,成为现代资本市场结构理论的基础,是继马柯维茨资产组合选择理论之后现代金融学领域的又一次重大突破。进入 80 年代以来,旨在揭示金融资产交易价格形成过程及其原因的金融市场微观理论得到迅速发展。另外,几乎与马柯威茨提出资产组合选择理论的同时,一些经济学家运用实验分析方法,从心理学角度对证券市场的非理性行为进行了研究和解释,创立了行为金融学,引起经济学界的广泛关注。这些为数众多的理论创新与发展,标志着证券投资理论的不断丰富与完善,也使证券投资学成为经济学中"最富有科学性的课程"。

第二节　证券与证券投资

一、证券概述

(一)证券的概念

证券是各种权益凭证的统称,是用来证明证券持有人有权取得相应权益的凭证。从一般意义上来说,证券是指用以证明或设定权利所做成的书面凭证,它表明证券持有人或第三者有权取得该证券拥有的特定权益,或证明其曾经发生过的行为。

证券的票面要素主要有四个:第一,持有人,即证券归谁所有;第二,证券的标的物,即证券票面上所载明的特定的具体内容,它表明持有人权利所指的特定对象;第三,标的物的价值,即证券所载明的标的物的价值的大小;第四,权利,即持有人持有该证券所拥有的权利。

（二）证券的性质

证券虽然代表债权或所有权，但不是一种实在的资本，而是虚拟资本。所谓虚拟资本，就是以有价证券的形式存在，并能够给持有者带来一定收益的资本。这种资本是独立于实际资本之外的一种资本存在形式，本身并不能在生产过程中发挥作用，它不是真实的资本，而是现实资本的纸制副本，间接地反映实际资本的运动状况。

（三）证券的特征

1. 证券的收益性

证券的收益性是指证券能给持有者带来一定收益的特性。证券作为一定财产的证书，在正常情况下，能给持有者带来一定的收益。这种收益一般表现为利息收入、红利收入和买卖证券的差价。因此，收益性是证券最基本的特征。

2. 证券的流通性

证券的流通性又称变现性，是指证券持有者可根据市场行情，灵活地、及时地把证券转让出去以换取现金。流通性是证券的生命力所在。这种性质不但可以使证券持有人随时把证券转变为现金，而且还使持有人根据自己的偏好选择持有证券的种类。证券流通性的强弱一般受证券种类、期限长短、利率形式、信用级别、发行公司的知名度、市场活跃程度等多种因素影响。

3. 证券的风险性

证券的风险性是指证券持有者面临着预期收益不能实现，甚至发生亏损乃至破产的可能性。这是由未来经济状况的不确定性所导致的。未来经济的发展变化总会引致证券市场的变化，而证券市场的变化，使得投资者难以确定其所持有的证券将来能否取得收益和能获得多少收益，从而就使持有证券具有风险。

4. 证券的产权性

证券的产权性是指有价证券记载着权利人的财产权内容，代表着一定的财产所有权。拥有证券就意味着享有财产的占有、使用、收益和处置的权利。在现代社会，财产权利和证券已密不可分，两者已融为一体，证券已成为财产权利的一般形式。虽然证券持有人并不实际占有财产，但可以通过持有证券，拥有有关财产的所有权或债权。

（四）证券的分类

1. 广义证券和狭义证券

根据证券概念的范围划分，证券有广义与狭义之分。广义证券包括商品证券、货币证券和资本证券。狭义证券仅指资本证券。

商品证券是证明持有人商品所有权或使用权的凭证。取得这种证券就意味着取得这种商品的所有权。这种证券常见的有提货单、运货单等。

货币证券是指对货币有请求权的证券。这类证券作为商业信用工具，可以在流通中代替货币的使用，起着一种支付的作用。一般包括本票、汇票和支票等。

资本证券是指能按期从发行者处领取权益的证券，如股票、债券、基金证券，以及其衍生证券等。资本证券是证券的主要形式。

2. 记名式证券与无记名式证券

记名与无记名式证券是根据所发行的证券上是否明确记载持有人的姓名或名称而作的划分。这种分类多适用于股票和债券。记名式证券是指证券上明确记载了持有人的姓名或名称,在转让此种证券时,一般采取背书方式进行,转让完成后还需变更记载股东名册或债券存根簿。无记名式证券是指所发行的证券上并不明确记载持有人的姓名或名称,仅需交付证券即可达到转让的目的,故其转让较记名式证券更为简便。

3. 上市证券与非上市证券

上市与非上市证券是根据所发行的证券是否在证券交易所挂牌交易所作的分类。凡依法取得在证券交易所挂牌交易资格的证券即为上市证券;反之,则为非上市证券。这种分类的实际意义主要表现为证券流通转让的广泛性、便利性和规范性的不同。

4. 有价证券与无价证券

根据证券的有价性,证券可分为有价证券与无价证券。

有价证券是指设定并证明持券人有权取得一定财产权利的书面凭证。它是证券最常见的形式。从性质来讲,有价证券本身并无价值,只是它能为持有者带来一定的股息、红利和利息收入,因而可以在证券市场上流通。

无价证券又称凭证证券,是指认定持证人是某种合法权利者,证明对持证人所履行的义务是有效的凭证,如存款单、借据、收据以及定期存款存折等。这种证券的特点是:虽然它也是代表所有权的凭证,但是不能真正独立地作为所有权证书来行使权利。

二、证券投资

(一)证券投资的含义

证券投资是指投资者对有价证券的购买和持有,以获取收益的行为。证券投资已发展成为现代社会中的重要投资方式,是动员和再分配资金的重要渠道。证券投资可使社会闲散货币转化为投资资金,储蓄转化为投资,对促进社会资金合理流动、促进经济增长具有重要作用。

(二)证券投资要素

1. 投资场所

投资的场所就是证券交易的场所,亦即证券市场,它也是金融市场的重要组成部分。证券市场具有融通资金、定价、转移和分散风险以及提供流动性等多种功能。随着现代信息、通信和电子技术的发展,许多证券市场已不再是一个具体的场所,而成为一个网络,越来越虚拟化,许多投资对象的交易在这样的市场中实现。

2. 投资的参与者

证券市场上的投资者,主要有个人投资者、机构投资者和政府。

(1)个人投资者。个人投资者又称投资散户,是指以家庭资产进行投资的投资者,它是投资活动的主体。因为从宏观看,家庭消费后的结余构成社会的储蓄,即家庭是社会的主要资金的提供者。因此,在金融市场上,个人或家庭的主要活动是投资,而企业的主要活动是筹资。因此,个人或家庭的储蓄能否顺利转化为投资是衡量一国宏观经济是否健康的重要标志。

个人投资者的投资活动有两种形式,一是投资于各种基金,二是直接投资于市场中的各种金融工具。前者由投资专家管理;后者由投资者个人自己决策,自担风险。由于个人投资者在投资时往往缺乏经验、时间,资金额较小等,尽管在市场中花费了大量的精力,收集信息,学习各种投资技巧,但成效并不理想。因此,要想使投资成功,个人投资者必须学习投资理论和知识,了解收益与风险的基本关系,学会组合投资技术,掌握控制风险的技术等。

(2)机构投资者。证券市场上的机构投资者可分为两类,一类是非金融企业,一类是金融机构。机构投资者的特点是投资资金数量大,需要建立规模较大的资产组合,并需要专门的人员管理。对于非金融企业来说,虽然也有闲置资金,也需要利用证券市场进行投资,以获得尽可能好的效益,但它们不是证券市场上的投资主力。因为这类企业在证券市场中主要是资金的需求者,其主要任务是利用证券市场为企业进行融资,进行套期保值,规避产品价格波动的风险、利率变动的风险、汇率变动的风险等。所以相对而言,金融机构才是证券市场上投资的主力。参与投资活动的金融机构有主要从事证券业务的投资银行,从事存贷业务的商业银行,从事人寿保险、财产保险和再保险的保险公司,以及各种基金等。

（3）政府。政府与投资的关系表现在三个不同的层面上:一是政府是资金的需求者。与企业一样,政府需要利用证券市场发行中长期国债或短期国库券筹措资金以满足其支出需要。二是政府通过中央银行在证券市场上大量买卖国库券,以影响市场利率和货币供应量,调控宏观经济。三是政府对证券市场中投资活动的监管。政府通过专门的监管部门对证券的发行、交易进行监管,使有关信息的披露规范,以确保证券交易的公平、公开和公正。总之,政府既需要证券市场又负责监管,同时也进行投资;但不是为了盈利,而是为了调控宏观经济。

3. 投资对象

投资对象是指市场中的各种金融工具。金融工具是指那些能在金融市场上买卖、具有活跃二级市场的金融产品,它也是反映债权债务关系的合约证明文件。金融产品则是指金融资产中由金融机构设计与开发的部分。金融工具与金融产品的区别主要在于金融工具具有流动性和可交易性。金融工具的种类主要有:货币市场证券、固定收益证券、股权证券、衍生证券等。

第三节　证券投资流程

理性的投资人在进行证券投资时,必会在投资之前做一系列分析研究,以决定其投资决策。而这一系列的分析过程就是投资流程。投资流程是动态的和连续的,所以投资分析的工作是永无止境的。投资流程由五个基本部分组成,即设定投资政策、进行证券分析、构建投资组合、调整投资组合、评估投资组合的绩效。图1-1说明了投资流程各个部分的相互联系。

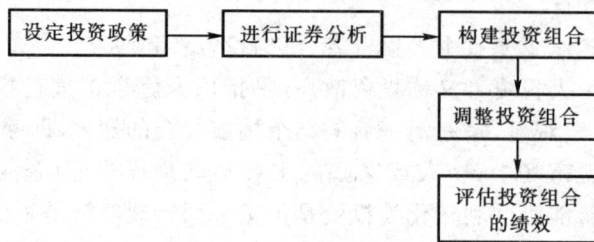

图1-1　投资流程图

一、设定投资政策

投资政策一般是根据投资者的资金状况、风险承受能力以及其他情况所确定的对投资的总体要求。它主要包括投资目标和可投资金的多少。

　　投资目标一般包括收益和风险承受能力两个方面。由于任何一种投资策略的收益与风险都是紧密相关的,它们之间具有抵换关系,因而投资人若以"收益愈多愈好"为投资目标并不恰当,而必须同时考虑所需承担的风险才合理。在具体投资过程中,投资目标往往是以具体的投资计划形式出现的。其内容一般包括有关收益要求、风险能力的具体目标和明确资金管理的限制条件。例如,投资计划可以规定投资 100 万元,收益不低于 5%,风险损失不得超出 10%。资金管理的限制条件的具体内容包括流动性要求,投资与收益的时间要求,税收问题以及法律、法规条件中的一些特别要求。例如,投资者要求其投资组合总值的 5%是流动性很好的现金,等等。

　　至于投资金额的多少,则取决于投资者本人拥有的闲置资金的额度及信用能力。如果存在好的投资机会,而投资者的闲置资金不足,那么可运用适度的融资来满足投资需求。

　　投资政策是投资过程的首要环节,失去它,投资者将失去投资依据。总之,投资政策的设定,有助于选择最合适的资产类型,以减少不必要的比较与分析成本。

二、证券分析

　　设定投资政策后,为选择合适的投资对象,必须进行证券分析。证券分析的目的是找出证券的真实价值,再与其市价比较,然后决定是否投资。因为,若证券的真实价值低于现行市价,即表明目前该证券价格被高估,那么应迅速卖出持有的这种证券;相反,如果证券的真实价值高于现行市价,则表明该证券被低估,未持有者应及时买进。因此,证券真实价值与现行市价之间的差距是一项十分重要的信息。

　　证券分析的方法主要有基本分析、技术分析、组合分析等。在进行具体的证券投资分析时,必须充分利用有关信息,结合前述方法进行。

三、投资组合的构建

　　投资组合的构建是将投资者的资金按一定的比例分配到各种特定资产上的过程。它一般包括确认欲投资的资产类型和决定资产投入的资金数额。构建投资组合,关键在于证券的选择(选股策略)、市场时机(择时策略)的选择和多元化(分散策略)的统一。证券选择是利用多种证券分析方法挑选有增值潜力的证券。择时策略是指投资者以其对未来市场的预估和判断,来决定卖出或买进的时机,并借此调整投资组合的内容,以获取更高的收益。至于多元化是指在同一收益水平下,构建一个风险最小的资产组合。

四、投资组合的调整

　　随着时间的变化、投资环境的变更,或者投资者的投资目标发生改变,原有的投资组合已不再是最优的组合,或已不是最适当的投资组合。此时投资者就必须对原有的投资组合进行调整。但是这种调整,必须考虑调整过程中所产生的交易成本及调整后投资组合的风险变化。因此投资组合的调整,是建立在全面考虑与重新评价所有可以获得的资产的基础上的。

五、投资组合绩效的评估

　　投资组合绩效的评估就是对投资者的投资表现加以评估、衡量,看投资目标是否达成。进行绩效评估时,除了监视投资组合的收益率外,还需衡量投资风险,所以投资者必须同时具备衡量收益率与风险的能力。

第四节 本书内容简介

本书共有十二章内容。第一章"证券投资导论"针对投资、证券和证券投资的基本概念及投资流程进行介绍,使读者进入证券投资领域之前掌握所需的相应的基础知识。第二章"证券投资工具"则以许多当前热门的投资工具为介绍对象,主要包括股票、债券、证券投资基金、金融衍生工具,以便投资者熟悉和了解有关的投资工具。第三章"证券市场"进一步说明上述投资工具发行与流通的市场和参与者,以及国际证券市场的发展概况。第四章"证券交易"带领读者进一步了解证券交易的规则、指令、流程、方式。第五章"股票投资行情"将介绍股票的价值与价格、股价指数、股票投资的收益与风险、股票投资的方式、股市行情表。第六章"证券投资的基本分析"和第七章"股票投资的技术分析"则分别介绍目前在股市上常被用来分析股价走势的工具。第八章"债券投资分析"将介绍债券的价格和价值、债券投资的风险、债券的收益率及其曲线形状、债券的定价原理。第九章"衍生证券投资分析"将为读者介绍目前国际流行的金融衍生证券投资,包括期货投资、期权投资及其他衍生证券投资。第十章"证券投资组合"将首先说明什么是投资组合,其次介绍证券投资组合的收益与风险,以及如何对投资组合进行选择与管理。第十一章"资本市场理论"将介绍两种资产定价模式——资本资产定价模型与套利定价理论。最后,第十二章"证券投资国际化"将介绍证券投资国际化的发展趋势、国际证券的发行与上市的条件、证券市场国际化进程及中国证券市场的国际化问题。

本 章 小 结

投资是指投资者将目前持有的资金用于购买具有孳息能力的资产,以换取未来的财富。投资一词因为投资主体的不同而有不同的定义。根据不同的角度,投资有多种不同的分类。

在投资中,投资、投机和赌博经常被混淆,因此有必要按照一些项目将三者进行区别。

证券投资是随着证券的出现而产生和发展的。现代证券投资的快速发展主要表现在发展规模、新特点的涌现和投资理论的不断涌现与创新方面。

证券是各种权益凭证的统称,其作为一种虚拟资本,具有收益性、流通性、风险性、产权性特征。根据不同的角度进行划分,证券有不同的种类。

证券投资是指投资者购买有价证券的投资行为。这种现代社会中重要投资方式的构成要素是:投资场所、投资参与者和投资对象。

证券投资的进行,需要经过一定的流程。该投资流程的步骤是:设定投资政策、进行证券分析、构建投资组合、调整投资组合、评估投资组合的绩效。各流程之间有一定的相互联系。

关 键 术 语

投资 证券 资本证券 货币证券 证券投资 投资流程 投资政策
证券分析

思考与练习

1. 什么是投资？它是如何进行分类的？

2. 如何区别投资、投机与赌博？

3. 何谓证券？它有何特征？证券的分类有哪些？

4. 什么是证券投资？其构成要素有哪些？

5. 证券投资的流程步骤有哪些？它们之间有何关系？

6. 老张说："我以定期的方式，每期花费 100 元购买中国福利彩票，进行长期投资规划，希望将来能安度晚年。"你认为他的行为是投资行为还是投机与赌博？它们之间是如何区分的？

第二章　证券投资工具

第一节　股票

股票是一种有价证券，它是股份公司发行的，公众进行证券投资的一种最主要的投资工具。股票与股份制有着十分密切的联系，因此我们首先从股份制开始，逐步了解股票的基本知识。

一、股份制概述

（一）股份制的含义

股份制，即股份公司制度，是指以集资入股、共享收益、共担风险为特点的企业组织制度。股份制公司一般以发行股票方式筹集股本，股票投资者依据他们所提供的生产要素份额参与公司收益分配。在股份制公司中，各个股东所享有的权利和义务与他们所提供的生产要素份额相对应。

（二）股份制公司的分类

1. 无限责任公司

无限责任公司，简称无限公司，是由两个以上对公司债务负连带无限清偿责任的股东组成的公司。所谓连带无限清偿责任是指当公司的资本不足以清偿其债务时，公司的债权人可以要求公司的全体股东或其中任何一个股东清偿债务。公司的全体股东不论出资额多少，都对公司债务负无限责任，即必须以个人的全部财产清偿公司所欠债务。

由于无限公司股东所负责任太大，在现代社会中这种公司较为少见。

2. 有限责任公司

有限责任公司，简称有限公司，又称股票不公开上市的公司。它以资本的结合为基础，公司的全体股东对公司承担的责任以其投资额或其倍数为限，包括已交和应交而未交的股金。有限公司不公开发行股票，而是公司股东交付股金后，公司出具书面的股份权利证书。有限公司的公司股份不能随意转让，转让必须经全体股东同意。

由于有限公司设立程序较为简单,而且股东的责任仅以投资额为限,个人财产跟公司财产是脱钩的,因此有限公司在各国公司中所占比例很大。

3. 两合公司

两合公司是由1人以上的无限责任股东和1人以上的有限责任股东组成的公司,其无限责任股东对公司债务负无限责任,而有限责任股东的责任以其出资额为限。该种公司是无限公司和有限公司的混合,它同时具有无限公司以个人信用为基础和有限公司以股东的资本为基础的双重性质。两合公司就是兼具"人合"与"资合"公司的简称。

4. 股份有限公司

股份有限公司,简称股份公司,是指把全部资本划分为若干股份,由若干有限责任股东组成的公司。股份公司将其全部资本划分为若干等额的股票,在社会上公开发行,因此又被称为股票公开发行公司。

股份公司的所有权和经营权是分离的,实行董事会制度,拥有公司股票所有权的股东可以处在监督地位,不必参与直接经营。公司股票可以自由转让,股票价格随行就市。股份公司必须公开财务状况和经营情况,以便充分保证投资者的利益。

在现代西方各国中,大公司通常都是股份有限公司。

5. 股份两合公司

股份两合公司与两合公司一样,也是由无限责任股东和有限责任股东组成的公司。所不同的是,有限责任部分的资本划分为股本,通过发行股票来筹集。因此这种公司兼有无限公司和股份公司的性质。

二、股票的含义及特征

(一)股票的含义

股票是一种有价证券,它是股份有限公司发行的用以证明投资者的股东身份和权益,并据以获得股息和红利的凭证。

股票一经发行,持有者即为发行股票的公司的股东,有权参与公司的决策,分享公司的利益,同时也要分担公司的责任和经营风险。股票一经认购,持有者不能以任何理由要求退还股本,只能通过证券市场将股票转让和出售。作为交易对象和抵押品,股票已经成为金融市场上主要的、长期的信用工具,但实质上,股票只是代表股份资本所有权的证书,它本身并没有任何价值,不是真实的资本,而是一种独立于实际资本之外的虚拟资本。

(二)股票的特征

股票虽然只是一种凭证,但由于股票的持有人凭着股票可获得一定的经济利益并享有相应的权利,因而具有以下特征:

1. 收益性

股票的收益性主要表现在股票的持有人都可按股份公司的章程从公司领取股息和红利,从而获取购买股票的经济利益,这是股票购买者向股份有限公司投资的基本目的,也是股份有限公司发行股票的必备条件。

股票收益的大小取决于公司的经营状况和盈利水平以及公司的盈利分配政策。一般情况下,投资股票获得的收益要高于银行储蓄的利息收入,也高于债券的利息收入。

股票的收益性还表现在持有者利用股票可以获得价差收入或实现资产保值增值。股票持有者可以通过低进高出赚取价差利润。在通货膨胀时,股票价格还会随着公司原有资产重置价格上升而上涨,从而避免了资产贬值。另外,股票持有者还可以以低于市价的特价或无偿获取公司配发的新股而得到利益。

2. 风险性

股票的风险性是与股票的收益性相对应的。认购了股票,投资者既有可能获取较高的投资收益,同时也要承担较大的投资风险。

股票在交易市场上作为交易对象,同商品一样,有自己的市场行情和市场价格。由于股票价格要受到诸如公司经营状况、供求关系、银行利率、大众心理等多种因素的影响,其波动有很大的不确定性。价格波动的不确定性越大,投资风险也越大。

3. 流通性

股票的流通性是指股票在不同投资者之间的可交易性。经国家证券管理部门或证券交易所同意后,股票可以在证券交易所流通或进行柜台交易,股票的持有者可将股票按照相应的市场价格转让给第三者,并将股票所代表的股东身份及各种权益出让给受让者。当持有的股票是可流通股时,其持有人可在任何一个交易日到市场上将其兑现。

股票的流通性通常以可流通的股票数量、股票成交量以及股价对交易量的敏感程度来衡量。可流通股数越多,成交量越大,价格对成交量越不敏感(价格不会随着成交量一同变化),股票的流通性就越好;反之就越差。

4. 经营决策的参与性

根据公司法的规定,股票的持有者就是股份有限公司的股东,有权出席股东大会、参加公司董事机构的选举及公司的经营决策。虽然股东参与股东大会的权利不受所持股票多寡的限制,但参与经营决策的权利大小取决于其持有的股票份额的多少。从实践中看,只要股东持有的股票数量达到左右决策结果所需的实际多数时,就能掌握公司的决策控制权。

5. 稳定性

股票是一种无期限的法律凭证,它反映的是股东与股份公司之间比较稳定的经济关系。向股份公司参股投资而取得股票后,任何股东都不能退股。对于股票持有者来说,只要持有股票,其股东身份和股东权益就不能改变。如要改变股东身份,要么将股票转售给第三人,要么等待公司的破产清盘。

三、股票的分类

股票的种类很多,从不同角度出发,可以分为不同的种类。

(一)普通股和优先股

按股东权利不同,股票可分为普通股和优先股。

1. 普通股(common stock)

普通股股票是指每股股票对公司财产都拥有平等权益,即对股东享有的平等权利不加以特别限制,并能随公司利润大小而分取相应股息的股票。

对股份公司而言,持普通股股票的股东所处的地位是绝对平等的。在股份有限公司存续期间,他们都毫无例外地享有下述权利:

(1)经营决策参与权。普通股是一种所有权凭证,普通股的股东一般有出席股东大会的会议权、表决权和选举权、被选举权等,从而参与公司的经营。

(2)利益分配权。在经董事会决定之后,普通股股东有权从公司净利润中分取股息和红利。在股份有限公司解散清算时,有权按顺序和比例分配公司的剩余资产。

(3)优先认股权。当公司增发新的普通股时,现有股东有权按持股比例优先认购新股,以保持对公司所有权的比例不变。现有股东也可以在市场上出售优先认股权。当然,如果股东认为新发行股票无利可图时,也可放弃这种权利。

2. 优先股(preferred stock)

优先股股票是指比普通股具有优先权的股票。这种优先权主要表现在公司盈利分配和剩余财产分配的权利上。即优先领取股息,且股息率预先设定,不随公司经营状况波动;在公司破产清算时,优先股股东可先于普通股股东分取公司的剩余资产,但排在债权人之后。正因为如此,优先股股东的权利受到严格限制,如无表决权、经营参与权等。

根据发行时设定的不同的优惠条件,优先股有以下种类:

(1)累积优先股和非累积优先股。累积优先股是指在某个营业年度内,如果公司所获的盈利不足以分派规定的股利,日后公司可以将未付股息累积发放。非累积优先股是指股息只能在一个营业年度盈利之内分配;若公司无力支付,则不予累计计息。

(2)参与优先股与非参与优先股。当企业利润增大,除享受既定比率的利息外,还可以跟普通股共同参与利润分配的优先股,称为参与优先股;除了既定股息外,不再参与利润分配的优先股,称为非参与优先股。

(3)可转换优先股与不可转换优先股。可转换的优先股是指允许优先股持有人在特定条件下把优先股转换成为一定数额的普通股;否则,就是不可转换优先股。

(4)可赎回优先股与不可赎回优先股。可赎回优先股是指允许发行该类股票的公司,按原来的价格再加上若干补偿金将已发生的优先股股赎回。当该公司认为能够以较低股利的股票来代替已发生的优先股时,就往往行使这种权利。反之,就是不可赎回的优先股。

(二)有面额股票和无面额股票

按是否标明票面金额,股票可分为有面额股票和无面额股票。

有面额股票(par value stock)是指在票面上载明一定金额的股票。无面额股票(non-par value stock)又称分权股份,是指在票面上不载明金额,只注明它占股票总额的比例的股票,故又称比例股。无面额股票的价值随公司财产的增减而增减。

(三)记名股票与无记名股票

以是否记载股东姓名或名称,股票可分为记名股票与无记名股票。

记名股票(registered stock)是指票面上和公司的股东名册上载有持有者姓名的股票。记名股票持有者在行使权力时可以不出示股票,并可在遗失、被盗情况下申请补发,但不能私自转让。在转让时必须到股票的发行公司办理变更股东名册簿记载手续,否则不能行使股东权利。

无记名股票(bearer stock)是指在股票上不记载承购人的姓名,可以任意转让的股票。凡持有股票者即取得股东资格。

我国规定,对公司发起人、国家授权投资机构、法人发行的股票只能是记名股票;对社会公众发行的股票可以是记名亦可是不记名股票。

(四)蓝筹股、成长股与收入股

按绩效表现,股票可分为蓝筹股、成长股与收入股。

蓝筹股是指海外股票市场上那些在其所属行业内占有重要支配地位、业绩优良、成交活跃、红利优厚的大公司股票。这种股票通常较为稳健,风险较低,较受一般投资者欢迎。

成长股是指销售额、利润等在迅速扩张,并且其速度快于整个国家经济增长速度及其所在行业增长速度的公司发行的股票。这些公司通常只付较低的红利,留存大量赢利作为再投资以加速公司的扩展。随着公司的成长,股票价格上升较快,投资者可以获得较多的资本利得。

收入股是指能支付较高股息但增长潜力不大的股票。其购买者通常是老年人、退休者以及一些法人团体(如信托基金、养老基金)等。

四、我国现行股票的种类

按投资主体的性质不同,我国现行的股票可以分为国家股、法人股、公众股和外资股等不同的类型。

(一)国家股

国家股股票,又称国有资产股股票,是指有权代表国家投资的部门或者机构,以国有资产向股份有限公司投资形成的股份。国家股一般是指国家投资或国有资产经过评估并经国有资产管理部门确认的国有资产折成的股份。国家股的股权所有者是国家,国家股的股权由国有资产管理机构或其授权单位、主管部门行使国有资产的所有权职能。国家股股票,也包含国有企业向股份有限公司形式转换时,现有国有资产折成的国有股份。

关于国家股的形式,在由国家控投的企业中,国家股应该是普通股,从而有利于国家有权控制和管理该企业;在不需要国家控制的中小企业,国家股应该是优先股或参加优先股,从而有利于国家收益权的强化和直接经营管理权的弱化。

国家股股权的转让,应该按照国家的有关规定来进行。

(二)法人股

法人股股票,是指企业法人或具有法人资格的事业单位和社会团体以其依法可支配的资产投入股份公司形成的股票。

法人股是法人相互持股所形成的一种所有制关系。法人相互持股则是法人经营自身财产的一种投资方式。法人股股票,应记载法人名称,不得以代表人姓名记名。法人不得将其所持有的公有股份、认股权证和优先认股权转让给本法人单位的职工。

国有法人股是指具有法人资格的国有企业、事业及其他单位以其依法占用的法人资产向独立于自己的股份公司出资形成或依法定程序取得的股份。在股份公司股权登记上记名为该国有企业或事业及其他单位持有的股份。

国家股和国有法人股统称为国有股权。国有股权可以转让,但转让应符合国家制定的有关规定。国有资产管理部门应考核、监督国有股持股单位权利的正确行使和义务的履行,维护国家股权益。

(三)公众股

公众股是指社会个人或股份公司内部职工以个人财产投入公司形成的股份。它有两种基本形式,即公司职工股和社会公众股。

1. 公司职工股

公司职工股是指股份公司的职工认购的本公司的股份。公司职工认购的股份数额不得超过向社会公众发行的股份总额的 10%。一般来讲,公司职工股上市的时间要晚于社会公众股。

2.社会公众股

社会公众股是指股份公司公开向社会募集发行的股票。我国《公司法》规定,社会募集公司向社会公众发行的股份,不得少于公司拟发行的股本总额的 25%。公司股本总额超过人民币 4 亿元的,可酌情降低向社会公众发行部分的比例,但最低不得少于股本总额的 15%。这类股票是市场上最活跃的股票,它发行完毕一上市,就成为投资者可选择的投资品种。

(四)外资股

外资股是指外国和我国香港、澳门、台湾地区投资者以购买人民币特种股票形式向股份公司投资形成的股份,它分为境内上市外资股和境外上市外资股两种形式。

1.境内上市外资股

境内上市外资股是指经过批准由外国和我国香港、澳门、台湾地区投资者向我国股份公司投资所形成的股票。境内外资股又称为 B 种股票,是指以人民币标明票面价值,以外币认购,专供外国及我国香港、澳门、台湾地区的投资者买卖的股票,因此又称为人民币特种股票。国家股、法人股、公众股三种股票形式又合称为 A 种股票,是由代表国有资产的部门或者机构、企业法人、事业单位和社会团体以及公民个人以人民币购买的,因此又称为人民币股票。境内外资股在境内进行交易买卖。上海证券交易所的 B 股是以美元认购;深圳证券交易所的 B 股是以港币认购。

2.境外上市外资股

境外上市外资股是指股份有限公司向境外投资者募集并在境外上市的股份。它也采取记名股票形式,以人民币表明面值,以外币交易。在境外上市的外资股除了应符合我国的有关法规外,还必须符合上市所在地国家或者地区证券交易所制定的上市条件。

(1)H 股是境内公司发行的以人民币标明面值,供境外投资者用外币认购,在香港联合交易所上市流通的股票。

(2)N 股是境内发行公司以人民币标明面值,供境外投资者用外币认购,在纽约证交所上市流通的股票。目前几乎所有的外国公司(即非美国公司,但不包括加拿大公司)都采用存托凭证(DR)形式,而非普通股的方式进入美国市场。存托凭证是一种以证书形式发行的可转让证券,通常代表一家外国公司的已发行股票。

(3)S 股是境内发行公司以人民币标明面值,供境外投资者用外币认购,在新加坡证券交易所上市流通的股票。

第二节　债券

一、债券的含义及特征

(一)债券的含义

债券是一种有价证券,是社会各类经济主体如政府、企业等为筹措资金而向债券购买者出具的、承诺按一定利率定期支付利息并到期偿还本金的债权债务凭证。由于债券的利息通常是事先确定的,所以债券又被称为固定利息证券。

(二)债券的特征

债券有以下四个基本特征:

1. 偿还性

债券的偿还性是指债权人在一定条件下,有请求债券发行单位偿还债券本金的权利。在历史上只有无期公债或永久性公债不规定到期时间,这种公债的持有者不能要求清偿,只能按期取得利息。而其他的一切债券都对债券的偿还期限有严格的规定,且债务人必须如期向持有人支付利息和本金。

2. 流动性

债券的流动性是指债券能迅速和方便地变现为货币的能力。如果债券持有人在债券到期之前需要现金,他可以在证券交易市场上将债券卖出,也可以到银行等金融机构以债券作为抵押物获得抵押贷款。如果债券的发行者即债务人资信程度较高,则债券的流动性就比较强。

3. 安全性

债券在发行时都承诺到期偿还本息,所以其安全性一般都较高。但债券也有可能遭受不履行债务的风险及市场的风险。前一种风险是指债券的发行人不能充分和按时支付利息或偿付本金的风险,这种风险主要决定于发行者的资信程度。一般来说,政府的资信程度最高,其次为金融公司和企业。市场风险是指债券的市场价格随资本市场的利率上涨而下跌,因为债券的价格是与市场利率呈反方向变动的。当利率下跌时,债券的市场价格便上涨;而当利率上升时,债券的市场价格就下跌。而债券距离到期日越远,其价格受利率变动的影响就越大。

4. 收益性

债券的收益性是指获取债券利息的能力。因债券的风险比银行存款要大,所以债券的利率也比银行高。如果债券到期能按时偿付,购买债券就可以获得固定的、一般高于同期银行存款利率的利息收入;如果通过证券交易市场买卖,有可能会获得比一直持有到偿还期更高的收益。

二、债券的票面要素

构成债券的票面要素主要有票面价值、偿还期限、利率和发行者名称。

(一)票面价值

债券的票面价值包括币种和票面金额。币种是指以何种货币作为债券价值的计量标准。若在境内发行,其币种自然就是本国货币;若到国际市场上筹资,则一般以债券发行地国家的货币或国际通用货币如美元、英镑等币种为其计量标准。票面金额主要指票面金额的数量。不同的票面金额会影响债券的发行成本、发行数额和持有者的分布。

另外票面价值对于发行者来说具有较为重要的意义,因为发行者是以其来计算所支付的利息和偿还本金的。票面价值直接决定发行者筹资成本的高低。

(二)偿还期限

债券的偿还期限是从债券发行日起至偿清本息之日的时间间隔。债券的偿还期限各有不同,一般分为三类:偿还期限在 1 年以内的,为短期债券;偿还期限在 1 年以上、10 年以内的,为中期债券;期限在 10 年以上的,为长期债券。债券的偿还期限主要由债券的发行者根据所需资金的使用情况来确定。

(三)债券的票面利率

债券的票面利率是债券票面所载明的利率。影响债券利率的因素主要有:①银行利率水平。银行利率水平提高时,债券利率水平也要相应定得高一些,以保证人们会去购买债券而不是把钱存入银行。②发行者的资信情况。发行者资信状况好,债券的信用等级高,表明投资者承担的违约风险较低,作为债券投资风险补偿的债券利率也可以定得低些;反之,信用等级低的债券,则要通过提高债券利率来提高吸引力。③债券偿还期限。偿还期限长的债券,流动性差,变现能力弱,其利率水平则可高一些;偿还期限短的债券,流动性好,变现能力强,其利率水平便可低一些。④资本市场资金的供求情况。资本市场上的资金充裕时,发行债券利率便可低些;资本市场上的资金短缺时,发行债券利率则要高一些。

(四)债券发行者名称

这一要素指明了该债券的债务主体,也为债权人到期追索本金和利息提供了依据。

三、债券的分类

从不同的角度出发,债券可划分为如下几种类型:

(一)按发行主体分类

根据发行主体的不同,债券可分为政府债券、金融债券、公司债券、国际债券。

1. 政府债券

政府债券是中央政府和地方政府发行公债时发给债券购买人的一种债权债务凭证。政府债券又可分为中央政府债券、地方政府债券和政府保证债券。

2. 金融债券

金融债券是由银行和非银行金融机构为筹措资金而发行的债权债务凭证。金融机构发行金融债券,有利于对资产和负债进行科学管理,实现资产和负债的最佳组合。

金融债券发行的目的一般是为了筹集长期资金,其利率一般也要高于同期银行存款利率,而且持券者需要资金时可以随时转让。

3. 公司债券

公司债券是公司或企业发行并承诺在一定时期还本付息的债权债务凭证。公司债券的风险相对政府债券和金融债券较大,因而其利率一般也较高。

4. 国际债券

国际债券是一国政府、金融机构、工商企业或国际性组织为筹措中长期资金而在国外金融市场上发行以外国货币为面值的债券。国际债券包括外国债券和欧洲债券两种形式。

(二)按偿还期限分类

根据偿还期限的长短,债券可分为短期、中期、长期和永续债券。

各国对短、中、长期债券的期限划分不完全相同。一般的标准是:期限在1年以下的为短期债券,期限在10年以上的为长期债券,期限在1年到10年之间的为中期债券。永续债券也叫无期债券,它并不规定到期期限,持有人也不能要求清偿本金,但可以按期取得利息。永续债券一般仅限于政府债券,而且是在不得已的情况下才采用的。

(三)按计息方式分类

根据利息的支付方式不同,债券一般分为附息债券、贴现债券、单利债券和累进利率债券。

1. 附息债券

附息债券是指债券券面上附有各种息票的债券。息票的持有者可按其标明的时间期限到指定的地点按标明的利息额领取利息。

2. 贴现债券

贴现债券又称为无息票债券或零息债券。这种债券在发行时按规定的折扣率将债券以低于面值的价格出售,在到期时持有者仍按面额领回本息,其票面价格与发行价格之差即为利息。实质上,这是一种以利息预付方式发行的债券。

3. 单利债券

单利债券是指债券利息的计算采用单利计算方法,即按本金只计算一次利息,利不能生利。

4. 累进利率债券

累进利率债券是指债券的利率按照债券的期限分为不同的等级,每一个时间段按相应利率计付利息,然后将几个分段的利息相加,便可得出该债券总的利息收入。

(四)按债券利率是否浮动分类

按利率是否浮动,债券可分为固定利率债券和浮动利率债券。

1. 固定利率债券

固定利率债券是指债券利率在偿还期内不发生变化的债券。由于其利率水平不能变动,在偿还期内,当通货膨胀较高时,投资者会面对市场利率上升的风险。

2. 浮动利率债券

浮动利率债券是指债券的息票利率会在某种预先规定基准上定期调整的债券。作为基准的多是一些金融指数,如伦敦银行同业拆借利率(LIBOR);也有以非金融指数作为基准的,如按照某种初级产品的价格。采取浮动利率形式,减少了持有者的利率风险,也有利于债券发行人按照短期利率筹集中长期的资金来源。

(五)按有无抵押担保分类

根据有无抵押担保,债券可分为信用债券和担保债券。

1. 信用债券

信用债券亦称无担保债券,是仅凭债券发行者的信用而发行的、没有抵押品作担保的债券。一般政府债券及金融债券都为信用债券。少数信用良好的公司也可发行信用债券,但在发行时须签订信托契约,对发行者的有关行为进行约束限制,由受托的信托投资公司监督执行,以保障投资者的利益。

2. 担保债券

担保债券指以抵押财产为担保而发行的债券。按照担保品的不同,担保债券又可分为不动产抵押债券、动产抵押债券、信托抵押债券、第三者担保债券等。其中不动产抵押债券是指以土地、房屋、机器、设备等不动产为抵押担保品而发行的债券。动产抵押债券是以公司的有价证券(股票和其他证券)为担保品而发行的抵押信托债券。第三者担保债券是指由第三者担保偿还本息的债券,这种债券的担保人一般为银行或非银行金融机构或公司的主管部门,个别的是由政府担保的。

当债券的发行人在债券到期而不能履行还本付息义务时,债券持有者有权变卖抵押品来清偿抵付或要求担保人承担还本付息的义务。

(六)按是否记名分类

根据在券面上是否记名的不同情况,债券可以分为记名债券和无记名债券。

1. 记名债券

记名债券是指在券面上注明债权人姓名，同时在发行公司的账簿上作同样登记的债券。转让记名债券时，除要交付票券外，还要在债券上背书和在公司账簿上更换债权人姓名。债券投资者必须凭印鉴领取本息。

2. 无记名债券

无记名债券是指券面未注明债权人姓名，也不在公司账簿上登记其姓名的债券。无记名债券在转让时无须背书和在发行公司的名册上更换债权人姓名。现在市面上流通的一般都是无记名债券。

（七）按是否可转换分类

按是否可以转换，债券可分为可转换债券和不可转换债券。

可转换债券是能按一定条件转换为其他金融工具的债券，而不可转换债券就是不能转换为其他金融工具的债券。可转换债券一般都指的是可转换公司债券，这种债券的持有者可按一定的条件根据自己的意愿将持有的债券转换成股票。

（八）按债券形态分类

按其不同形态，债券可分为实物债券、凭证式债券和记账式债券。

1. 实物债券

实物债券是一种具有标准格式实物券面的债券，其发行与购买是通过债券的实体来实现的，是看得见、摸得着的债券，且不记名。

2. 凭证式债券

凭证式债券主要通过银行承销，各金融机构向企事业单位和个人推销债券，同时向买方开出收款凭证。这种凭证式债券可记名，可挂失，但不可上市流通，持有人可以到原购买网点办理提前兑取手续。

3. 记账式债券

记账式债券没有实物形态的券面，而是在债券认购者的电子账户中作一记录。记账式债券主要通过证券交易所来发行。投资者利用已有的证券交易账户通过交易所网络，按其欲购价格和数量购买；买入之后，债券数量自动记入客户的账户内。

第三节　证券投资基金

一、证券投资基金的含义与特征

（一）证券投资基金的含义

证券投资基金是指一种利益共享、风险共担的集合证券方式。即通过发行基金证券，集中投资者的资金，交由专家管理，以资产的保值增值等为根本目的，从事股票、债券、外汇、货币等金融工具的投资，以获得投资收益和资本增值，并将投资收益按基金份额进行分配的一种间接投资方式。

向投资者公开发行的凭证叫投资基金券，也称投资基金份额或投资基金单位。谁持有它，谁就对投资基金享有资产所有权、收益分配权、剩余财产处置权和其他相关权利，并承担相应义务。

各国或地区对投资基金的称谓有所不同。美国称为"共同基金"、"互助基金"或"互惠基金";英国及我国香港地区则称为"单位信托基金";日本和我国台湾省称之为"证券投资信托基金";等等。

(二)证券基金投资的基本特征

证券投资基金的基本特征为:

1. 集体投资

证券投资基金发行的基金券是面向社会大众的投资工具,是由众多投资者出资形成的,尤其是由中小投资者的小额资金所组成的。投资者通过购买基金券完成投资行为,并凭之分享证券投资基金的投资收益,承担证券投资基金的投资风险。

2. 专家经营

证券投资基金是一种投资制度,它从广大投资者那里聚集巨额资金,组建投资管理公司进行专业化管理和经营。投资基金的投资决策都是由受过专业训练,有丰富经验的专家进行的。基金管理公司有发达的通讯网络随时掌握各种市场信息,并有专门的调查研究部门进行国内外宏观经济分析,以及对产业、行业、公司经营潜力有系统的调研和分析,因此回报率通常会强于个人投资者。

3. 分散风险

证券投资基金的运作是以证券投资为主,兼及其他投资的综合性投资。其投资的唯一目的是以投资的增值和保值为目标。投资基金管理人通常会根据投资组合的原则,将一定的资金按不同的比例分别投资于不同期限、不同种类、不同行业的证券上,实现风险的分散。

4. 共同受益

由于证券投资基金是集合了众多的投资者的资金进行的,因此证券投资基金一旦获得收益,将使所有的基金投资者都有权利按投资比例分享基金收益,从而避免了投资者由于资金不足而错失投资机会。

二、证券投资基金的构成要素

投资基金的构成要素因其种类不同而有所不同,但一般来说,无论何种基金,都具有管理公司、投资顾问、托管者和投资者等基本要素。这些要素都有自己独立的职能,但彼此之间又相互影响、相互依赖,它们有机组合才构成了投资基金的运作。

(一)管理公司

管理公司是投资基金的主体,负责基金的管理运作。过去管理公司大多是从银行信托部或保险公司基金管理部门发展而来,而今则多为独立经营机构。管理公司设有市场部、推广部、研究部和投资经理等。其中,投资经理是基金运作中的核心,由具有丰富经验和专业知识的人员担任,负责投资决策和基金的正常运作。

(二)投资顾问

投资顾问是从金融机构派生出来的机构,现已成为金融市场的独立机构。投资顾问由具有一定学历、资历和资产的专家组成,通常对国内外经济和金融形势、产业发展、市场动态、上市公司业绩等方面有深入的调研,并在证券投资、基金管理、财务咨询及融资服务等方面有丰富的经验与声誉,因此能为投资者提供有关投资基金的各项咨询服务。

(三)托管人或受托人

托管人(或受托人)即负责保管基金,并对其进行财务核算的银行或信托公司、保险公司。

托管人和受托人的法律及行政责任是一样的,区别是托管人适用于共同基金,而受托人适用于单位基金。托管人(或受托人)必须独立于基金管理公司,并且具有一定资产和信用。

(四)投资者

投资者是利用金融市场进行基金投资活动以求其资产保值和增值的基金持有者或股东。投资者可以是自然人(即个人投资者),也可以是法人(机构投资者)。

三、证券投资基金的分类

证券投资基金因各国的历史、社会、经济、文化等环境不同,呈现出各种各样的形态。按照不同的标准,证券投资基金可分为许多类型。我们仅介绍一些比较重要的基金类别。

(一)按投资基金的组织形式分类

按照不同的组织形式和法律地位,投资基金可分为契约型投资基金和公司型投资基金。

1. 契约型投资基金

契约型投资基金(contractual type fund)也称信托型投资基金,它是依据信托契约(trust agreement of indenture)通过发行受益凭证而组建的投资基金。这种基金一般由基金管理公司(委托人)、基金保管机构(受托人)和投资人(受益者)三方当事人订立信托投资契约,由基金委托人和基金受托人依照信托契约运用、管理信托资产,基金受益人通过购买基金单位,参与基金投资,分享基金投资收益的一种投资基金类型。目前在沪、深交易所挂牌交易的基金,都是契约型基金。

2. 公司型投资基金

公司型投资基金(corporate fund)指依公司法成立,通过发行基金股份将集中起来的资金投资于各种有价证券。公司型投资基金在组织形式上与股份有限公司类似,基金公司资产为投资者(股东)所有,由股东选举董事会,由董事会选聘基金管理公司,基金管理公司负责管理基金业务。公司型投资基金的设立要在工商管理和证券交易委员会注册,同时还要在股票发行交易所在地登记。

契约型投资基金与公司型投资基金作为两种基金组织类型,二者在立法基础、法人资格、投资者地位等方面存在明显的差异:

(1)公司型投资基金必须由具有独立法人资格的投资基金公司发起并发行投资基金股份;契约型投资基金则无须单独组成具有法人资格的机构发起,一般由金融机构发起即可。

(2)公司型投资基金的管理依据是公司章程;契约型投资基金的管理依据为信托契约。

(3)公司型投资基金发行股票,投资者为公司股东,可以参加股东大会,行使表决权;契约型投资基金则发行受益证券,受益证券的持有者只享受受益权,不具有股东资格,因此也无表决权。

(二)按受益凭证是否可赎回分类

按受益凭证是否可赎回,证券基金可分为开放型和封闭型两类。

1. 开放型基金

开放型基金是指基金的资本总额及股份总额不是固定不变的,可以随时根据市场供求状况发行新份额或被投资者赎回的投资基金。投资基金的单位总额可以追加,但追加购买或赎回的价格不同于原始发行价,而是以投资基金当时的净资产为基础加以确定。开放型基金的买卖价格是由净资产价值加一定手续费确定的。

2. 封闭型基金

封闭型基金是相对于开放型基金而言的。它是指基金资本总额及发行份数在未发行之前就已确定下来,在封闭期内基金总量不能追加,投资者不得向基金管理公司提出赎回,而只能在二级市场上转让的投资基金。封闭型基金的单位价格虽然以基金净资产价值为基础,但更多的是随证券市场供求关系的变化而变化,或高于基金净资产价值,或低于净资产价值,并不必然反映基金净资产价值。

从两种基金的含义可以看出,开放型基金与封闭型基金的区别在于:

(1)封闭型基金的份额数量是固定的,其投资基金份额买卖和交换按标准费率执行;开放型基金的份额是不固定的,因而可不断卖出和买进自己的股份,并按净资产价值赎回该股份。

(2)封闭型基金在存续期内不得要求赎回,故信托资产稳定,便于投资基金管理人稳定运作投资基金。开放型基金的单位总数是变动的,给基金管理人稳定运作投资基金带来挑战。

(3)封闭型基金的投资者的投资风险较大,当投资基金业绩良好时,投资者可享受超过净资产价值的证券收益;若有亏损,则投资者最先遭受损失,开放型投资基金则无上述风险。

(三)按投资目标和风险分类

按投资目标和风险大小的不同,投资基金可分为收入型基金、成长型基金、平衡型基金。

1. 收入型基金(income fund)

收入型基金是指将基金投资于各种可以带来收入的有价证券,以获得最大当期收益为目的的投资基金。该类基金资产多投资于蓝筹股、公司债券、政府债券以及货币市场工具等。通过分散风险,基金损失本金的风险较低,较适合保守的投资者。

2. 成长型基金(growth fund)

成长型基金是以追求资本的长期增值为目的的投资基金。该类基金多投资于较有潜力的公司的普通股、可转换公司债券等。其风险较大,获利能力较强,适合能承受高风险的投资者。

3. 平衡型基金(balanced fund)

平衡型基金是以净资产的稳定、客观的收入和适度的成长为目标的投资基金。该类基金具有双重投资目标,谋求收入与风险的平衡,因而风险适中,成长潜力也不太高。

除此之外,根据投资对象的不同,基金还可以分为债券基金、股票基金、货币市场基金、指数基金、黄金基金和衍生证券基金;按基金资本来源和运用地域不同可分为国内基金、国际基金、离岸基金、海外基金;按募集对象不同分为公募基金和私募基金;按投资货币种类不同分为美元基金、英镑基金、日元基金等;按收费与否分为收费基金和不收费基金;按投资计划可变更性分为固定型基金、半固定型基金、融通型基金;还有专门支持高科技企业、中小企业的风险基金,因交易技巧而著称的对冲基金、套利基金以及投资于其他基金的基金中基金等等。

第四节 金融衍生证券

金融衍生证券是指其价值由另一金融资产的价值衍生出的资产。衍生证券的价值视其相关证券的价值而定。作为一种投资工具,国际上金融衍生证券繁多,常见的有金融期货、金融期权、可转换证券、存托凭证、认股权证等。

一、金融期货

(一)金融期货的概念与特征

1. 金融期货的概念

金融期货即金融期货合约,它是买卖双方分别向对方承诺,在一确定远期按约定的价格交易标准数量和质量的某一特定商品或金融资产而达成的书面协议。

金融期货交易是指买卖双方支付一定的保证金,通过期货市场所进行的以将来的特定日作为交割日,按约定价格卖出或买进某种金融资产的交易方式。金融期货交易实质上是把订约与履约的时间隔离开来,通常时间间隔可以是1个月、3个月、6个月不等。相对于现货交易而言,金融期货交易是一种远期交易,一种"未来买卖"。

2. 金融期货交易的特征

金融期货交易作为买卖标准化金融商品期货合约的活动,是在高度组织化的有严格规则的金融期货交易所进行的。金融期货交易的基本特征可概括如下:

(1)交易的标的物是金融商品。这种交易对象大多是无形的、虚拟化了的证券,它不包括实际存在的实物商品。

(2)金融期货是标准化合约的交易。作为交易对象的金融商品,其收益率和数量都具有同质性和标准性,如货币币种、交易金额、清算日期、交易时间等都作了标准化规定,唯一不确定的是成交价格。

(3)金融期货交易采取公开竞价方式决定买卖价格。它不仅可以形成高效率的交易市场,而且透明度、可信度高。

(4)金融期货交易实行会员制度。非会员要参与金融期货交易必须通过会员代理,由于直接交易限于会员之间,而会员同时又是结算会员,交纳保证金,因而交易的信用风险较小,安全保障程度较高。

(5)交割期限的规格化。金融期货合约的交割期限大多是3个月、6个月、9个月或12个月,最长的是2年,交割期限内的交割时间随交易对象而定。

(二)金融期货的分类

金融期货基本上可分为三大类:外汇(汇率)期货、利率期货和股票指数期货。

1. 外汇期货

外汇期货是指协议双方同意在未来某一时期,根据约定价格——汇率,买卖一定标准数量的某种外汇的可转让的标准化协议。

2. 利率期货

利率期货是指协议双方同意在约定的将来某个日期按约定条件买卖一定数量的某种长短期信用工具的可转让的标准化协议。利率期货交易的对象有长期国库券、政府住宅抵押证券、中期国债、短期国债等。

3. 股票指数期货

股票指数期货是指协议双方同意在将来某一时期按约定的价格买卖股票指数的可转让的标准化合约。最具代表性的股票指数有美国的道·琼斯股票指数和标准·普尔500种股票指数、英国的金融时报工业普通股票指数、香港的恒生指数、日本的日经指数等。

二、金融期权

(一)金融期权的概念和特征

1. 金融期权的概念

金融期权又称选择权,是指它的持有者在规定的期限内具有按交易双方商定的价格买卖一定数量某种金融资产的权利。

期权交易是对一定期限内的选择权的买卖。期权甲乙双方在成交后,买方以支付一定数量的期权费为代价拥有在一定期限内以一定价格购买或出售一定数量某种金融资产的权利,而不用承担必须买进或卖出的义务;卖方在收取一定的数量的期权费后在一定期限内必须无条件服从买方的选择并履行成交时的允诺。可见,期权交易是一种权利的单方面的有偿让渡,这种权利仅属于买方。期权交易仅仅是一种权利的买卖,而不是现实金融资产的买卖。尽管在期权成交时双方已就可能发生的现实金融资产的成交达成协议,但这种交易是否发生,取决于期权买方的选择。期权交易通常是借助标准化的期权合约达成协议的,金融期权合约是一种衍生的金融资产,其构成要素一般有:买方、卖方、权利金、敲定价格、通知和到期日等。

2. 金融期权的特征

金融期权与金融期货相比,主要有以下一些特征:

(1)交易对象不同。期货交易对象是期货合约,而期权交易的对象是选择的权利。

(2)交易对方的权利和义务不同。期货交易的双方都有对等的权利和义务,如果没有做相反的对冲交易,这种权利和义务要到到期交割后才能解除。期权交易的权利和义务是不对等的,只有期权的买方有选择权。

(3)交易双方承担的风险和可能得到的盈亏不同。期货交易双方对等地承担盈亏无限的风险,这一风险随着标的物市价的涨跌而变化。期权交易的买方承担的亏损风险是有限的,即以支付的权利金为限,而获得的收益却可能是无限的;期权交易的卖方可能获得的赢利是有限的,即以收取的权利金为限,但亏损的风险可能是无限的。

(4)交付的保证金不同。期货交易双方都要支付保证金。期权交易只有卖方须交付作为履约财力保证的保证金,买方不须交付保证金,但须支付买入选择权的代价即权利金。

(二)金融期权交易的类型

1. 看涨期权、看跌期权及双向期权

按期权的权利来划分,金融期权交易主要有以下三种类型:看涨期权和看跌期权以及双向期权。

(1)看涨期权。所谓看涨期权,是指期权的买方享有在规定的有效期限内按某一具体的敲定价格买进某一特定数量的相关商品期货合约的权利,但不同时负有必须买进的义务。

(2)看跌期权。所谓看跌期权,是指期权的买方享有在规定的有效期限内按某一具体的敲定价格卖出某一特定数量的相关商品期货合约的权利,但不同时负有必须卖出的义务。

(3)双向期权。所谓双向期权,是指期权的买方既享有在规定的有效期限内按某一具体的敲定价格买进某一特定数量的相关商品期货合约的权利,又享有在商定的有效期限内按同一敲定价格卖出某一特定数量的相关商品期货合约的权利。

2. 欧式期权、美式期权与帽式期权

根据期权对有效期性质规定的不同,期权又可分为欧式期权、美式期权与帽式期权。

(1)欧式期权。在欧洲国家,期权只能在有效期的最后一天执行,称为欧式期权。

（2）美式期权。美式期权从它一开始购买直到到期日以前任何时刻都可以行使权利。

（3）帽式期权。帽式期权只能在到期日前某一规定的时间内才可以行使权利,但如果在到期日之前期权价值已达到了规定的上限,期权则将被自动执行。

三、可转换证券

可转换证券又称"转股证券"、"可兑换证券"等,是指发行人依法定程序发行,持有人在一定时间内依据约定的条件可以转换成一定数量的另一类证券（通常是转换成普通股票）的证券,其实际上是一种长期的普通股票的看涨期权。可转换证券主要分为两类:一类是可转换公司债券,即将公司债券转换成公司的普通股;另一类是可转换优先股票,即将优先股转换成本公司普通股。

四、存托凭证

存托凭证（depository receipts,DR）,又称存券收据或存股证,是在一国证券市场流通的代表外国公司有价证券的可转让凭证,属公司融资业务范畴的金融衍生工具。它是指某国上市公司为使其股份在外国流通,将一定数额的股票委托某一中间机构（通常为银行）保管,再由保管机构通知外国银行在当地发行代表该股票的一种替代凭证。

存托凭证主要以美国存托凭证（american depository receipts,ADR）形式存在,即主要面向美国投资者发行并在美国证券市场交易。1927年,英国法律禁止本国企业在海外登记上市,英国企业为了获得国际资本,引入ADR这一金融工具。存托凭证形式还有全球证券存托凭证（GDR）、国际证券存托凭证（IDR）以及欧洲证券存托凭证（EDR）、中国存托凭证（CDR）等。

五、认股权证

权证是基础证券发行人或其以外的第三人（以下简称发行人）发行的,约定持有人在规定期间或特定到期日,有权按约定价格向发行人购买或出售标的的证券,或以现金结算方式收取结算差价的有价证券。从产品属性看,权证是一种期权类金融衍生品。权证与交易所交易期权的主要区别在于:交易所挂牌交易的期权是交易所制定的标准化合约,具有同一基础资产、不同行权价格和行权时间的多个期权形成期权系列进行交易;而权证则是权证发行人发行的合约,发行人作为权利的授予者承担全部责任。

按照不同的划分方法,权证可分为若干种类。如根据权证行权的基础资产或标的资产,可将权证分为股权类权证、债权类权证以及其他权证,我国证券市场推出的权证均为股权类权证;根据权证行权所买卖的标的股票的来源不同,权证分为认股权证和备兑权证;按照持有人权利的性质不同,权证分为认购权证和认沽权证;按照权证持有人行权的时间不同,权证分为美式权证、欧式权证、百慕大权证等;按权证的内在价值,权证可以分为平价权证、价内权证和价外权证等。

本 章 小 结

证券投资发展历程中出现了各种证券投资的客体——证券投资工具。根据积聚资金的目的不同,证券投资工具分成了股票、债券、证券投资基金和金融衍生工具等。

　　股票是一种有价证券,它是股份有限公司发行的用以证明投资者的股东身份和权益,并据以获得股息和红利的凭证。股票的特征有收益性、风险性、流通性、经营决策参与性和稳定性。从不同角度出发,股票可分为不同的种类。

　　债券是一种有价证券,是社会各类经济主体如政府、企业等为筹措资金而向债券购买者出具的、承诺按一定利率定期支付利息并到期偿还本金的债权债务凭证。债券又被称为固定利息证券。债券具有偿还性、流动性、安全性和收益性。债券的票面要素主要有票面价值、偿还期限、票面利率和债券发行者名称。从不同的角度出发,债券可被分为很多类型。

　　证券投资基金是通过发行基金证券,集中投资者的资金,交由专家管理,以资产的保值增值等为根本目的,从事股票、债券、外汇、货币等金融工具的投资,以获得投资收益和资本增值,并将投资收益按基金份额进行分配的一种间接投资方式。证券投资基金的基本特征为集体投资、专家经营、分散风险、共同受益。一般来说,无论何种基金,都具有管理公司、投资顾问、托管者和投资者等基本要素。按照不同的标准,证券投资基金可分为很多类型。

　　国际上金融衍生投资工具众多,常见的有金融期货、金融期权、可转换证券、存托凭证、认股权证等。

关 键 术 语

股份制　股票　普通股　优先股　A股　B股　债券　金融债券
政府债券　附息债券　固定利率债券　浮动利率债券　证券投资基金
封闭型基金　开放型基金　契约型投资基金　公司型投资基金　金融期货
金融期权　可转换证券　存托凭证　认股权证

思考与练习

1. 什么是股份有限公司? 其类型有哪些?
2. 什么是股票? 它有哪些特征?
3. 普通股的权益有哪些? 它和优先股的区别是什么?
4. 什么是债券? 其基本特征有哪些?
5. 简述债券的基本要素。从不同角度划分,债券可分为哪些类型?
6. 什么是证券投资基金? 其基本特征有哪些?
7. 证券投资基金的基本要素是什么?
8. 契约型基金和公司型基金的主要区别是什么?
9. 开放型基金和封闭型基金的主要区别是什么?
10. 常见的金融衍生投资工具有哪些?

第三章　证券市场

本章要点

1. 证券市场的功能与分类
2. 证券发行市场的结构及种类
3. 股票发行市场的功能、股票发行方式及发行价格、管理制度
4. 债券发行方式、发行利率、发行条件
5. 证券交易所、场外交易市场
6. 证券市场的参与者

第一节　证券市场概述

一、证券市场的定义及其特征

证券市场的形成和发展,根源于工业化以来的企业制度创新和金融制度深化。股份公司的产生和信用制度的发展,是证券市场形成的基础。随着资本主义的发展,所有权与经营权相分离的生产经营方式的出现,创造出大量的证券资产,股票、公司债券及不动产抵押债券依次进入有价证券交易的行列。进入20世纪,资本主义开始从自由竞争阶段向垄断竞争阶段过渡,证券市场也以其特有的形式,适应和满足着经济发展对资金融通以及证券投资的客观需要。在这个时期,由于虚拟资本大量膨胀,有价证券的发行总额剧增,在有效地促进资本积累和资本集中的同时,证券市场也获得了巨大发展。

20世纪70年代特别是90年代后,证券市场出现了高度繁荣的局面,市场规模不断扩大,证券的交易也越来越活跃。伴随经济与科技的发展,发达国家的金融创新进入了全盛时期。广泛采用新技术,不断开发新市场,大力创新金融工具,所有这一切都对传统的经济运行方式形成了冲击。资本可以不经过使用价值的创造过程就得到快速的增值。金融创新不仅大大改变了传统的经济与经营方式,而且迅速提升了经济总量的产业结构,重塑和加速了金融运作机制,提高并强化了金融在经济运行中的地位和作用。

证券市场是股票、债券、投资基金等有价证券发行和交易的场所,是为解决资本的供求矛盾而产生的市场,是经济发展到一定阶段的产物。不能把证券市场简单理解为一个固定的、有形的场所,从广义上来讲它是指一切以证券为对象的交易关系的总和。证券发行市场和证券流通市场是证券市场的两个基本组成部分,两者既有联系又有区别;两个市场相互依赖、相辅相成,构成了证券市场这个统一的整体。

证券市场的基本特征：

1. 证券市场是虚拟资本的交易场所

一般商品市场的交易对象是具有价值和使用价值的劳动产品，而证券市场的交易对象是本身没有价值的证券，这些证券的内在经济价值取决于投资者未来的收益，而不是人的抽象劳动。

2. 证券市场是资金使用权转让的市场

一般商品市场交易的实质是商品所有权的转让，而证券市场的买卖交易活动的实质是资金使用权的转让。资金需求者通过这种转让达到融资的目的，而资金供给者通过这种转让达到投资的目的。在证券市场上资金需求者和供给者之间的证券交易反映了社会资金的供求关系，而供求关系的变动会影响证券价格的变动。资金使用权的转让是证券市场最基本的功能之一。

3. 证券市场是财产权利的交易场所

一般商品交易的实际内容是各种有形或者无形的商品，而证券市场交易的实际内容是在股票、债券等有价证券上所记载的财产权利，财产权利是资金供给者出售资金使用权以后所取得的代价，是资金供给者获得未来投资收益的保证。

4. 证券市场是风险直接交换的场所

一般商品市场的交易结果不带有明显的风险性，而在证券市场中，有价证券交易的结果是在转让一定收益权的同时，也把有价证券所持有的风险转让出去，所以证券市场是一个充满风险的市场。

5. 证券市场是价格波动剧烈的市场

一般商品市场的价格是商品价值的货币表现，而证券市场的价格是证券内在价值的货币表现，证券内在价值从理论上来说，是证券未来收益的贴现值，因而具有很大的不确定性，从而使得证券市场上有价证券的价格波动很剧烈。

二、证券市场的分类

按照不同的标准，证券市场有不同的分类。

根据职能不同，证券市场分为发行市场与流通市场。证券发行市场又称为一级市场或初级市场，它是证券发行者向投资者出售新证券的市场。流通市场又称二级市场，是已发行证券在投资者中间进行交易的地方。发行市场是流通市场的基础和前提，它决定了流通市场的规模，影响着流通市场的成交价格。而一个功能完善的流通市场的存在，使发行市场内的证券对购买者更具吸引力。

根据交易对象不同，证券市场分为股票市场和债券市场。股票市场是发行和买卖股票的场所。债券市场是发行和买卖债券的场所。

根据市场组织形式的不同，证券市场分为场内交易市场和场外交易市场。场内交易市场是由交易所组织的集中交易市场，它有固定的交易场所和交易时间。场外交易市场是指在交易所外进行证券交易的市场。

三、证券市场的功能

随着直接金融的发展，作为投资者买卖金融资产的证券市场所扮演的角色也越来越重要。

(一)筹资功能

证券市场的筹资功能是指证券市场为资金需求者筹集资金的功能。这一功能的另一作用是为资金供给者提供投资对象。在证券市场上交易的任何证券,既是筹资的工具,也是投资的工具。在经济运行过程中,既有资金盈余者,又有资金短缺者。资金盈余者为了使自己的资金价值增值,就必须寻找投资对象。在证券市场上,资金盈余者可以通过买入证券而实现投资;而资金短缺者为了发展自己的业务,就要向社会寻找资金。为了筹集资金,资金短缺者就可以通过发行各种证券来达到筹资的目的。

(二)资本定价

证券市场的第二个基本功能就是为资本决定价格。证券是资本的存在形式,所以,证券的价格实际上是证券所代表的资本的价格。证券的价格是证券市场上证券供求双方共同作用的结果。证券市场的运行形成了证券需求者竞争和证券供给者竞争的关系。这种竞争的结果是:能产生高投资回报的资本,市场的需求就大,其相应的证券价格就高;反之,证券的价格就低。因此,证券市场是资本的合理定价机制。

(三)资本配置

证券市场的资本配置功能是指通过证券价格引导资本的流动而实现资本的合理配置的功能。在证券市场上,证券价格的高低是由该证券所能提供的预期报酬率的高低来决定的。证券价格的高低实际上是该证券筹资能力的反映。而能提供高报酬率的证券一般来自于那些经营好、发展潜力巨大的企业,或者是来自于新兴行业的企业。由于这些证券的预期报酬率高,因而其市场价格也就相应高,从而其筹资能力就强。这样,证券市场就引导资本流向能产生高报酬率的企业或行业,从而使资本产生尽可能高的效率,进而实现资本的合理配置。

(四)提升企业的经营业绩

在证券市场上发行有价证券,有助于提升企业的知名度与声誉。一旦企业知名度打开,企业的经营业绩也会跟着改善。再者,企业所发行的证券在市场上的价格表现,也会对企业的管理阶层形成压力,使管理者更加重视企业的经营。

第二节　证券发行市场

一、证券发行市场概述

证券发行市场通过沟通资金供给者和资金需求者,执行着把储蓄化为投资的功能。它一方面为公司企业、政府和金融机构提供筹措长期资金的场所,另一方面为资金供应者提供投资获利的机会。

证券发行市场无固定的场所,是一种抽象的非组织化的市场,一切皆由证券发行而产生的关系总和构成。它的组成包括:证券发行人、证券中介机构和证券投资者。它们之间的关系是:证券发行人既是证券供给者,又是资金需求者;证券投资者既是证券需求者,又是资金供给者;证券中介机构则是二者沟通的桥梁。

证券发行市场的种类一般由证券发行的种类决定。

(一)公募市场与私募市场

以发行对象为依据,可将证券发行市场分为公募市场与私募市场。公募市场是指发行人通过中介机构向非特定的社会公众广泛地发售证券的场所。在该市场上,所有合法的社会投资者都可以参加认购。正因为如此,各国政府对在公募市场上发行证券都有严格的规定,以防范证券发行中的欺诈行为,保障广大投资者的利益。

在公募市场发行证券的优点在于:第一,筹集资金的潜力大;第二,投资者众多,竞争激烈;第三,有利于增强证券的流动性,为以后筹集更多的资金打下基础;第四,有利于提高发行人的知名度。

在公募市场发行证券的缺点则是:发行过程比较复杂,政府审核严格,所需时间周期较长,不利于发行人把握市场机会,发行费用也较高。

私募市场是指发行人不通过公开的证券市场直接将证券出售给少数特定投资者所形成的市场。利用该市场进行证券发售,是因为发行人与特定投资者存在着特殊的关系。在私募市场发行证券的要求相对较低,私募发行人无需证券管理机构的批准,只要备案即可。

利用私募市场发行证券的好处是发行手续简单,发行周期短,中介费用低,还可调动股东和内部职工的积极性,巩固和发展公司的公共关系。其不足之处在于投资者数量有限,所发证券流动性差,不利于提高发行人的社会知名度。

(二)股票市场和债券市场

根据发行证券的种类,证券发行市场可分为股票发行市场和债券发行市场。股票发行市场是指股份有限公司通过向投资者出售普通股或优先股股票的市场。债券市场是指债券发行人出售新债券的市场,债券在此市场实现由发行者手中到投资者手中的转移。

(三)直接发行市场和间接发行市场

根据证券发行的方式,证券发行市场可分为直接发行市场和间接发行市场。直接发行市场是指证券发行人自己承担证券发行的一切事务和风险,直接向投资者发行证券所形成的市场。利用该市场发行证券,对发行者而言,必须具备一定的专职人员和技术,对证券发行和市场比较熟悉,发行者还须承担认购额销不完的风险。因此,利用此市场发行证券者一般有成功的把握。

间接发行市场是指发行人委托证券发行机构代理向投资者发行证券所形成的市场。在该市场上发行证券,对发行者来说比较方便,风险小,但费用较高。

二、股票发行市场

(一)股票发行方式

1. 公募发行和私募发行

根据发行对象,可将股票发行方式分为公募发行和私募发行。公募发行又称公开发行,私募发行又称不公开发行。公募发行和私募发行各有优缺点。一般而言,公募是证券发行中最基本、最常用的方式。然而在西方成熟的证券市场中,私募发行近年来呈现出增长趋势。

2. 首次公开发行和现有公司的公开发行

根据发行公司以前有无发行经历,可将股票发行方式分为首次公开发行和现有公司的公开发行。首次公开发行(IPO)又称初次公募发行,是企业第一次向社会发行股票,它也是风险投资资本常用的退出方式之一。现有公司的公开发行又称成熟的公募发行,是一个已向公众发行过证券的公司再次公开发行证券。它有三种不同的方式:一级成熟发行、二级成熟发行和混合发行。一级成熟发行是指企业为筹措新的资金,在初次公募后,再次发行新的股票。二级成熟发行,即常说的二次配售。混合发行即同时采用一级成熟发行和二级成熟发行的方式,既能为企业筹措新的资本,又能为原有股东套现。

3. 筹资发行和增资发行

根据发行的不同目的,可将股票发行方式分为筹资发行和增资发行。筹资发行是指为新公司第一次发行股票。这种方式包括发起设立的发行和招股设立的发行两种方式。增资发行是指为老股份公司增加资本金而发行股票,它包括增资和增股两种发行方式。

4. 有偿增资发行、无偿增资发行和混合增资发行

根据认购有无代价,可将股票发行方式分为有偿增资发行、无偿增资发行和混合增资发行。有偿增资发行是已建立的股份公司在募集新股时,要求投资者按股票面额或市场价缴纳现金或实物购买股票的一种增资方式。这种方式是最典型的股票发行方式,它一般包括股东配股、第三者配股和公开招股三种形式。

无偿增资发行指公司股本的增加不是靠外界的募集,而是靠本公司的公积金或盈余的积累,按比例将新股无偿地分配给股东。其目的是为了调整资本结构或把积累资本化,提高公司信誉,增强股东信心。无偿增资发行包括公积金转增资、股票派息分红和股份分割。

混合增资发行是指以上两种方式的配合。在这种方式下,股份公司向原股东配予新股时,股东只需缴纳部分现金或实物,即可获得公司一定数额的股票,其未缴纳部分由公司公积金等抵充。

5. 溢价发行、平价发行和折价发行

根据发行价格和票面面额的关系,可以将股票发行分为溢价发行、平价发行和折价发行。溢价发行是指发行人按高于票面额的价格发行股票。这种发行可以使公司用较少的股份筹集到较多的资金,同时可降低筹资成本。溢价发行又可分为时价发行和中间价发行。前者是指以同种或同类股票的流通价格为基准来确定股票发行价格,而后者则是指以介于面额和市价之间的价格来发行股票。

平价发行也称等额发行或面额发行,是指发行人以票面金额作为发行价格。这种发行能使投资者得到交易价格高于发行价格时所产生的额外收益,因此绝大多数投资者都乐于认购。

折价发行是指以低于面额的价格发行股票。即按面额打一定的折扣后发行股票,折扣的大小主要取决于发行公司的业绩和承销商的能力。

6. 直接发行和间接发行

根据发行过程有无中介机构参与,可以将股票发行分为直接发行和间接发行。直接发行又称自营发行,是指股份公司不通过中介公司,自己直接向投资者发行股票的方式。间接发行是指发行者委托中介机构办理发行事务的发行方式。

(二)股票发行价格的确定

股票发行价格的确定关系到发行者和投资者的切身利益,同时也会影响到股票上市后的表现,所以是股票发行计划中最重要的内容。股票发行定价常用的方法主要有:

1. 议价法

议价法是指股票发行公司直接与股票承销商议定承销价格和公开发行价格。承销价与公开价的差额即为承销商的报酬。议价法常见的做法有累计订单方式和固定价格方式。累计订单方式的过程是:首先,根据新股的投资价值、股票发行的大盘走势等因素,确定一个价格空间;然后,主承销商协同上市公司的管理层进行路演(road show),向投资者推介,并征集各价

位的需求量,通过对订单的统计,承销商和发行人对最初的发行价进行修正,最后确定新股的发行价格。若市场反应好,则定价靠近价格区间的上限;反之,则靠近下限。

固定价格方式是承销商与发行者在发行前商定一个价格,然后根据此价进行公开发售。为保证发行成功,承销商通常倾向于将发行价定得比较低。

2. 竞价法

竞价法是指投资者或股票承销商以招标的方式相互竞争并确定股票发行价格的方法。参与竞争的可以是公众投资者,也可以是股票承销商。在后一种情况下,中标的股票承销商再将股票发售给公众投资者。

3. 定价法

定价法是指按照某一客观或固定的依据来确定股票发行价格的方法。常见的方式有:市盈率法和净资产倍率法。

(1)市盈率法。市盈率又称本益比,是指股票市场价格与每股收益的比率。运用此法确定股票发行价格,首先应根据注册会计师审核后的盈余预测计算出发行者的每股收益,然后发行人会同诸承销商确定股票发行市盈率,最后以发行市盈率与每股收益的乘积决定股票发行价格。其计算公式为:

$$发行价格＝每股收益×发行市盈率$$

市盈率法简单易用,适用广泛。

(2)净资产倍率法。净资产倍率法又称资产现值法,指通过资产评估和相关会计手段确定发行人拟募资产的净现值和每股净资产,然后根据证券市场的状况将每股净资产值乘以一定倍率或者折扣,以此确定股票发行价格的方法。其计算公式为:

$$发行价格＝每股净资产×溢价(折扣)倍率$$

(三)股票发行管理制度

企业通过发行股票筹资对社会资金流动、资源配置以及股票流通市场行情等都有一定的影响,涉及成千上万投资者的利益,为了保障社会公众的利益,促进股票市场健康发展,各国政府都授权某一部门对申请发行股票的公司进行审核评估,对发行股票进行审批。一旦审批通过,发行股票的事前准备即告完成,发行公司即获得公开发行股票的资格。这种由政府机构对股票发行进行审查和批准的方法就是股票发行的管理制度。目前世界上股票发行管理制度大致可分为:股票发行注册制和核准制。

1. 股票发行注册制

股票发行注册制又称登记制,其核心内容是:证券发行人在发行证券之前,必须依法将公开的各种资料准确、完整地向证券主管机关呈报,并申请注册。证券主管机关仅对申报文件的全面性、真实性、准确性和及时性作形式审查。如果申报文件没有包含任何不真实的信息且证券主管机关对申报文件没有异议,则经过一定的法定期限,申请自动生效。

注册制遵循的是公开管理的原则。它假定投资者都能阅读并理解股票发行的说明书,能够自己作出正确的判断和选择,从而保护自己利益不受损失。注册制依靠健全的法律法规对发行者的发行行为进行约束。它比较适合证券市场发展历史较长、法律法规健全、行业自律性较好、投资者素质较高的国家和地区。

2. 股票发行核准制

股票发行核准制是指股票发行人不仅必须公开所发行股票的真实情况,而且该股票必须经过证券主管机关审查,并符合若干实质条件才能获准发行。在这一过程中,主管机关有权否决不符合规定的证券发行申请。核准制要求的条件一般包括:公司营业性质、管理人员资格、资本结构、发行所得是否合理、各种证券权利是否平等、公开资料是否充分真实等。

核准制遵循的是实质管理原则。在该制度下,证券主管机关在"实质条件"的审查过程中有权否决不符合固定条件的股票发行申请,并在信息公开条件下,将一些不符合条件的低质量发行人排除在证券市场之外,以保护投资者的利益。但是,核准制容易导致投资者对政府产生完全依赖的安全感。另外,有时政府主管机关的意见不一定完全正确,从而为证券的发行添加了更多的人为因素。核准制比较适合那些证券市场处于发展初期、法律法规尚需进一步健全、投资者的结构不合理的国家和地区。

(四)股票发行程序

各国对股票发行都定有严格的法律规定程序,任何未经法定程序发行的股票都不具有法律效力。不同国家、不同的证券市场,其股票发行的程序各不相同。另外,由于股票的发行目的、发行方式不一,发行程序也有所差异。一般可以将它们概括为:一是成立股份公司发行新股票,二是现有公司增发股票。

1. 公司成立发行股票的程序

公司成立发行股票的程序也是股份公司以募集方式成立时发行股票的程序。其过程如下:

(1)订立招股章程。发起人在被准予注册登记取得独立的法人资格后,必须订立招股章程向公众推介。招股章程的主要内容包括企业经营范围、可行性预测分析、募集股票总额及各发起人认领的股份额、股票种类、每股面额、发行价格、发行期限等。

(2)发起人向发行主管部门提交招股申请书,列出股票推销机构的名称、开户行及地点、注册会计师证明等。

(3)与证券发行机构签订委托募集合同。

(4)投资者认购。

(5)股票交割。投资者在认购以后,必须在规定的日期交付股金,才能领取股票。

(6)登记。股票交割后一定时期,公司董事会应向证券管理部门登记。

2. 公司增发股票的程序

增发股票的程序即现有股份公司增加股票发行的程序。

(1)制订新股发行计划。内容包括:发行目的、对经济环境和市场环境的预测、发行股票的种类、发行方式和价格。

(2)形成董事会决议。

(3)向证券主管部门提交发行申请书,为认购者编制增股说明书。

(4)过户。

(5)签订委托推销合同。

(6)向现有股东发出通知或公告。

(7)股东认购或公开发行。

(8)股票交割。

(9)处理零股或失权股。零股是指按现有股东持股比例分摊不足一股的份额,发行者可将所有零股集中起来出售,将所得款项按股东拥有的份额再加以分配。失权股是指有新股认购权的股东自动放弃认购权的那部分股票,对此种股票发行者多采用公开发行的方式处理。

(10)向证券管理部门报告发行情况和结果。

三、债券发行市场

债券发行市场是债券发行人初次出售新债券的市场。

(一)债券发行的方式

1. 公募发行和私募发行

根据发行对象不同,可将债券发行方式分为公募发行和私募发行。一般发行量大、信用水平高的发行体,大都采用公募发行方式;知名度低、不符合公募发行条件的企业则只能采用私募发行方式。

2. 直接发行和间接发行

根据发行过程有无中介机构参与,同股票一样,也可以将债券发行分为直接发行和间接发行。间接发行进一步分为代销和包销。

3. 协议发行和招标发行

根据发行条件如何确定,可以将债券发行分为协议发行和招标发行。协议发行是指发行人和承销商相互协商确定承销价格和发行条件的发行方式。该方式可使双方通过充分的交流与合作设计出满意的发行方案,但其受人为因素的影响较大,不利于得到公平的市场价格。

招标发行是指发行者通过竞拍招标的方式来决定承销商和发行条件。其特点是采用竞争机制来确定价格,因而有利于发行者以低资金成本筹集资金。

(二)债券发行价格的决定因素

债券发行价格是指投资者认购新发行债券时实际支付的价格。其决定因素主要有:

1. 债券的票面金额

债券的发行价格应与票面金额一致。但在实际操作中,债券的发行价格与票面金额经常出现偏离,这种偏离总是以票面金额为中心。债券的发行价格与票面金额的关系有三种情况:平价、折价和议价。

2. 债券的利率

当债券正式发行时,如果票面利率和市场实际收益率水平存在差异,发行人必须调整发行价格。当票面利率高于发行时的市场利率,就提高发行价格,以避免发行成本过大;当票面利率低于发行时的市场利率,就降低发行价格,以避免收益过低无人问津。

3. 债券的期限

一般而言,债券的投资期限越长,其不可测的风险就越大,需要用较高的票面利率来弥补,有时也用较低的发行价格来弥补。

4. 债券的信用等级

债券的信用等级是债券评级机构对债券发行公司评定的信用级别,它表明债券还本付息保证程度的大小。信用级别低,则风险较高,如果不用较高的票面利率进行弥补,发行价格就必须降低;反之,如果信用级别高,则风险较小,其售价也可能比较高。

5. 新债的发行量

在某一段时间里,如果各种债券的发行数量过大,超过投资者的需求,为保证筹集到资金,发行人就可能降低价格以吸引投资者;反之,如果各种债券的发行数量较小,不能满足投资者的需求,其发行价格就可以提高。

第三节 证券流通市场

一、证券流通市场概述

证券流通市场是指证券发行后,投资人之间相互买卖所形成的市场。由于它是建立在发行证券的初级市场基础上,因此又称作二级市场。它的功能主要表现在:①增强证券的流动性和安全性。证券流通市场的存在和发展是投资者可以根据自己的投资计划和市场变动情况随时买卖证券。②促进社会闲散资金的筹集与利用。流通市场的发展与发达解除了投资者所持证券不能随时变现的后顾之忧,促使投资者踊跃认购新发行的证券,从而有利于公司筹措长期资金,为证券发行者创造了有利的筹资环境。③提供经济分析和管理决策的重要参考指标。证券市场的价格是反映经济动向的"晴雨表",能灵敏地反映出资金供求、行业前景和政治经济形势的变化,是进行经济预测分析的重要指标和政府宏观经济政策及金融政策调整的重要依据之一。

证券流通市场与发行市场的区别是:发行市场通过一种纵向关系将发行者和投机者联系起来,而流通市场则是通过一种横向关系,将同是投资者的买卖双方联系起来。前者扩张代表了社会资本存量的增加,而后者的交易量只代表现有证券所有权的转移,不代表社会资本存量的变动。

证券流通市场与发行市场的联系是:发行市场是流通市场的前提和基础,它的规模和品种决定了流通市场的规模和品种,有时还会影响到交易价格,并且一个功能完善的流通市场的存在则使得发行市场内的证券对购买者更具吸引力。

一般而言,根据具体组织形式的不同,证券流通市场可分为场内交易市场和场外交易市场两种基本形式。

二、证券交易所

证券交易所就是所谓的场内交易市场,它是指有组织、有固定地点的集中买卖证券的场所。作为证券市场的核心,它本身不参加证券交易,也不决定证券价格,仅为证券交易提供一定的场所、设施和服务,以便证券交易顺利进行,同时也兼有管理证券交易的职能,它与证券公司、信托投资公司等银行金融机构不同,是非金融性的组织机构。

(一)证券交易所的特征和功能

1. 证券交易所的特征

(1)证券交易所是有形、集中的交易场所。证券交易所的交易一般都集中在交易所大厅或交易室进行。

(2)证券交易所只进行上市证券的交易。

(3)证券交易所是组织化、法律化的交易市场。它必须经过政府许可方可成立,是管理严密、组织健全、设备完善的独立的组织机构。

(4)参加交易者为具备会员资格的证券公司,交易采取经纪制。

(5)证券交易所具有较高的成交速度和成交率,但交易费用较高。

2. 证券交易所的功能

(1)提供证券交易场所。由于这一市场的存在,证券买卖双方有集中的交易场所,可以随时把所持有的证券转移变现,保证证券流通的持续不断进行。

(2)形成与公告价格。在证券交易所内完成的证券交易形成了各种证券的价格,由于证券的买卖是集中、公开进行的。采用双边竞价的方式达成交易,其价格在理论水平上是近似公平与合理的,这种价格应及时向社会公告,并被作为各种相关经济活动的重要依据。

(3)集中各类社会资金参与投资。随着证券交易所上市股票的日趋增多,成交数量日益增大,可以将极为广泛的资金吸引到股票投资上来,为企业发展提供所需资金。

(4)引导投资的合理流向。证券交易所为资金的自由流动提供了方便,并通过每天公布的行情和上市公司信息,反映证券发行公司的获利能力与发展情况,使社会资金向最需要和最有利的方向流动。

(5)反映经济动态。证券价格的变动受企业的利润前景等多种因素的影响,而交易行情的好坏又从侧面反映了这些因素的变化,由于股价循环一般限于商业循环而发生,因而,证券价格波动往往成为经济周期变化的先兆,成为社会经济活动的晴雨表。通过证券价格的变动,可以预测企业及生产部门经济动态和整个社会经济的发展状况。

(二)证券交易所的组织形式

1. 公司制

公司制证券交易所是银行、证券公司、投资公司以及其他企业共同出资,按照股份公司原则设立的以营利为目的的企业法人。公司制证券交易所本身不参加证券交易,只向投资者提供交易场所和交易设施,以便证券交易顺利进行。公司制证券交易所由注册的证券商进行交易,证券商与交易所签订合同,并交纳营业保证金。公司制证券交易所必须遵守公司法的各项规定,在政府主管机构的管理和监督下运行,其最高权力机构是股东大会,执行机构是董事会,并由董事会选聘与任命经理对各职能部门进行日常管理。它可吸收各类证券在集中的交易市场内自由买卖并集中交割,但它本身的股票却不能在本交易所上市交易。目前世界上采用公司制证券交易所的并不多。

2. 会员制

会员制证券交易所是以会员协会形式成立的不以营利为目的的社团组织。它主要由证券商组成,参加证券交易者必须是交易所的会员。会员制证券交易所的运转不以营利为目的,收取的各项资金和费用都严格按照规定用途使用,并制定专项管理规则进行管理,交易所的收益结余不分配给会员。会员大会和理事会是会员制证券交易所的决策机构。会员大会是最高权力机构,决定交易所经营的基本方针。理事会为执行机构,其主要职能为:审查会员资格;决定会员人数;根据证券交易法起草交易所章程,交会员大会通过,并呈报有关部门审批;审查和决定证券的上市、报价;按章程规定,定期召开会员大会,处理交易所的一些重大问题以及其他日常事务。

会员制证券交易所在法律上分为法人和非法人两种。具有法人地位的会员制证券交易所不但适用证券法的规定,也适用民法的规定。非法人会员制证券交易所是指由会员自愿结合而形成的法人团体,其章程细则及有关会员的入会、惩戒、开除等条款规定被视为会员间的契约,必须共同遵守。

要进入会员制证券交易所,必须经过资产、信誉和经验等各项资格的严格审查,非交易所会员只能通过会员在交易所的代表买卖证券。这种不以营利为目的的交易所交易佣金较低，经纪人难以人为操纵交易。

三、场外交易市场

场外交易市场是证券交易所以外市场的总称。它是一个分散的无形市场，没有固定的、集中的交易场所。它的主要功能是：为已发行的证券提供转让的场所，新证券分销的场所，一个协商定价的场所，预备市场。

场外交易市场一般分为店头市场、第三市场和第四市场。

(一)店头市场

店头市场又称场外市场(over the counter market)，简称OTC市场，是经纪人或自营商不通过证券交易所，而直接与顾客进行买卖所形成的市场。

在店头市场内，每个证券商大都同时具有经纪人和做市商双重身份，随时与买卖证券的投资者通过直接接触或以电话、电报等方式迅速达成交易。作为做市商，证券商具有创造市场的功能。作为经纪人，证券商代理顾客与某证券的交易商进行交易，不承担任何风险，只收少量的手续费作为补偿。

店头市场与证券交易所相比，具有以下特点：①买卖价格通过直接协商确定；②交易的时间和地点不固定；③主要通过电话、电传、网络等现代通讯手段完成；④买卖对象既有已上市证券，又有未上市证券；⑤交易额没有限制，没有统一的交易章程和交易规则，管理较宽。

(二)第三市场

第三市场是指非交易所会员买卖已上市证券所形成的市场。它的出现与证券交易所固定佣金制度有关。固定佣金制度使证券交易的成本较高，尤其是大宗交易的成本绝对额很高。于是，大宗投资者为了减少投资的费用，就把目光转向交易所外的店头市场。另一方面，一些非交易所会员的证券商为了招揽业务，赚取较大利润，常以较低的费用吸引大宗交易者，在店头市场大量买卖交易所挂牌上市的证券，这样，第三市场得以形成与发展。

第三市场的价格原则上以交易所的收盘价为准。它的客户主要是机构投资者，如保险公司、信托公司、各类基金和其他投资机构。

第三市场的出现和发展对证券市场产生了一定的积极影响。对投资者有降低成本的好处，对证券业，由于上市证券出现了多层市场，加强了业务竞争，促进了证券研究和服务的深化。

(三)第四市场

第四市场是投资者不通过经纪人，而是通过电子计算机网络直接进行大宗证券交易的市场。该市场是一个颇具竞争力的市场，其优点在于交易成本低，成交量大，成交速度快，交易直接且隐秘，不会对证券市场产生冲击，但其缺点在于监管的困难。

第四市场的交易程序是：用电子计算机将各大公司证券的买进和卖出价格输入储存系统，机构交易双方通过租赁的数据线路与交易网络的中央主机联系，当任何会员将拟买进或拟卖出的委托储存在计算机记录上以后，在委托有效期间，如有其他会员的卖出或买进的委托与之相匹配，交易即可成交，并由主机立即发出成交证实，在交易双方的终端上显示并打印出来。

四、二板市场

（一）二板市场的概念和特点

1. 二板市场的概念

二板市场（second board）又称创业板市场（growth enterprises market），是一国证券主板市场（main board）之外的，针对中小型公司和新兴高科技企业筹集资金需要而设立的证券市场。

国际上大部分成熟的证券市场都设有二板市场。例如，美国的纳斯达克（NASDAQ）、英国的另类投资市场（AIM）、新加坡的自动报价市场（SESDAQ）、我国香港的创业板市场（GEM）等。2004 年 5 月 27 日，我国深圳证券交易所中小企业版正式启动，标志着我国创业板市场的设立和多层次资本市场建设的开始。

2. 二板市场的特点

与主板市场相比，二板市场具有以下特点：

（1）针对中小企业而设，为其提供一个持续融资的途径，助其尽快成长。

（2）上市企业标准和条件较低。

（3）在市场上投资的，大多为承受风险能力强，寻求高回报的机构和个人投资者。

（4）信息披露要求严格。

（5）交易灵活。

（6）具有前瞻性、高风险、监管要求严格、具有明显的高技术产业导向性。

（二）二板市场的功能

二板市场与主板市场一样，是证券市场的重要组成部分，它的功能主要有：

1. 作为资本市场所固有的功能

二板市场是企业筹集长期权益性资金的场所，作为资本市场，它与主板市场一样，具有筹集与利用社会闲散资金、优化资源配置、反映社会经济动向的基本功能。

2. 促进中小企业和高科技企业的发展

二板市场为中小企业和新兴高科技型企业的发展提供了门槛较低的直接融资渠道，使其发展有了资金的保证。

3. 促进风险投资的发展

风险投资的基本特征之一，是风险资本在经过一段时期的运作，实现资本的增值之后，将退出的风险企业去寻求下一轮投资机会。所以，能够迅速以合理的价格将风险资本变现是风险投资业发展壮大的必要条件，二板市场在这方面扮演着重要角色，它承担了风险资本的退出窗口作用。

（三）二板市场的运作模式

1. 非独立的附属市场模式

在这种模式下，二板市场作为主板市场的补充，是由证券交易所设立，与主板市场组合在一起共同运作，拥有共同的组织管理系统和监管系统，甚至采用相同的监管标准，所不同的是上市标准的差异。采用这种模式的有吉隆坡证券交易所第二板市场（KISE）、新加坡证券交易所的 SESDAQ、马来西亚证券交易及自动报价系统市场（MESDAQ）、泰国证券交易所的第二板市场和英国的另类投资市场等。

2. 独立模式

在这种模式下,二板市场与主板市场分别独立运作,拥有独立的组织管理系统、交易系统和监管系统,并且大多数采用不同的上市标准,监管标准也有所不同,美国的 NASDAQ,我国香港的创业板和台湾的 OTC 市场,以及法国的"新市场"等采用这种模式。

3. 新市场模式

在这种模式下,该市场由通过联合若干已经存在的小盘股市场的交易系统而形成,其会员市场达成最低运作标准,具有实时的市场行情,承认彼此的会员资格。典型的是欧洲的 EU-RO－NM 市场,该市场成立于 1996 年 3 月 1 日,是一个专门为高成长公司设计的各个股市间的网络,由法国、荷兰、德国、比利时、瑞士新市场等五个股票市场组成。欧洲新市场的目的是要建立一个完全统一的泛欧洲高成长股市网络,网络上的任何一点都可以取得全欧洲的信息和实现交易。其中德国新市场由法兰克福证券交易所于 1997 年 3 月 10 日成立,是欧洲二板市场中运作最成功的市场。

从三种模式的二板市场的运作绩效来看,比较成功的二板市场往往是独立型市场,而大多数的附属型二板市场没有达到预期的效果,市场规模较小,交易也不够活跃。

(四)二板市场的交易制度

二板市场的交易制度主要有做市商报价驱动交易制度和委托指令驱动交易制度两种。

1. 做市商报价驱动交易制度

在这种交易制度下,做市商对其所选择的股票报出买卖价格,随时准备按此价格向要求买进的投资者卖出和从要求卖出的投资者买入,做市商从自己给出的买卖报价的差额中弥补做市的成本并获取一定的收益。其优点是成交及时、交易价格相对稳定、能够抑制股价操纵;缺点是缺乏透明性、会增加投资者负担、监管成本大、可能出现串谋。

2. 委托指令驱动交易制度

委托指令驱动交易制度又称竞价制度,先由集合竞价形成开市价格,随后对不断进入交易系统的投资者交易指令进行自动配对竞价处理。这种交易制度的优点是透明度高、信息传递速度快和运行费用较低,缺点是处里大额买卖盘的能力较差、某些不活跃的股票可能持续萎缩、股票价格容易波动。

目前,香港创业板市场采用委托指令驱动交易制度,通过主板现有的第二代自动对盘系统进行自动配对竞价,买卖成交后通过中央结算系统进行结算及交收。美国纳斯达克市场在建立初期采用的是纯粹的多元做市商制度,每一只股票同时由多个做市商来负责。但是,由于这种交易制度缺乏透明度,1997 年美国证监会要求纳斯达克市场必须显示电子通讯网络(ECN)的最优买卖报价,使得纳斯达克市场的交易制度具备了做市商报价驱动与委托指令驱动双重特征,成为混合式交易制度。

(五)中国的二板市场

2004 年 5 月经中国证监会批准,同意深圳证券交易所在主板市场内设立中小企业板块,这意味着我国创业板市场的雏形——中小企业板块——终于得以投入运作。2008 年 3 月,《首次公开发行股票并在创业板上市管理办法》征求意见稿推出,标志着我国创业板市场的筹备工作又向前迈出了实质性的一步。2009 年 3 月 31 日,中国证监会发布《首次公开发行股票并在创业板上市管理暂行办法》,该办法自 2009 年 5 月 1 日起实施。至此,我国二板市场开始正式运营。2009 年 10 月 23 日,创业板启动仪式在深圳举行。2009 年 10 月 30 日,创业板首批 28 家公司在深交所上市。2011 年 11 月 28 日,深交所发布新版创业板退市制度。

目前根据深圳证券交易所发布的《深圳证券交易所创业板交易规则(征求意见稿)》规定:我国内地的创业板市场采用无纸化的电脑集中竞价交易方式。

五、三板市场

三板市场,即代办股份转让业务,是指经中国证券业协会批准,由具有代办非上市公司股份转让业务资格的证券公司采用电子交易方式,为非上市公司提供的特别转让服务,其服务对象为中小型高新技术企业。其作用是:发挥证券公司的中介机构作用,充分利用代办股份转让系统现有的证券公司网点体系,方便投资者的股份转让,为投资者提供高效率、标准化的登记和结算服务,保障转让秩序,依托代办股份转让系统的技术服务系统,避免系统的重复建设,降低市场运行成本和风险,减轻市场参与者的费用负担。三板市场这一名字为业界俗称,其正式名称是"代办股份转让系统",于 2001 年 7 月 16 日正式开办。作为中国多层次证券市场体系的一部分,三板市场一方面为退市后的上市公司股份提供继续流通的场所,另一方面也解决了原 STAQ、NET 系统历史遗留的数家公司法人股的流通问题。

第四节　证券市场的参与者

证券市场的参与者一般包括证券发行人、证券投资人和证券市场的中介机构。

一、证券发行人

证券发行人是指为筹集资金而发行证券的政府、金融机构、企业等。

政府部门为了弥补财政赤字,筹集建设资金或实施宏观调控在证券市场上发行政府债券。

金融机构通过发行金融债券等筹集资金,然后通过贷款、投资等形式,把这部分资金运用出去,获取收益。所以,金融机构主要是证券市场上资金的中间需求者。

企业发行证券的目的是借助证券市场直接融资的方式,筹集生产经营所需要的资金。

二、证券投资人

证券投资人是证券市场的资金供给者,也是金融工具的购买者。证券投资人一般包括个人投资者和机构投资者,机构投资者又分为公司企业、金融机构、社会基金等。

1. 个人投资者

个人投资者是证券市场上最广泛的投资者。他们进行证券投资的目的一般是为了实现资金的保值增值,虽然个人投资者的资金有限,交易金额不大,但是交易的次数比较频繁,有利于增加证券市场的流动性。个人投资者与机构投资者相比,在证券市场交易中存在一些弱点,比如信息不对称,容易受市场传言的影响;缺乏市场分析的专业知识和技术,在投资中可能处于劣势;抵御风险的能力较弱;等等。所以在证券市场的发展中,更要加强对个人投资者的保护,保证个人投资者的正当利益,才能更好地促进证券市场的发展。

2. 机构投资者

机构投资者一般资金实力雄厚,其投资行为对证券市场的影响很大。与个人投资者相比,机构投资者交易量大,收集和分析信息的能力强,拥有专门的证券投资分析专家,可以根据自身的特点进行证券投资组合,合理规避风险。

(1)公司企业。公司企业不仅是证券市场的发行人,还可以是证券市场的投资者,企业的购买力与个人投资者相比较大,因而企业的投资量远远大于个人投资者。

(2)金融机构。各类金融机构,由于较强的资金拥有能力和特殊的经营地位,使其成为发行市场上证券的主要需求者。投资基金公司的主要运作对象是各类债券和股票;证券公司、信托投资公司等既可以进行股票和债券的代理,也可以自行买卖证券;商业银行仅限于买卖政府债券。

(3)社会基金。各种基金是新兴的投资者,社保基金、养老金等虽然不属于经营性的资本金,但是可以通过证券投资的方式达到保值和增值的目的。

三、证券中介机构

证券中介机构是指在证券投资活动中从事证券发行、买卖等业务的专门机构,主要包括证券经营机构和证券服务机构。证券中介机构的存在使得证券市场的功能得以发挥,保证了证券的发行和交易,维护了证券市场的秩序。

1. 证券经营机构

证券经营机构通常称为证券商,是指证券主管机关批准设立的,在证券市场上经营证券业务的金融机构。它们是证券市场的重要参与者,没有他们证券投资活动就无法正常有效地进行。根据证券经营商业务性质的不同,可以将它们分为证券承销商、证券经纪商和证券自营商。

(1)证券承销商。证券承销商是依照规定有权包销或代销有价证券的证券经营机构,是证券一级市场上发行人与投资者之间的媒介。其作用是受发行人的委托,寻找潜在的投资公众,并通过广泛的公关活动,将潜在的投资人引导成为真正的投资者,从而使发行人募集到所需要的资金。

(2)证券经纪商。证券经纪商是指以接受客户委托,代客户买卖证券并以此收取佣金的证券经营机构。由于证券交易所通常都规定一般的投资者不得进入交易所参加交易,必须由经纪商代理交易,因此,经纪商在交易中的地位极为重要。

(3)证券自营商。证券自营商是指自行买卖证券,从中获取差价收益,并独立承担风险的证券经营机构。它们可以从证券发行机构或筹资单位购买证券,也可以以交易所会员资格在证券交易所自行买卖,还可以兼营证券的零散交易,通过证券买卖差价赚取利润,获得收益。

2. 证券服务机构

证券服务机构是指依法设立从事证券服务业务的法人机构,包括证券登记结算机构、证券投资咨询机构、会计师事务所、律师事务所、资产评估机构和证券信用评级机构等。证券服务机构不直接从事证券的发行和交易活动,而是从事由证券发行和交易所派生出来的各种服务工作,包括证券的集中保管、登记过户、清算交割、投资咨询、信用评级、财务审计、法律顾问、资产评估等方面,证券服务机构在证券市场上也发挥着重要的职能与作用。

(1)证券登记结算机构。证券登记结算机构是为证券发行和交易活动办理证券登记、存管和结算业务的中介服务机构。登记结算与证券交易是同一市场行为过程的两个阶段。形象地讲,在一个完整的证券交易行为中,交易所的角色是"前台",登记结算公司的角色则是"后台"。因此,登记结算公司与证券交易所在证券市场中是既分工又合作,彼此关联、相辅相成的关系。

（2）证券投资咨询机构。证券投资咨询机构是为证券市场参与者的投融资、证券交易和资本运营等活动提供专业性咨询服务的法人组织，又称为证券投资顾问公司。我国投资咨询公司主要有两种类型：专门从事证券投资咨询业务的专营咨询机构和兼营证券投资咨询业务的兼营咨询机构。其特点是根据投资者的需要，通过收集大量的信息资料，运用科学分析和现代技术方法，为投资者提供分析报告，帮助投资者选择投资、融资方案，确定投资方向。

（3）会计师事务所。在证券市场上，会计师事务所发挥社会公证的作用。其负责为股票发行与上市出具有关报告，接受委托对上市公司董事会准备提交股东大会讨论表决的会计报表进行审计，并发表审计意见，等等。

（4）律师事务所。律师事务所是为证券的发行、上市和交易出具法律意见书，审查、修改、制作与证券发行、上市和交易有关法律文件的专门机构。

（5）资产评估机构。从事证券业务的资产评估机构是指对股票公开发行、上市交易的公司资产进行评估和开展证券与证券业务有关的资产评估业务的专业机构。在我国从事证券业务的资产评估机构必须取得相应的资格。

（6）证券信用评级机构。证券市场的信用评级机构是指由专门的经济、法律、财务等方面的专家，对证券发行人和证券的信用等级进行评定的专业机构。证券信用评级机构的主要对象是为各类公司债券和地方债券，普通股股票一般不进行评级。证券信用评级机构具有独立性，独立于证券发行人和证券主管部门之外，以此保障评级结果的客观性和公正性。

本 章 小 结

作为证券交易的市场具有特定的功能和特点，根据不同的角度，可以把证券市场分为不同的市场类型。通常人们把证券市场分为发行市场和流通市场。

在股票发行市场，股票的发行方式众多，发行价格的确定方法主要有议价法、竞价法和定价法；发行管理制度有注册制和核准制。

在债券发行市场，债券的发行方式也可进行多种划分，其发行价格受制于债券的票面金额、利率、期限、信用等级、发行数量等因素。

证券流通市场一般有场内交易市场和场外交易市场。

场内交易市场又称证券交易所，其具有特定的功能和特点，组织形式有公司制和会员制两种形式。场外交易市场一般有店头市场、第三世场和第四市场。

近年来随着证券市场的发展，二板市场的作用越来越大，其特点和功能与主板市场有着明显的不同。

证券市场的主要参与者包括证券发行人、证券投资人和证券市场的中介机构。

关 键 术 语

证券市场　证券发行市场　证券流通市场　证券交易所　店头市场
第三市场　第四市场　二板市场　三板市场

思考与练习

1. 证券市场的功能和特点有哪些？
2. 证券市场的分类有哪些？

3. 股票发行的方式有哪些？
4. 股票发行价格的确定方法有哪些？
5. 影响债券发行价格的因素有哪些？
6. 流通市场包括哪些市场？
7. 二板市场有何特点和功能？

第四章　证券交易

本章要点

1. 证券交易遵循的原则和机制
2. 证券交易的程序中,开立账户、委托指令、竞价成交、清算交割所包含的内容
3. 证券交易市场主要交易品种和交易方式、特点及运用

第一节　证券交易原则和机制

证券交易是指证券持有人依照交易规则,将证券转让给其他投资者的行为,证券交易是证券发行的结果和必然要求。

一、证券交易的特征

(一)证券交易是证券转让的特殊形式

证券转让是证券持有人依转让意思及法定程序,将证券所有权转移给其他投资者的行为。在广义上,证券转让包括证券的买卖、赠与、继承、质押等行为。根据我国《证券法》的规定,证券交易是证券转让的特殊形式,主要是指证券的买卖行为。

(二)证券交易是证券的流通属性的基本表现形式

流通性是证券的基本属性,是证券价值实现的基础。而证券的流通主要是通过证券的交易行为来体现的,证券通过交易使证券从发行人的手中转移到投资者的手中,然后,在投资者之间互相转移,从而使证券得到流通实现其价值。

(三)证券交易须借助交易场所实现

证券交易需要一定的场所,为此,世界各国都依法设立了一些特定的证券交易场所,专门用来进行证券的交易,即证券交易所。即使发生在证券交易所之外的证券交易行为(即场外交易),也同样有固定的场所。证券交易的专门场所,是证券交易量巨大、交易行为频繁以及降低交易风险的需要。

(四)证券交易必须遵守交易的规则

为确保证券交易的安全、快捷,维护资本市场的稳定与发展,各国都以立法的形式制定一些证券交易的原则、规则及禁则,同时设立监管机关进行监管,例如,中国证监会、证券交易所等。证券交易必须遵守这些规则,如果在交易中违反交易规则将受到法律的制裁。

二、证券交易的原则

证券交易的原则是反映证券交易宗旨的一般法则，它贯穿于证券交易的全过程。为了保障证券交易功能的发挥，以利于证券交易的正常运行，证券交易必须遵循以下三个原则：

(一)公开原则

公开原则又称信息公开原则，指证券交易是一种面向社会的、公开的交易活动，其核心要求是实现市场信息的公开化。根据这一原则的要求，证券交易参与各方应依法及时、真实、准确、完整地向社会发布自己的有关信息。从国际上来看，美国《1934年证券交易法》确定公开原则后，它就一直为许多国家的证券交易活动所借鉴。在我国，强调公开原则有许多具体的内容。例如，对股票上市的股份公司，其财务报表、经营状况等资料必须依法及时向社会公开；股份公司的一些重大事项也必须及时向社会公布等等。按照这个原则，投资者对于所购买的证券，就可以进行充分、真实、准确、完整的了解。

(二)公平原则

公平原则是指参与交易的各方应当获得平等的机会。它要求证券交易活动中的所有参与者都有平等的法律地位，各自的合法权益都能得到公平保护。在证券交易活动中，有各种各样的交易主体，这些交易主体的资金数量、交易能力等可能各不相同，但不能因此而给予不公平的待遇或者使其受到某些方面的歧视。

(三)公正原则

公正原则是指应当公正地对待证券交易的参与各方，以及公正地处理证券交易事务。在实践中，公正原则也体现在很多方面。例如，公正地办理证券交易中的各项手续，公正地处理证券交易中的违法、违规行为等等。

三、证券交易机制

证券交易机制是证交所为达到一定目标或履行其基本职责而制定的与交易有关的运作原则。

(一)证券交易机制的目标

1.流动性

证券的流动性是证券市场生存的条件。证券市场流动性为证券市场有效配置资源奠定了基础。证券市场流动性包含两个方面的要求，即成交速度和成交价格。如果投资者能以合理的价格迅速成交，则市场流动性好。反过来，单纯是成交速度快，并不能完全表示流动性好。

2.稳定性

证券市场的稳定性是指证券价格的波动程度。从证券市场健康运行的角度看，保持证券价格的相对稳定、防止证券价格大幅度波动是必要的。证券市场的稳定性可以用市场指数的风险度来衡量。由于各种信息是影响证券价格的主要因素，因此，提高市场透明度是加强证券市场稳定性的重要措施。

3.有效性

证券市场的有效性包含两个方面的要求：一是证券市场的高效率；二是证券市场的低成本。其中，高效率又包含两方面内容。首先是证券市场的信息效率，即要求证券价格能准确、迅速、充分反映各种信息。根据证券价格对信息的反映程度，可以将证券市场分为强有效市场、半强有效市场和弱有效市场。其次是证券市场的运行效率，即证券交易系统硬件的工作能力,如交易系统的处理速度、容量等。低成本也包含两方面内容:一是直接成本;二是间接成本。前者指佣金、交易税等;后者指搜索成本、延迟成本等。

(二)证券交易机制的种类

证券交易机制种类可以从不同角度划分。从交易时间的连续特点划分,有定期交易系统和连续交易系统;从交易价格的决定特点划分,有指令驱动系统和报价驱动系统。

1.定期交易系统和连续交易系统

在定期交易系统中,成交的时点是不连续的。在某一段时间到达的投资者的委托订单并不马上成交,而是要先存储起来,然后在某一约定的时刻加以匹配。

在连续交易系统中,并非意味着交易一定是连续的,而是指在营业时间里订单匹配可以连续不断地进行。因此,两个投资者下达的买卖指令,只要符合成交条件,就可以立即成交,而不必再等待一段时间定期成交。

这两种交易机制有着不同的特点。定期交易系统的特点有:第一,批量指令可以提供价格的稳定性;第二,指令执行和结算的成本相对比较低。连续交易系统的特点有:第一,市场为投资者提供了交易的即时性;第二,交易过程中可以提供更多的市场价格信息。

2.指令驱动系统和报价驱动系统

指令驱动系统是一种竞价市场,也称为订单驱动市场。在竞价市场中,证券交易价格是由市场上的买方订单和卖方订单共同驱动的。如果采用经纪商制度,投资者在竞价市场中将自己的买卖指令报给自己的经纪商,然后经纪商持买卖订单进入市场,市场交易中心以买卖双向价格为基准进行撮合。

报价驱动系统是一种连续交易商市场,或称为做市商市场。在这一市场中,证券交易的买价和卖价都由做市商给出,做市商将根据市场的买卖力量和自身情况进行证券的双向报价。投资者之间并不直接成交,而是从做市商手中买进证券或向做市商卖出证券。做市商在其所报的价位上接受投资者的买卖要求,以其自有资金或证券与投资者交易。做市商的收入来源是买卖证券的差价。

这两种交易机制也有着不同的特点。指令驱动系统的特点有:第一,证券交易价格由买方和卖方的力量直接决定;第二,投资者买卖证券的对手是其他投资者。报价驱动系统的特点有:第一,证券成交价格的形成由做市商决定;第二,投资者买卖证券都以做市商为对手,与其他投资者不发生直接关系。

第二节 证券交易程序

投资者在证券交易所买卖证券,首先要到证券登记结算公司或其指定代理点办理开户手续。所谓开户,一般包括两层含义:一是开设证券账户,作为投资者买卖证券、实行清算交割的专户;二是开设资金账户。

一、开立证券账户

证券账户是指证券登记结算机构为投资者设立的,用于准确记载投资者所持有的证券种类、名称、数量及相应权益和变动情况的账册。证券账户是认定股东身份的重要凭证,具有证明股东身份的法律效力,同时也是投资者进行证券交易的先决条件。

(一)证券账户的分类

1. 股票账户

股票账户是我国使用最早、用途最广、数量最多的一种通用型证券账户。它既可以用于买卖股票,也可以用于买卖债券和基金及其他上市证券。

2. 债券账户

债券账户是只能用于购买上市债券的一种专用型账户。目前,我国使用的主要是国债账户,它是为方便投资者买卖国债而专门设置的。

3. 基金账户

基金账户是只能用于买卖上市基金的一种专用型账户,是为方便投资者买卖证券投资基金而专门设置的。

(二)开立证券账户的基本原则

1. 合法性

合法性是指只有国家法律允许进行证券交易的自然人和法人才能到指定机构开立证券账户。对国家法律、法规不准许开户的对象,证券经营机构和中介机构不得予以开户。根据有关规定,下列人员不得开户:①证券管理机关工作人员(不得开立股票账户);②证券交易所管理人员(不得开立股票账户);③证券业从业人员(不得开立股票账户);④未成年人未经法定监护人的代理或允许者;⑤未经授权代理法人开户者;⑥因违反证券法规,经有权机关认定为市场禁入者且期限未满者;⑦其他法规规定不得拥有证券或参加证券交易的自然人。

2. 真实性

真实性是指投资者开立证券账户时所提供的资料必须真实有效,不得有虚假隐匿。

(三)开立证券账户的要求

沪、深证券交易所的证券账户由证券登记结算公司集中统一办理,投资者需持相关资料、证件前往证券登记结算公司或由其指定的代理点,填写开户申请表,经审核后领取证券账户。

1. 自然人开户要求

自然人开立的证券账户为个人账户。开立个人账户时,投资者必须持有本人有效的身份证件(一般为居民身份证)去证券交易所指定的证券登记机构或会员证券经营机构处办理名册登记并开立股票账户。

2. 法人开户要求

法人开立股票账户应提供有效的法人注册登记证明、营业执照复印件、单位介绍信、社团组织批准件、法定代表人的证明书及身份证复印件、法定代表人授权证券交易执行人的姓名和性别及其被授权人的有效身份证件、法定代表人授权证券交易执行人的书面授权书,还应提供法人地址、联系电话、邮政编码、机构性质等。

3. 境外投资者开户要求

境外投资者欲进入中国证券市场进行B股交易,必须开立B股账户。B股账户投资者限于:①外国法人、自然人和其他组织;②我国香港、澳门和台湾地区的法人、自然人和其他组织;③定居在国外的中国公民;④境内个人投资者;⑤中国证监会规定的其他投资人。

二、开立资金账户

资金账户是证券经纪商为投资者设立的账户,用于记载买卖证券的资金变动及余额情况的账户。在开立了证券账户后就可以申请开立资金账户。

投资者可以根据投资者所在地区选择一家证券经纪商,作为自已买卖证券的代理人,并与它签订《证券买卖代理协议》及相关协议。

(一)开立资金账户的必备资料

个人投资者:本人亲往办理的,提供本人身份证、证券账户及其复印件;如替他人代办开户手续时,还应提交委托人签署的授权委托书和身份证。

机构投资者:须提供工商行政管理机关颁发的法人营业执照副本原件和复印件、法人证券账户卡、法定代表人授权委托书和经办人的身份证及其复印件。

境内居民个人从事 B 股交易,允许使用其存入境内商业银行的现汇存款和外币现钞存款以及从境外汇入的外汇资金,不允许使用外币现钞。

(二)营业部现场开户程序

首先,将沪、深证券账户卡原件、身份证原件及签署的《证券买卖委托合同》等资料交柜台审核。

其次,柜员将资料输入,投资者自行输入交易密码及取款密码,成功注册为证券交易投资者;身份证、证券账户卡复印留底。

最后,获得证券投资者号或资金账号。

(三)资金划转

投资者可以采用银证转账的方式将证券买卖资金从银行存折(卡)划拨到证券资金账户。同样投资者也可以采用银证转账的方式将证券买卖资金转回投资者的银行存折(卡)。投资者保证金账上的资金余额跟存在银行一样,证券公司会按银行活期存款利率定期计息。

(四)买卖过程中的资金变动

当投资者每次委托买入指令成功,交易系统将相应扣除保证金账上的资金。每次委托卖出成功后,交易系统将立即把相应的卖出金额添加到保证金账上,这称为"资金当日回转",当日回转资金可以用于买入,用于其他用途(如转入银行账户)需遵循证券交易所有关资金清算的时间约定:A 股、基金、债券为 T+1 日(即 T 日卖出返回的资金余额,T+1 日可取款);B 股的资金清算为 T+3。

三、委托买卖

投资者开户后,就可以在证券经纪商营业部办理委托买卖。所谓委托买卖是指证券经纪商接受投资者委托,代理投资者买卖证券,从中收取佣金的交易行为。

(一)委托形式

证券公司各营业部为投资者提供的委托形式主要有柜台委托和非柜台委托两种:

1. 柜台委托

柜台委托是指委托人亲自或由其代理人到证券营业部交易柜台,根据委托程序和必要的证件采用书面委托方式表达委托意向,由本人填写委托单并签章的形式。这种方式可以加强委托买卖双方的了解和信任,比较稳妥可靠。

2. 非柜台委托

非柜台委托主要有电话委托、函电委托、自动终端委托、网上委托等形式。另外,如果投资者的委托指令是直接输入证券经纪商交易系统并申报进场,而不通过证券经纪商人工环节申报,就称为投资者自助委托。证券公司提供自助委托的,应当与客户签订自助委托协议。

(1)自助终端委托。这种委托方式是指委托人通过证券营业部设置的专用委托终端,凭证券交易磁卡和交易密码进入电脑交易系统委托状态,自行将委托内容输入电脑交易系统,以完成证券交易的一种委托形式。

(2)电话委托。这种委托是指通过电话方式表明委托意向,提出委托要求。它又分为电话转委托与电话自动委托两种。

(3)传真委托和函电委托。这种委托是指委托人填好委托内容后,将委托书采用传真或函电方式表达委托意向,提出委托要求。证券经纪商接到传真委托书或函电委托书后,代为填写委托书,并经核对无误后,及时将委托内容输入交易系统申报进场,同时将传真件或函电件作为附件附于委托书后。

(4)网上委托。这种委托是指证券经纪商的电脑交易系统与互联网连接,委托人利用任何可上网的电脑终端,通过互联网凭交易密码进入证券经纪商电脑交易系统委托状态,自行将委托内容输入电脑交易系统,完成证券交易。

使用各种委托方式时,投资者务必严格遵守相关操作规程,以防委托失败,同时妥善保管好委托密码,并定期修改。

(二)委托指令的基本要素

委托指令的内容有多项,正确填写委托单或输入委托指令是投资决策得以实施和保护投资者权益的重要环节。委托指令主要包括以下一些基本要素:

(1)证券账号。投资者在买卖上海证券交易所上市的证券时,必须填写在上海证券登记结算公司开设的证券账户号码;买卖深圳证券交易所上市的证券时,须填写深圳证券登记结算公司开设的证券账户号码。

(2)日期。即投资者委托买卖的日期,填写年、月、日。

(3)品种。品种是指投资者委托买卖证券的名称。填写证券名称的方法有全称、简称和代码三种。

(4)数量。数量指买卖证券的数量。

(5)价格。价格指委托买卖证券的价格。它是委托能否成交和盈亏的关键,一般分为市价委托和限价委托。

(6)时间。时间是指投资者填写委托单的具体时间,也可由证券经纪商填写委托时点。

(7)有效期。有效期指委托指令的有效期间。

(8)签名。投资者签名以示对所做的委托负责;若预留印鉴,则应盖章。

(9)委托买卖的方向,即是买进还是卖出。

(10)其他内容。主要涉及委托人的身份证号码、资金账号等。

(三)委托指令

1. 市价委托指令

市价委托指令是指投资者向证券经纪商发出买卖某种证券的委托指令时,要求证券经纪商按证券交易所内当时的市场价格买进或卖出证券。证券经纪商在接到市价委托指令后应立即以最快的速度并尽可能以当时市场上最有利的价格执行这一指令。市价委托的优点是:没有价格上的限制,证券经纪商执行委托指令比较容易,成交迅速且成交率高。市价委托的缺点是:只有在委托执行后才知道实际的执行价格。尽管场内交易员有义务以最有利的价格为投资者买进或卖出证券,但成交价格有时会不尽如人意,尤其是当市场上市价委托买入多而卖出少的时候,卖出报价会较高;而市价委托买入少而卖出多时,买入报价会较低。

2. 限价委托指令

限价委托指令是指投资者要求证券经纪商在执行委托指令时,必须按限定的价格或比限定价格更有利的价格买卖证券,即必须以限价或低于限价买进证券,以限价或高于限价卖出证券。如果投资者提出的限价委托与当时的市场价格不一致,证券经纪商必须等待限价出现时才能执行委托。限价委托方式的优点是:股票可以按投资者预期的价格或更有利的价格成交,有利于投资者实现预期投资计划,谋求最大利益。但是,采用限价委托时,由于限价与市价之间可能有一定的距离,故必须等市价与限价一致时才有可能成交。此时,如果有市价委托出现,市价委托将优先成交。因此,限价委托成交速度慢,有时甚至无法成交。在证券价格变动较大时,投资者采用限价委托容易坐失良机,遭受损失。

3. 停止损失委托指令

停止损失委托指令是一种特殊的限制性的市场委托,它是指投资者委托证券经纪商在证券市场价格上升到或超过指定价格时按照市场价格买进证券,或者是在证券市场价格下降到或低于指定价格时按照市场价格卖出证券。前者称为停止损失购买委托,后者称为停止损失出售委托。

4. 停止损失限价委托指令

停止损失限价委托指令是将停止损失委托与限价委托结合运用的一种指令。投资者实际上发出两个指定价格——停止损失价格和限制性价格,如果证券市场价格达到或突破停止损失价格,限价指令便开始生效。这种指令既指定当证券价格到达什么价位时执行指令,又限定成交价格必须等于或优于指定价,这样投资者可预先限定成交价格的变动范围,克服停止损失指令执行价格不确定的缺点,更明确地保障既得利益或限制可能的损失。但这一委托方式也有缺点,如果证券经纪商无法在投资者指定的范围内执行委托指令,投资人的损失可能更为惨重。

(四)委托数量和委托价格的相关规定

证券交易所对委托的数量和价格有特定的要求。

1. 委托数量的规定

(1)交易单位,即委托数量应该是以一个交易单位为起点的整数倍。

(2)最高申报上限,单笔委托的委托数量不得超过一定的上限。

2. 委托价格的规定

(1)币种的规定。通常情况下,委托价格的单位是人民币元,但部分证券并非以人民币元作为报价币种。

(2)价格档位的规定,即委托价格所应遵循的最小变动单位。

(3)涨跌停板的规定。为防范股价异常波动,证券交易所规定了不同证券的当日最高涨幅和最高跌幅,超出此范围的委托一律无效。

3. 委托费用的种类

(1)委托手续费。投资者在办理委托买卖时,需向证券经营机构交纳手续费。这笔费用主要用于通讯、设备、单证制作等方面的开支,一般按委托的笔数计算。

(2)佣金。佣金是投资者在委托买卖证券成交后按成交金额一定比例支付的费用。此项费用一般由证券经营机构经纪佣金、证券交易所交易经手费及管理机构的监管费等组成。

（3）印花税。印花税是根据国家税法规定,在人民币股票（A 股）和人民币特种股票（B 股）成交后对买卖双方投资者按照规定的税率分别征收的税金。

（4）过户费。过户费是委托买卖的股票、基金成交后买卖双方为变更股权登记所支付的费用。这笔收入属于证券登记结算公司收入,由证券公司在同投资者清算交割时代为收取。

（五）委托的执行

证券营业部接受投资者委托后,将立即通过电脑联网系统将有关指令转发相应的证券交易所。交易所对所有委托采用电脑集中竞价,并根据价格优先、时间优先的原则进行撮合成交,并向证券营业部回报行情和成交情况。

投资者的委托如未能一次全部成交,其剩余委托仍可继续执行,直到有效期结束。

委托成交后,投资者应该对符合委托条件的成交结果给予承认,并按期履行交割手续。具体委托程序见图 4-1。

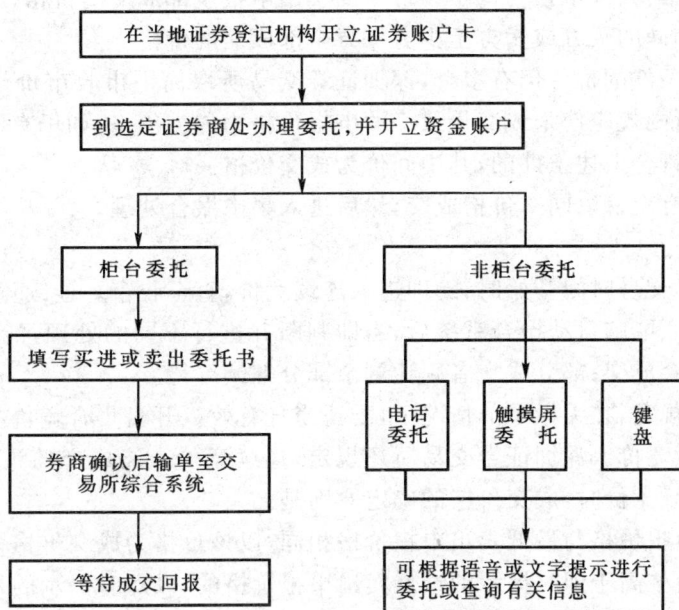

图 4-1　委托交易程序

（六）委托的撤销与变更

在委托未成交之前,投资者有权变更或撤销委托。变更委托,视同重新办理委托。

四、竞价成交

（一）竞价原则

证券交易所内的证券交易按价格优先、时间优先原则竞价成交。

1. 价格优先

价格优先原则表现为:价格较高的买进申报优先于价格较低的买进申报,价格较低的卖出申报优先于价格较高的卖出申报。

2. 时间优先

时间优先原则表现为:同价位申报,依照申报时序决定优先顺序。

(二)竞价方式

目前证券交易所一般采用两种竞价方式,即在每日开盘时采用集合竞价方式,在日常交易中采用连续竞价方式。上海证券交易所规定,每个交易日 9:15—9:25 为开盘集合竞价时间,9:30—11:30、13:00—15:00 为连续竞价时间。深圳证券交易所规定,每个交易日 9:15—9:25 为开盘集合竞价时间,9:30—11:30、13:00—14:57 为连续竞价时间,14:57—15:00 为收盘竞价时间。

1. 集合竞价

集合竞价,是指对在规定时间内接受的全部买卖申报进行一次性集中撮合处理的竞价方式。根据我国证券交易所的相关规定,集合竞价确定成交的原则是:

(1)可实现最大成交量的价格;

(2)高于该价格的买入申报与低于该价格的卖出申报全部成交的价格;

(3)与该价格相同的买方或卖方至少有一方全部成交的价格。

如有满足以上条件的价位仍有多个,深圳证券交易所取离上市收市价最近的价位为成交价,上海证券交易所则规定使未成交量最小的申报价格为成交价格,如仍有两个以上使未成交量最小的申报价格符合上述条件的,其中间价为成交价格。

集合竞价的所有交易以同一价格成交,然后进入集中撮合处理。

2. 连续竞价

集合竞价结束,交易时间开始时,随即进入连续竞价,直至收市。连续竞价阶段的特点是:每一笔买卖委托输入电脑自动撮合系统后,当即判断并进行不同的处理,能成交者予以成交;不能成交者等待机会成交;部分成交者则让剩余部分继续等待。

按照我国有关规定,在无撤单的情况下,委托当日有效。开盘集合竞价中未能成交的买卖申报,自动进入连续竞价。深圳证券交易所还规定,连续竞价未能成交的买卖申报,自动进入收盘集合竞价。连续竞价时,成交价格的确定原则是:

(1)最高买入申报价格与最低卖出申报价格相同,以该价格为成交价格;

(2)买入申报价格高于即时揭示的最低卖出申报价格的,以即时揭示的最低卖出申报价格为成交价格;

(3)卖出申报价格低于即时揭示的最高买入申报价格的,以即时揭示的最高买入申报价格为成交价格。

(三)竞价结果

1. 全部成交

委托买卖全部成交,证券经营机构应及时通知委托人,并按规定的时间办理交割手续。

2. 部分成交

委托人的委托如果未能全部成交,证券经营机构在委托有效期内应继续执行,直到有效期结束。

3. 不成交

委托人的委托如果未能成交,证券经营机构在委托有效期内应继续执行,等待机会成交,直到有效期结束。

五、清算与交割、交收

清算交割是指证券买卖双方在证券交易所进行证券买卖成交以后,通过证券交易所将证券商之间的证券买卖数量和金额分别予以轧抵,其差额由证券商确认后,在事先约定的时间内进行证券和价款的收付了结行为。它反映了投资者证券买卖的最终结果,它是维护证券买卖双方正当权益,确保证券交易顺利进行的必要手段。我们一般所说的清算交割分两个部分:一部分指证券商与交易所之间的清算交割。另一部分是指证券商与投资者之间的清算交割,双方在规定的时间内进行价款与证券的交收确认的过程,即买入方付出价款,得到证券,卖出方付出证券获得价款。

清算与交割、交收既有联系也有明显区别:

首先,从时间发生及运作的次序看先清算后交割、交收,清算是交割、交收的基础和保证,交割、交收是清算的后续与完成;其次,从内容上看清算与交割、交收都分为证券与价款两项;再次,从处理方式来看,证券公司都是以交易所或证券登记结算机构为对手办理清算与交割、交收,投资者则由证券经纪商代为办理清算、交割、交收,证券公司之间、各投资者之间均不存在相互清算、交割、交收问题。

而清算与交割、交收最根本的区别在于清算是对应收应付证券及价款的轧抵计算,其结果是确定应收应付净额,而并不发生财产实际转换;交割、交收是对应收应付净额(包括证券与价款)的收付,发生财产实际转移(虽然有时不是实物形式)。

目前上海、深圳证券交易所实行 T+1 交收制度(B 股实行 T+3 交收制度),即当日委托买卖证券成交后第二天才能进行交割确认,投资者委托买卖证券成交与否应以第二天的交割单为准,当日的成交回报仅作为参考。证券如未成交,则不能办理交割手续。如果在证券成交后的一定期限内(该期限由各证券商与客户自行约定),投资者不向证券商进行交割,则视为投资者对成交结果的默认。

六、过户

(一)股权与债权过户的概念

所谓股权(债权)过户,简述之,即股权(债权)在投资者之间转移。

在这里,需要对两个问题进行说明:其一,现代证券交易的对象多为无纸化证券,由于没有实物载体,股东(或债权人)对相应证券的所有权无法凭借实物券来体现,而是在股东名册(或债权人名册)上对股东(或债权人)的姓名等资料进行登录从而确认其股东(或债权人)身份,并明确相应权利、义务的法律关系,这即是股权(债权)登记的由来。其二,在证券交易中,股东(债权人)的身份会不断发生改变,权利、义务不断地在交易者之间转移,从而要求能够对已有的股权(债权)登记进行修改,这便是股权(债权)过户。

(二)股权与债权过户的种类

1. 交易性过户

交易性过户是指由于记名证券的交易使股权(债权)从出让人转移到受让人从而完成股权(债权)过户。

记名证券申报时,申报人必须输入股东编号,电脑主机先校验股东编号是否正确,若卖出还须在股东数据库中确认是否有足够的证券。根据成交记录,由电脑主机自动办理过户手续,即在买方的账户上增加相应证券,在卖方的账户上减少相应证券,从而完成股权(债权)过户手续。

2. 非交易性过户

股权(债权)非交易性过户,是指符合法律规定和程序的因继承、赠与、财产分割或法院判决等原因而发生的股票、基金、无纸化国债等记名证券的股权(或债权)在出让人、受让人之间的变更。受让人需凭法院、公证处等机关出具的文书到证券登记结算公司或其代理机构申办非交易过户,并根据受让总数按当天收盘价缴纳规定标准的印花税。

3. 账户挂失转户

由于实行无纸化流通,证券账户一旦遗失,即可按规定办理挂失手续。在约定的转户日,证券登记结算公司主动办理转户手续。

七、特殊行为

(一)指定交易

上海证券交易所对投资者实行全面指定交易制度。即凡在上海证券交易所从事证券交易的投资者,须事先明确指定一家证券营业部作为该投资者委托交易、证券清算的代理机构,并将该投资者的证券账户指定于该营业机构所属的席位号,然后才可以进行证券的交易。

由于营业部搬迁等原因,投资者想重新选择证券营业部时,则须办理指定交易转移手续。即先向原所在的证券营业部申请办理撤销原指定交易,再在新的一家证券营业部重新办理指定交易。随后投资者便可在这家新的证券营业部进行证券的委托买卖。指定交易一般在指令送达交易所时即时生效。

(二)转托管

投资者从一个营业部转到另一个营业部进行交易时,如果涉及深圳股票的转移,必须办理证券的转托管。转托管必须到转出营业部办理,办理转托管时须持有三证,而且还需要填写转入营业部的深圳托管席位号。

(三)注销资金账户

若想注销资金账户,须持本人身份证、资金账户、证券账户到营业部的柜台办理。如果曾经办理过委托书的,还必须提交委托书原件。销户时,营业部将收回资金账户和委托书,并付清保证金余额及应付利息。投资者在办理销户前,请注意一定要先办理好撤销指定交易及深圳证券转托管手续。

八、分红配股

分红派息是指上市公司向其股东派发红利和股息。现在深圳证券交易所和上海证券交易所上市公司分红派息的方式有送股、派现金息。

送股是指上市公司将利润(或资本金转增)以红股的方式分配给投资者使投资者所持股份增加而获得投资收益。

分红是指上市公司以现金方式发放股利,这种分配方式需交纳所得税,在进行分配时,送股和红利所得可自动进入股东账户。

配股是上市公司按一定比例给予投资者再次投资股份的机会,这并不是一种利润分配方式。在上市公司宣布配股后,需要股东卖出相应的配股权证。

九、B股交易

投资者买卖B股必须委托经证券主管机关批准可经营B股经纪业务的证券经营机构办理。

(一)境内委托

个人投资者在境内买卖B股时,须提供B股账户和本人有效身份证件,并填写委托买卖单据,包括股东账号、股票名称、委托时间、委托买入或卖出的股数、限价及委托有效期。在委托买入时,各证券经营机构应根据各自核定的标准,严格核实其保证金的额度是否达到要求,以避免承担较大的风险。机构投资者在境内买卖B种股票时,只有授权代表才能发出委托买卖指令。

(二)境外委托

投资者在境外委托买卖B股时,必须通过境外的证券代理商进行。境外证券代理商通过国际通信设备将客户的指令直接传入境内证券交易所的B股交易席位,再由驻场B股交易员将委托指令通过终端输入交易所电脑自动对盘系统,电脑在核查发出指令的投资者没有买空、卖空行为后,撮合成交。

(三)交易方式

B股采用无纸化交易方式及电脑申报竞价方式进行,上交所以1 000股为一个交易单位,深交所以100股为一个交易单位。

B股交易采用的报价和结算币种,上交所为美元,深交所为港币,价格变动最小单位分别为0.002美元、0.01港元。

目前,B种股票实行T+0日回转交易制度。在该项制度下,投资者可以在交易日的任何营业时间内反向卖出已买入但未交收的B种股票,但B种股票的交收期和交收制度,仍按T+3日逐笔交收的现行规则办理。

第三节　证券交易的种类和方式

一、证券交易种类

证券交易种类主要是根据交易对象来划分的,证券交易的对象就是证券交易的标的物,在委托买卖证券的情况下,证券交易对象是委托合同中的标的物。按照交易对象的品种划分,证券交易种类有股票交易、债券交易、基金交易及金融衍生工具交易等。

(一)股票交易

1.A股

A股即人民币普通股,是由我国境内公司发行,供境内机构、组织或个人(不含台、港、澳投资者)以人民币认购和交易的普通股股票。

2.B股

B股的正式名称是人民币特种股票。它是以人民币标明面值,以外币认购和买卖,在境内(上海、深圳)证券交易所上市交易的。B股公司的注册地和上市地都在境内。

(二)债券交易

1.国债

国债是中央政府为筹集财政资金而发行的一种政府债券,是中央政府向投资者出具的、承诺在一定时期支付利息和到期偿还本金的债权债务凭证。

2. 企业债券和金融债券

企业债券是企业依照法定程序发行并约定在一定期限内还本付息的有价证券。而金融债券是由银行和非银行金融机构依照法定程序发行并约定在一定期限内还本付息的有价证券。

这三类债券都是债券市场上的交易品种。债券交易通常与股票交易类似,回购交易是指债券买卖双方在成交的同时就约定于未来某一时间以某一价格双方再进行反向交易的行为。目前我国债券回购券种只能是国库券和经中国人民银行批准发行的金融债券。

(三)基金交易

1. 封闭式基金

封闭式基金是指基金的发起人在设立基金时,事先确定发行总额,筹集到这个总额的80%以上时,基金即宣告成立,并进行封闭,在封闭期内不再接受新的投资。尽管在封闭的期限内不允许投资者要求退回资金,但是基金可以在市场上流通。投资者可以通过市场交易套现。

2. 开放式基金

开放式基金是指基金发行总额不固定,基金单位总数随时增减,投资者可以按基金当日净值在基金管理人确定的营业场所申购或者赎回基金单位的一种基金。如果是上市的开放式基金,除了申购和赎回外,也可以像买卖股票、债券一样进行交易。我国开放式基金单位的交易采取在基金管理公司直销网点或代销网点(主要是银行营业网点和证券公司)通过申购与赎回的办法进行。

(四)金融衍生工具交易

1. 权证

权证是一种权凭证,约定持有人在某段期间内,有权利(而非义务)按约定价格向发行人购买或出售标的证券,或以现金结算等方式收取结算差价。从内容看权证具有期权的性质。其交易可以在证券交易所内进行,也可以在场外交易市场上进行,具体交易方式与股票交易类似。

2. 金融期货交易

金融期货交易是指以金融期货合约为对象进行的流通转让活动。金融期货合约是由交易双方订立的,约定在未来某日期按照成交时所约定的价格交割一定数量的金融商品的标准化契约。这里的金融商品是指外汇、利率、股票价格指数等金融工具或金融衍生工具。在实践中,金融期货主要有外汇期货、利率期货、权证类期货(股票价格指数期货和股票期货)三种类型。

3. 金融期权交易

金融期权交易是指以金融期权合约为对象进行的流通转让活动。金融期权合约是由交易双方订立的、以金融期权为标的物的标准化合约。合约的买方在支付了期权费后,就有权在合约所规定的某一特定时间或一段时间内,以事先确定的价格向卖出者买进或向买进者卖出一定数量的金融商品或金融期货合约,当然也可以放弃这一权利。

4. 可转换公司债券

可转换公司债券(简称可转换债券)是指发行人依照法定程序发行,在一定期限内依据约定的条件可以转换为股份的公司债券。债券回购交易是指债券买卖双方在成交的同时就约定于未来某一时间以某一价格双方再进行反向交易的行为。

二、证券交易方式

(一)现货交易

所谓"现货交易",又称现金现货交易,是指在证券交易中买卖双方进行交易时,以现金票款和实有的证券进行交割的一种交易方式。现货交易本意是当场"钱货两清",但现在一般均实行当时交易、隔日交割的制度。即 T+1(2,3,…)制度。它是证券交易中最古老的交易方式。最初证券交易都是采用这种方式进行。以后,由于交易数量的增加等多方面的原因使得当场交割有一定困难。因此,在以后的实际交易过程中采取了一些变通的做法,即成交之后允许有一个较短的交割期限,以便大额交易者备款交割。各国对此规定不一,有的规定成交后第二个工作日交割;有的规定得长一些,允许成交后四、五天内完成交割。究竟成交后几日交割,一般都是按照证券交易的规定或惯例办理,各国不尽相同。

现货交易有以下几个显著的特点:第一,成交和交割基本上同时进行。第二,是实物交易,即卖方必须实实在在地向买方转移证券,没有对冲。第三,在交割时,购买者必须支付现款。由于在早期的证券交易中大量使用现金,所以,现货交易又被称为现金现货交易。第四,交易技术简单,易于操作,便于管理,一般说来现货交易是投资,它反映了购入者有进行较长期投资的意愿,希望能在未来的时间内,从证券上取得较稳定的利息或分红等收益,而不是为了获取证券买卖差价的利润而进行的投机。

(二)期货交易

期货交易是指买卖双方成交后,按契约中规定的价格延期交割。期货的期限一般为15～90 天。期货交易是相对于现货交易而言的。现货交易是成交后即时履行合约的交易,期货交易则将订约与履行的时间分离开来。在期货交易中买卖双方签订合同,并就买卖股票的数量、成交的价格及交割期达成协议,买卖双方在规定的交割时期履行交割。比如,买卖双方今日签订股票买卖合约而于 30 日后履约交易就是期货交易。在期货交易中,买卖双方签订合约后不用付款也不用交付证券,只有到了规定的交割日买方才交付货款,卖方才交出证券。结算时是按照买卖契约签定时的股票价格计算的,而不是按照交割时的价格计算。在实际生活中,由于种种原因,股票的价格在契约签订时和交割时常常是不一致的。当股票价格上涨时,买者会以较小的本钱带来较大利益;当股票价格下跌时,卖者将会取得较多的好处。所以,这种本小利大的可能性,对买者和卖者都有强烈的吸引力。

期货交易根据合同清算方式的不同又可分为两种。第一种是,在合同到期时,买方须交付现款,卖方则须交出现货即合同规定的股票;第二种是,在合同到期时,双方都可以做相反方向的买卖,并准备冲抵清算,以收取差价而告终。上述第一种方法通常称为期货交割交易;第二种方法通常称作差价结算交易。这两种交易方法的总和又称为清算交易。

投资者进行期货交易的目的又可以分为两种;第一,以投机为目的,在这种条件下,买方与卖方都是以预期价格的变动为基础或买或卖,买方期望到期价格上升,准备到期以高价卖出,谋取价差利润;卖方期望证券价格下跌,以便到期以较低的价格买进,冲销原卖出的期货合同,并赚取价差利润。第二,以安全为目的,在这种情况下的期货交易就是买卖双方为避免股票价格变动的风险,而进行的期货股票买卖。

总之,期货交易带有很强烈的投机性,采取这种交易方式的买卖双方往往怀有强烈的赌博心理。买者通常不是要购买股票,在交割期到来之前,若股票行市看涨,他还可以高价卖出与原交割期相同期限的远期股票,从中得到好处;卖者手中也不一定握有股票,在交割期未到来之前,若股票行市看跌,他还可以低价买进与原交割期相同期限的远期股票,从中得利。所以,在股票期货交易中,买卖双方可以靠"买空"和"卖空"牟取暴利。

需要说明的是,我国上海证券交易所和深圳证券交易所曾于20世纪90年代上半期开展过国债期货交易,至1995年5月停止。2006年9月8日中国金融期货交易所在上海期货大厦内挂牌,成为继上海期货交易所、大连商品交易所、郑州商品交易所之后的中国内地的第四家期货交易所,也是中国内地成立的首家金融衍生品交易所。2010年4月16日成功推出了首个产品"沪深300股指期货",并积极研究开发国债、股票指数期权、外汇期货及外汇期权等金融衍生产品。

(三)信用交易

信用交易,又称垫头交易,是指证券公司或金融机构供给信用,使投资人可以从事买空、卖空的一种交易制度。在这种方式下,股票的买卖者不使用自己的资金,而通过交付保证金得到证券公司或金融机关的信用,即由证券公司或金融机关垫付资金,进行买卖的交易。各国因法律不同,保证金数量也不同,大都在30%左右。一些股票交易所,又把这种交付保证金,由证券公司或金融机关垫款,进行股票买卖的方式,称为保证金交易。

保证金交易分为保证金买长交易和保证金卖短交易两种。保证金买长交易,是指价格看涨的某种股票由股票的买卖者买进,但他只支付一部分保证金,其余的由经纪人垫付,并收取垫款利息,同时掌握这些股票的抵押权。由经纪人把这些股票抵押到银行所取的利息,高于他向银行支付的利息的差额,就是经纪人的收益。当买卖者不能偿还这些垫款时,经纪人有权出售这些股票。

保证金卖短交易,是指看跌的某种股票,由股票的买卖者缴纳给经纪人一部分保证金,通过经纪人借入这种股票,并同时卖出。如果这种股票日后价格果然下跌,那么再按当时市价买入同额股票偿还给借出者,买卖者在交易过程中获取价差利益。

信用交易对投资者来说最主要的好处是:

1. 有利于投资者扩大投资

投资者能够超出自身所拥有的资金力量进行大宗的交易,甚至使得手头没有任何证券的投资者从证券公司借入,也可以从事证券买卖,这样就大大便利了投资者。因为在进行证券交易时通常有这样的一种情况,当投资者预测到某股票价格将要上涨,希望买进一定数量的该股票,但手头却无足够的资金;或者预测到某股票价格将下跌,希望抛售这种股票,可手中又恰好没有这类股票,很显然如果采用一般的交易方式,这时无法进行任何交易。而信用交易,在证券公司和投资者之间引进信用方式,即投资者资金不足时,可以由证券公司垫款,补足保证金与投资者想要购买全部证券所需要款的差额。这种垫款允许投资者日后归还,并按规定支付利息。当投资者需要抛出,而缺乏证券时,证券公司就向投资者贷券。通过这些方式满足了投资者的需要,使之得以超出自身的资金力量进行大额的证券交易,市场亦更加活跃。

2. 具有较大的杠杆作用

这是指信用交易能给投资者以较少的资本,获取较大利润的机会。例如,我们假定某投资者有资本10万元,他预计A股票的价格将要上涨,于是他按照目前每股100元的市价用自有资本购入1 000股。过了一段时间后,A股票价格果然从100元上升到200元,1 000股A股票的价值就变成 20 万元（200 元×1 000 股），投资者获利 10 万元，其盈利与自有资本比率为 100％。如果，该投资者采用信用交易方式，将 10 万元资本作为保证金支付给证券公司，再假定保证金比率为 50％（即支付 50 元保证金，可以购买价值 100 元的证券），这样投资者就能购买 A 股票 2 000 股。当价格如上所述上涨后，2 000 股 A 股票价值便达到 40 万元，扣除证券公司垫款 10 万元和资本金 10 万元后，可获得 20 万元（有关的利息，佣金和所得税暂且不计），盈利与自有资本之比率为 200％。显然采用信用交易，可以给投资者带来十分可观的利润。但是，如果股票行市未按投资者预料的方向变动，那么采用信用交易给投资者造成的损失同样也是巨大的。

当然，信用交易的弊端亦很多，主要是风险较大。仍以上面的例子为例：当投资者用其自有资金 10 万元，作为保证金，假定保证金率仍为 50％时，该投资者可用每股 100 元的价格购入 2 000 股 A 股票。假如以后 A 股票的价格不是像该投资者预计的那样上涨，而是一直下跌的话，我们假定它从每股 100 元跌到 50 元，这时 2 000 股 A 股票的价值 20 万元（100 股×2 000 股），损失了 10 万元（证券公司垫款的利息及费用暂时不计），其损失率为 100％。假如该投资者没有使用信用交易方式，那么 10 万元自有资本，在 A 股票每股价格 100 元时，只能购入 1 000 股，以后当每股价格同样从 100 元下跌到 50 元之后，该投资者只损失了 5 万元（100 元×1 000 股－50 元×1 000 股）。其损失率为 50％，大大低于信用交易方式的损失率。因此，一般认为信用交易方式是有风险的，应该谨慎地运用。另外，从整个市场看，过多使用信用交易，会造成市场虚假需求，人为地形成股价波动。为此，各国对信用交易都进行严格的管理。例如，美国从 1934 年开始，由联邦储备银行负责统一管理。该行的监理委员会，通过调整保证金比率的高低来控制证券市场的信用交易量。另外，各证券交易所也都订有追加保证金的规定。

信用交易目前在我国表现为透支交易，透支交易指客户在没有自有资金或自有资金不足的情况下买入证券，使其资金账户透支，差额部分由证券商垫付。从事透支交易的客户，往往是与证券商达成协议或者经过默许。双方之所以能够达成透支协议，在客户一方是为了获取差价利益，而证券商只是为了获取更多的佣金收入和透支款的高额利息。

透支交易在当前我国证券市场属非法交易，其行为不受法律保护。

四、期权交易

股票期权交易是西方股票市场中相当流行的一种交易策略。期权的英文为 option，也常译为选择权。期权实际上是一种与专门交易商签订的契约，规定持有者有权在一定期限内按交易双方所商订的"协定价格"，购买或出售一定数量的股票。对购买期权者来说，契约赋予他的是买进或卖出股票的权利，他可以在期限以内任何时候行使这个权利，也可以到期不执行任其作废。但对出售期权的专门交易商来说，则有义务按契约规定出售或购进股票。股票的期权交易并不是以股票为标的物的交易，而是以期权为中介的投机技巧。

期权交易需要考虑的因素大体上有三方面：第一是期权的期限，即期权的有效期。它是期权交易的重要内容，一般为三个月左右。各交易所对此都定有上限。第二是交易股票的种类、数量和协定价格。第三是期权费，亦称保险费，是指期权的价格。

期权交易与期货交易的区别在于：其一，期权交易的双方，在签约或成交时，期权购买者须向期权出售者交付购买期权费，如每股 2 元或 3 元，而期货交易的双方在签约成交时，不发生任何经济关系。其二,期权交易协议本身属于现货交易,期权的买卖与期权费用的支付是同时进行的。而期货交易的交割是在约定交割期进行的。其三,期权交易在交割之后,交易双方的法律关系并未立即解除,因为期权虽已转让,但期权的实现是未来的,须以协议有效期满时,其双方法律关系才告结束,而期货交易在交割后,交易双方法律关系即告解除。其四,期权交易在交割期内,期权的购买者不承担任何义务,其根据股价变化情况,决定是否执行协议,如情况变化不利,则可放弃对期权的要求,对协议持有人的义务只由期权出售者承担,而期货交易的双方在协议有效期内,双方都为对方承担义务。其五,期权交易的协议持有人可将协议转让出售,无论转让多少次,在有效期内,协议的最后持有人都有权要求期权的出售者执行协议,而期货交易的协议双方都无权转让。其六,投资期权最大的风险与股价波动成正比,股价波动越大,风险亦越大。

本 章 小 结

证券交易是指已发行的证券在证券市场上买卖或转让的活动,通常情况下,在我国是指已发行而且已上市证券的转让或流通。

本章主要介绍了以下几方面的内容:

证券交易的原则和机制:简单介绍了证券交易的概念、特点,重点介绍了证券交易遵循的公开、公平、公正三大原则以及证券交易机制的目标和分类。

在证券交易时,一般要经历开立账户、委托买卖、竞价成交、清算交割、过户等几个阶段。开设证券账户和资金账户是委托买卖的前提;市价委托和限价委托是最重要的委托价格指令;"价格优先、时间优先"是竞价成交的原则;清算与交割、交收是投资者证券买卖的最终结果,是确保证券交易顺利进行的必要手段;股权与债券的过户分为交易性过户、非交易性过户和账户挂失转户三种。

我国目前证券交易主要有股票交易、基金交易、债券交易、金融衍生品交易等品种;证券交易方式主要有现货交易、期货交易、信用交易、期权交易等形式。

关 键 术 语

证券交易 委托指令 市价委托 限价委托 集合竞价 连续竞价
清算交割 现货交易 期货交易 信用交易 期权交易

思 考 与 练 习

1. 试述我国证券交易的原则。
2. 简述证券交易的程序。
3. 委托指令的基本要素有哪些?
4. 委托方式有哪几种?市价委托与限价委托有哪些优缺点?
5. 竞价成交的原则是什么?
6. 竞价有哪些方式?集合竞价、连续竞价如何产生?
7. 证券交易的方式有哪些?

第五章　股票投资行情

本章要点

1. 股票的价值与价格的含义,影响股票价格的因素
2. 股价指数的含义、作用以及股价指数的编制
3. 股票的投资收益及衡量
4. 股票投资风险与收益的关系
5. 股票投资的原则与方法
6. 股市行情表的内容

第一节　股票的价值与价格

一、股票的价值

从本质上讲,股票是一个拥有某一种所有权的凭证。股票所以能够有价,是因为股票的持有人(股东),不但可以参加股东大会,对股份公司的经营决策施加影响,还享有参与分红与派息的权利,获得相应的经济利益。股票的价值可分为:面值、净值、清算价格、发行价四种。

(一)股票的面值

股票的面值,是股份公司在所发行的股票票面上标明的票面金额,它以元/股为单位,其是用来表明每一张股票所包含的资本数额。股票面值的作用之一是表明股票的认购者在股份公司的投资中所占的比例,作为确定股东权利的依据。第二个作用就是在首次发行股票时,将股票的面值作为发行定价的一个依据。一般来说,股票的发行价格都会高于其面值。当股票进入二级市场流通后,股票的价格就与股票的面值相分离了,彼此之间并没有什么直接的联系,股民爱将它炒多高,它就会有多高。

(二)股票的净值

股票的净值又称为账面价值,也称为每股净资产,是用会计统计的方法计算出来的每股股票所包含的资产净值。其计算方法是用公司的净资产(包括注册资金、各种公积金、累积盈余等)除以总股本,得到的就是每股的净值。股票的账面价值是股份公司剔除了一切债务后的实际资产,是股份公司的净资产。由于账面价值是财会计算结果,其数字准确程度较高,可信度较强,所以它是股票投资者评估和分析上市公司经营实力的重要依据之一。股份公司的账面价值高,则股东实际所拥有的财产就多;反之,股票的账面价值低,股东拥有的财产就少。股票的账面价值虽然只是一个会计概念,但它对于投资者进行投资分析具有较大的参考作用,也是产生股票价格的直接根据,因为股票价格愈贴近每股净资产,股票的价格就愈接近于股票的账

面价值。

(三)股票的清算价格

股票的清算价格是指一旦股份公司破产或倒闭后进行清算时,每股股票所代表的实际价值。从理论上讲,股票的每股清算价格应与股票的账面价值相一致,但企业在破产清算时,其财产价值是以实际的销售价格来计算的,而在进行财产处置时,其售价一般都会低于实际价值。所以股票的清算价格就会与股票的净值不相一致。股票的清算价格只是在股份公司因破产或其他原因丧失法人资格而进行清算时才被作为确定股票价格的依据,在股票的发行和流通过程中没有意义。

(四)股票的发行价

当股票上市发行时,上市公司从公司自身利益以及确保股票上市成功等角度出发,对上市的股票不按面值发行,而制订一个较为合理的价格来发行,这个价格就称为股票的发行价。

二、股票的价格

(一)理论价格

就像商品的价格是由价值决定的一样,股票价格也是由价值决定的。但是,股票只是一种虚拟资本,是现实资本的纸制复本,它本身并没有价值,而股票之所以有价格,是因为股票是一种所有权证书,其持有者可通过持有股票每年取得一定的股息和红利收入,因而股票的转让,实质是取得一定收入的权利的转让,其价格的大小,完全取决于股票能为其持有者带来的预期收入的多少。因而股票理论价格,就是将股票的未来货币收入按一定的市场收益率折成的现值。

股票投资者一旦投入资本是无法再收回的,他只能凭其持有的股票按年取得股息和红利收入,或通过转让股票收回价款。正是因为股票的可转让性,才形成了股票的转让价格,在其他因素不变的情况下,股票转让价格的高低,将取决于股票能为其持有者带来的未来预期股息和红利收入的多少。而每只股票股息红利的收入状况不同,寻找股票理论价格的计算方法也不同。以下介绍几种计算股票理论价格的方法。

1. 现金流贴现模型

由于一般股票的期值是各年预期股息和红利收入的加总,故一般股票的现值应是未来各年预期股息和红利收入现值的和,用公式表示为:

$$P = \frac{D_1}{(1+k)^1} + \frac{D_2}{(1+k)^2} + \frac{D_3}{(1+k)^3} + \cdots + \frac{D_\infty}{(1+k)^\infty} = \sum_{t=1}^{\infty} \frac{D_t}{(1+k)^t}$$

(公式 5-1)

式中: P ——股票的现值即理论价格;

D_t ——第 t 年预期的股息和红利收入额;

t ——年序数;

k ——该股票合适的贴现率或称为必要收益率。

可以看出,上述公式简单明白,但实际上无法用来计算真正的股票价格。其原因在于股票的现值计算中,无法确定第 t 年的 D_t 值,当然也就失去了运用该公式的现实可能性。一定时期股息和红利收入的多少,并不取决于股票持有者,而是取决于发行公司的经营管理及财务状况。受各种因素的影响,发行公司的经营管理和财务状况可能经常处在变化之中,因而,股票持有者每年可得到的股息和红利收入也必然会经常发生变化。为分析方便起见,研究者限定一些假设条件,寻找其他模型来计算股票的理论价格。

2. 零增长模型

所谓零增长也即红利固定,是指股票持有者从发行公司那里每年可领取的股息和红利收入是固定不变的一个常数,即 $D_0 = D_1 = D_2 = D_3 = D_\infty$。当股息和红利固定时,股票价格的计算公式为:

$$P = \frac{D_0}{(1+k)^1} + \frac{D_0}{(1+k)^2} + \cdots + \frac{D_0}{(1+k)^\infty} = D_0 \sum_{t=1}^{\infty} \frac{1}{(1+k)^t}$$

因为 $k>0$,按照数学中无穷级数的性质,可知

$$\sum_{t=1}^{\infty} \frac{1}{(1+k)^t} = \frac{1}{k}$$

因此,零增长模型公式为:

$$P = \frac{D_0}{k} \qquad\qquad (公式 5-2)$$

式中:P,k 的含义与上式相同;

D_0——未来每年固定的股息和红利收入额。

3. 不变增长模型

不变增长模型,又称稳步增长模型,它假定股票持有者每年从发行公司那里取得的股息和红利收入逐年增加,而且递增率大致相等。

现假设年股息和红利收入递增率为 g,该股票转让前一年的股息和红利收入额为 D_0,依未来值计算公式,第 t 年的股息和红利收入为:

$$D_t = D_{t-1}(1+g) = D_0(1+g)^t$$

将公式代入现金流贴现模型,可得股票价格计算公式:

$$P = \sum_{t=1}^{\infty} D_0 \frac{(1+g)^t}{(1+k)^t} = D_0 \sum_{t=1}^{\infty} \frac{(1+g)^t}{(1+k)^t}$$

运用数学中无穷级数的性质,如果 $k>g$,可得:

$$P = \frac{D_0(1+g)}{k-g} = \frac{D_1}{k-g} \qquad\qquad (公式 5-3)$$

式中各符号含义与前式相同。

4. 可变增长模型

前述模型都对股息的增长率进行了一定的假设。事实上,股息的增长率是变化不定的。因此计算股票的价值还应该有二元以及多元增长模型。下面我们主要对二元增长模型进行介绍。

二元增长模型假定在时间 L 以前股息以一个不变增长速度 g_1 增长,在时间 L 后,股息以另一个不变增长速度 g_2 增长。在此假定下,我们可以建立二元可变增长模型:

$$P = \sum_{t=1}^{L} \frac{(1+g_1)^t}{(1+k)^t} + \sum_{t=L+1}^{\infty} D_L \frac{(1+g_2)^{t-l}}{(1+k)^t}$$

$$= \sum_{t=1}^{L} D_0 \frac{(1+g_1)^t}{(1+k)^t} + \frac{1}{(1+k)^L} + \sum_{t=L+1}^{\infty} D_L \frac{(1+g_2)^{t-L}}{(1+k)^{t-L}} \qquad (公式 5-4)$$

(二)市场价格

股票的市场价格,是指股票在交易过程中交易双方达成的成交价,通常所指的股票价格就是指市价。股票的市价直接反映着股票市场的行情,是股东购买股票的依据。由于受众多因素的影响,股票的市价处于经常性的变化之中。股票价格是股票市场价值的集中体现,因此这一价格又称为股票行市。股票的市价分为开盘价(交易日开始时第一笔成交价格)、收盘价(交易日结束时最后成交价格)、最高价(当日最高成交价格)、最低价(当日最低成交价格)和平均价(当日平均成交价格)。它们是分析股票的短期市场行情的基本数据。

股票的市价可用公式表示:

$$股票价格 = \frac{预期股息收益}{市场利率} \qquad (公式5-5)$$

例如,一张票面价格为100元的股票,如果预期年底可得股息12元,即收益率为12%,而同期市场利率为10%,则该张股票的价格从理论上说应该为120元。

三、影响股票价格变动的因素

影响股票市场价格变化的根本原因和直接原因都是供求关系的变化。然而,有哪些因素能够影响股票的供求关系进而影响股价呢? 对此,归纳起来有技术因素和基本因素等。

(一)技术因素

技术因素指能在短期趋势中影响股价变化的市场内部的因素。

1. 交易数量

股票的交易数量是反映市场活跃程度的重要指标,对股价走势影响很大。当交易量与股价走势一致,即股价上涨交易量增加,股价下跌交易量减少时,说明市场趋势坚挺,需求大于供给。在股价上涨交易量增加时,投机者认为市场坚挺,需求大于供给,因而愿意购买股票;在股价下跌交易量减少时,则表明持有者不愿出售股票。反过来,当交易量与股价走势不一致时,则说明市场趋势疲软,供给大于需求。

2. 交易方式

导致股价短期波动的基本因素在于市场交易方式的侧重点不同:当"看涨力量"大于"看跌力量"时,买进者多于卖出者,导致股票供不应求,股价上涨。反之,当"看跌力量"大于"看涨力量"时,卖出者多于买进者,股票供过于求,股价下跌。投机者在市场上时而卖出时而买进,由此赚取差额利润,进而也影响了股价波动。多头(包括买空)数量的增加,造成市场坚挺;空头(包括卖空)数量的增加,则表示市场疲软。

3. 交易成分

在交易成员中,大户(机构投资者或资金雄厚的个人)的交易方式明显影响股价。其大量买进,会对股价上涨起促进作用,表现为市场坚挺;大量卖出,则会迫使股价下跌,表现为市场疲软。

4. 市场宽度

所谓市场宽度是指某日在交易的股票中,价格上升的种类数量与价格下降的种类数量的差额,价格上升的多,即市场宽度大,行情看涨;反之,价格下降的多,即市场宽度小,行情看跌。

5. 人为操纵

人为操纵股价在股市上难以避免,尤其是在股票市场建立初期,上市股票少且交易量少,证券管理制度不够健全的情况下,其操纵情况更为明显。

(二)基本因素

基本因素主要在长期趋势中发挥作用,是控制股价变动的主要和潜在的因素。基本因素主要是来自股票市场以外的能够影响股价变化的经济、政治和心理因素等。

1.经济因素

经济因素是影响股票价格的最基本因素,包括宏观、中观和微观三个层次的经济因素。

(1)宏观经济因素。即指宏观经济环境的优劣对股价的影响。对股票价格起影响作用的因素主要有:①经济增长指标。其中最重要的如国民生产总值及其变动,从长期趋势看,股价波动与之有很高的关联性,国民生产总值这一综合指标的变动,会通过股票市场价格的变动反映出来。②经济周期的变动。经济景气和繁荣会使股价上扬,反之,经济衰退和萧条会使股价下降,并且常常股价的变动提前于经济景气的变动。③市场利率。股票对利率变动十分敏感,从理论上讲,股价与利率成反向变动,在现实中,利率的提高一方面使公司筹资成本上升、盈利减少,另一方面使资金大量从资本市场流向货币市场,二者都会使股价下跌。④通货膨胀。它对股票价格的影响可能是双向的,一方面可能刺激投资和生产,增加公司盈利,推高股价;另一方面,可能导致市场利率上升,从而抑制股价。⑤来自国际经济的影响。国际市场的波动通过对外经济活动传入国内,从而影响股价。

(2)中观经济因素。即指某一行业的经济状况对股票价格的影响,又称行业因素。行业因素主要有:①行业的生命周期变动。股票价格可能在初创期剧烈变动,在扩张期稳步上升,在停滞期平稳或下滑。②行业景气变动。如建筑业有20年左右的建筑周期,相关的股票价格也会随之变动。③国家有关产业、行业政策和法令。扶持或是限制,都会影响相关行业的股票价格。

(3)微观经济因素。即指与公司经营状况有关的因素。①经营状况。经营状况即指发行公司在经营方面的概况,包括经营特征,如公司属于商业企业还是工业企业,公司在行业中的地位,产品性质,产品的生命周期,产品的竞争力、销售力和销售网等。②财务状况。发行公司的财务状况亦是影响股价的重要原因甚至是直接原因。依照各国法规,凡能反映公司的财务状况的重要指标都必须公开,上市公司的财务状况还需定期向社会公开。③股利派发。对于大部分股东而言,其投资股票的动机是为获得较高的股息、红利,因此,发行公司的股利派发率亦是影响股价极为重要的原因。④新股上市。公司新上市的股票,其价格往往会上升。原因在于:一方面新上市的股票价格偏低,另一方面也由于投资者易于持续地高估股票价值。⑤股票分割。一般大面额股票在经过一段较长时期的运动后,都会经历一个分割的过程。一般在公司进行决算的月份宣布股票分割。由于进行股票分割往往意味着该股票行情看涨,其市价已远远脱离了它的面值;也由于分割后易于投资者购买,便于市场流通,因而吸引了更多的投资者。此外,由于投资者认为股票分割后可能得到更多的股利和无偿取得更多的配售股权,因而增加购买并过户,使股市上该种股票数量减少,欲购买的人更多,造成股价上涨。

2.政治因素

政治因素指能对经济因素发生直接或间接影响的政治方面的原因,如国际国内的政治形势、政治事件、外交关系、执政党的更替、领导人的更换等都会对股价产生巨大的影响。政治因素对于股价的影响,较为复杂,需具体分析其对经济因素的影响而定。例如战争通常被视为政治因素中最具有决定性的因素。

3. 心理因素

人们的心理状态的变化,会对从事股票交易的行为产生直接的影响,从而导致股价波动。而股价走势变化莫测,难以把握的重要原因之一,也在于投资者心理变化的多样化。例如,股价越是上涨,投资者买进的意向越强烈,从而推动股价不断上涨;股价越是跌落,投资者持股的意向越低落,从而加速股价下跌。这就是所谓"买涨不买跌"心理在股市的具体表现。

股价涨落也与投资者的心理从众效应有关。当大多数投资者对股价持某种看法时,个别人很难坚持自己的看法,往往表现为盲目跟进。这种现象也表现为投资气氛效应。所谓投资气氛效应是指股票交易的气氛影响投资者的心理、行为,进而影响股价的效果。投资气氛效应常使投资者做出违反其原来意愿的买卖行为,特别是在交易现场。

许多情况都会引起投资者的心理变化,包括一些传闻或谣言也容易造成抢购或抛售的风潮,从而导致某种股票甚至股票市场大多数股票的暴涨暴跌。国外某城市一天突下大雨,许多行人躲到一家银行的廊檐下避雨。于是,有人便误认为这家银行出了问题,人们在等着提款。消息一经传出,持这家银行股票的人争相抛售,引起该股价格下跌。

第二节　股价指数

一、股价指数的定义和作用

(一)股价指数的定义

股价指数即股票价格指数,是用来表示多种股票平均价格水平及其变动并且衡量股市行情的指标。由于股票价格起伏无常,投资者必然面临市场价格风险。对于具体某一种股票的价格变化,投资者容易了解,而对于多种股票的价格变化,要逐一了解,既不容易,也不胜其烦。为了适应这种情况和需要,一些金融服务机构就利用自己的业务知识和熟悉市场的优势,编制出股票价格指数,公开发布,作为市场价格变动的指标。股票价格指数有两个特点:一是代表性。列入股价指数的计算公式的股票样本应该能够代表整个市场或某一行业的股票价格水平。二是敏感性。由所选取的股票样本所计算出来的指数能够及时地反映整个市场或某一行业的股价的变动。

(二)股价指数的作用

1. 股价指数是反映股市行情变化的指示器

股价指数是表明股市变化的重要指标,通过它,人们可以了解不同国家和地区各个时期的股市变动的情况。

2. 股价指数为投资者提供了必不可少的信息

投资者在进行股票投资时,要考虑整个股市的变化情况,股价指数为他们把握投资机会,选择投资对象提供了依据。

3. 股价指数是整个经济的"晴雨表"

股价指数在编制时,一般都选择当地有代表性、实力雄厚的上市公司的股票作为样本,用这些公司的股价变动反映股市的股价水平,而这些公司的经营业绩又反映了该国家或地区的经济状况,故股价指数是观察分析经济的重要参考依据。

二、股价指数的编制步骤和计算方法

(一)编制步骤

股价指数一般由证券交易所、金融服务机构、咨询研究机构或新闻单位编制和发布。其编制步骤如下:

1. 选样

根据上市公司的行业分布、经济实力、资信等级等因素,选择适当数量的有代表性的股票,作为编制指数的样本股票,可随时变换或作数量上的增减,以保持良好的代表性。

2. 采样

按期到股票市场上采集样本股票的价格,简称采样。采样的时间间隔取决于股价指数的编制周期。以往的股价指数较多为按天编制,采样价格即为每一交易日结束时的收盘价。近年来,股价指数的编制周期日益缩短,由"天"到"时"直至"分",采样频率由一天一次变为全天随时连续采样。采样价格也从单一的收盘价发展为每时每刻的最新成交价或一定时间周期内的平均价。一般来说,编制周期越短,股价指数的灵敏性越强,越能及时地体现股价的涨落变化。

3. 计算股价指数值

利用科学的方法和先进的手段计算股价指数值,股价指数的计算方法主要有总和法、简单平均法、综合法等,计算手段已普遍使用电子计算机技术来完成。

4. 发布与调整

股价指数通过新闻媒体向社会公众公开发布。为保持股价指数的连续性,使各个时期计算出来的股价指数相互可比,有时还需要对指数值作相应的调整。

(二)计算方法

1. 简单算术平均法

简单算术股价平均数是将样本股票每日收盘价之和除以样本数得出的,即:

$$简单算术股价平均数 = \frac{1}{n}\sum_{i=1}^{n}P_i \qquad (公式 5-6)$$

式中:P_i——报告期第 i 种股票的价格;

　　　n——股票种类数。

世界上第一个股票价格平均数——道·琼斯股价平均数——在 1928 年 10 月 1 日前就是使用简单算术平均法计算的。

现假设从某一股市采样的股票为 A,B,C,D 四种,在某一交易日的收盘价分别为 15 元、20 元、25 元和 30 元,计算该市场股价平均数。将上述数值代入(公式 5-6)中,即得:

$$股价平均数 = \frac{P_1 + P_2 + P_3 + P_4}{n} = \frac{15 + 20 + 25 + 30}{4} = 22.5(元)$$

股价平均数只是报告期的股票价格平均数,将各个时期的价格水平相对比可以得到简单算术平均数的股价指数,计算公式为:

$$I = \frac{1}{n}\sum_{i=1}^{n}\frac{P_i}{P_{0i}} \qquad (公式 5-7)$$

式中:P_i——报告期第 i 种股票价格;

　　　P_{0i}——基期第 i 种股票的价格;

n —— 股票种类数。

如上例中,若基期的价格分别为 5,10,20,40,则可得:

$$I = \frac{1}{4}\left(\frac{15}{4} + \frac{20}{10} + \frac{25}{20} + \frac{30}{40}\right) = 1.94$$

这个计算结果表明,报告期的股价是基期股价的 1.94 倍,即股价上升了 94%。

简单算术股价指数虽然计算较简便,但它有两个缺点:一是它未考虑各种样本股票的权数,从而不能区分重要性不同的样本股票对股价指数的不同影响。二是当样本股票发生股票分割派发红股、增资等情况时,股价指数会产生断层而失去连续性,使时间序列前后的比较发生困难。

2. 加权平均法

加权股价平均数是根据各种样本股票的相对重要性进行加权平均计算的股价平均数,其权数(Q)可以是成交股数、股票发行量等。

加权平均法按照样本股票在市场上的不同地位给予其不同的权数,对股市影响大的股票的权数较大,影响小的股票的权数小。将各样本股票的价格与权数相乘后求和,再除以权数之和就是加权平均后的股价指数。

加权平均股价的计算公式为:

$$\overline{P} = \frac{\sum\limits_{i=1}^{n} P_i W_i}{\sum\limits_{i=1}^{n} W_i} \qquad\qquad （公式 5-8）$$

式中:$\overline{P}$ —— 股票的平均价格;

　　　W_i —— 第 i 种股票价格的权数;

　　　P_i —— 第 i 种股票的价格。

若以基期平均价格 $\overline{P}_0$ 作为 100,则加权平均价格指数 I 为:

$$I = \frac{\overline{P}_1}{\overline{P}_0} \times 100 \qquad\qquad （公式 5-9）$$

世界上大多数国家的股价指数是采用加权平均法计算的,比如美国标准·普尔指数、巴黎证券交易所指数、德国商业银行指数、意大利商业银行股票价格指数、多伦多 300 种股票价格指数以及东京股票交易所指数等。

例如,选择两个样本股票 A 和 B,具体数据如下:

股票种类	基期价格	报告期价格	发行量
A	25	30	200
B	100	90	50

按发行量加权平均来看:

基期平均价格　$\overline{P}_0 = \dfrac{25 \times 200 + 100 \times 50}{200 + 50} = 40$

报告期平均价格　$\overline{P}_1 = \dfrac{30 \times 200 + 90 \times 50}{200 + 50} = 42$

加权平均价格指数 $I = \dfrac{\overline{P_1}}{\overline{P_0}} \times 100 = \dfrac{42}{40} \times 100 = 105$

这个例子中,样本股票的发行量并没有发生改变,如果在基期和报告期内股票的发行量发生变化,则会使权数发生变化,采用不同时期的发行量作为权数,会得出不同的股价指数。

如果以基期发行量作为权数,则:

$$I = \frac{\sum P_1 Q_0}{\sum Q_0} \Big/ \frac{\sum P_0 Q_0}{\sum Q_0} = \frac{\sum P_1 Q_0}{\sum P_0 Q_0} \qquad \text{(公式 5 - 10)}$$

如果以报告期发行量作为权数,则:

$$I = \frac{\sum P_1 Q_1}{\sum Q_1} \Big/ \frac{\sum P_0 Q_1}{\sum Q_1} = \frac{\sum P_1 Q_1}{\sum P_0 Q_1} \qquad \text{(公式 5 - 11)}$$

三、世界著名的几种股票价格指数

世界各地的股票市场都有自己的股票价格指数,其中比较著名并有一定代表性的有:

1. 道·琼斯股票价格指数

道·琼斯股票价格指数是世界上历史最为悠久的股票价格指数。它是在 1884 年由道·琼斯公司的创始人查理斯·道开始编制的。其最初的股票价格平均指数是根据 11 种具有代表性的铁路公司的股票,采用算术平均法进行计算编制而成的,发表在《每日通讯》上。其计算公式为:

$$股票价格平均数 = \frac{入选股票的价格之和}{入选股票的数量} \qquad \text{(公式 5 - 12)}$$

自 1887 年起,道·琼斯股票价格平均数开始分成工业与运输业两大类,其中工业股票价格平均指数包括 12 种股票,运输业平均指数则包括 20 种股票,并且开始在道·琼斯公司出版的《华尔街日报》上公布。在 1929 年,道·琼斯股票价格平均指数又增加了公用事业类股票,使其所包含的股票达到 65 种,并一直延续至今。

现在的道·琼斯股票价格平均指数是以 1928 年 10 月 1 日为基数,因为这一天收盘时的道·琼斯股票价格平均指数恰好约为 100 美元,所以就将其定为基准日。而以后股票价格同基期相比计算出的百分数,就成为各期的股票价格指数,所以现在的股票指数普遍用点来做单位,而股票指数每一点的涨跌就是相对于基数日的涨跌百分数。

道·琼斯股票价格平均指数最初的计算方法是用简单算术平均法求得,当遇到股票的除权除息时,股票指数将发生不连续的现象。1928 年后,道·琼斯股票价格平均指数采用了新的计算方法,即在计点的股票除权或除息时采用连接技术,以保证股票指数的连续,从而使股票指数计算方法得到了完善,并逐渐推广到全世界。

目前,道·琼斯股票价格平均指数共分四组,第一组是工业股票价格平均指数。它由 30 种有代表性的大工商业公司的股票组成,且随经济变化而发展,大致上反映了各个时期美国整个工商业股票的价格水平,这也就是人们通常所引用的道·琼斯工业股票价格平均数。第二组是运输业股票价格平均指数。它包含 20 种有代表性的运输业公司的股票,即 8 家铁路运输公司、8 家航空公司和 4 家公路货运公司。第三组是公用事业股票价格平均指数,由代表着美国公用事业的 15 家煤气公司和电力公司的股票所组成。第四组是平均价格综合指数。它是综合前三组股票价格平均指数所选用的共 65 种股票而得出的综合指数。

2. 标准·普尔股票价格指数

除了道·琼斯股票价格指数外,标准·普尔股票价格指数在美国也很有影响,它是由美国最大的证券研究机构——标准·普尔公司——编制的股票价格指数。该公司于 1923 年开始编制发表股票价格指数。最初采选了 230 种上市的工业、铁路和公用事业等公司的股票,后来编制两种股票价格指数,第一种包括 90 种股票,每天计算和发表一次;第二种包括 480 种股票,每周计算和发表一次。到 1957 年,这一股票价格指数的范围扩大到 500 种股票,分成 95 种组合。其中最重要的四种组合是工业股票组、铁路股票组、公用事业股票组和 500 种股票混合组。几十年来,虽然有股票更迭,但始终保持为 500 种。标准·普尔公司股票价格指数以 1941 年至 1943 年抽样股票的平均市价为基期,以上市股票数为权数,按基期进行加权计算,其基点数为 10。以目前的股票市场价格乘以股票市场上发行的股票数量为分子,用基期的股票市场价格乘以基期股票数为分母,相除之数再乘以 10 就是股票价格指数,即:

$$股票价格指数 = \frac{\sum(每种股票价格 \times 已发行数量)}{基期的市价总值(三年的平均数)} \times 10 \qquad (公式 5 - 13)$$

3. 纽约证券交易所股票价格指数

纽约证券交易所股票价格指数是由纽约证券交易所编制的股票价格指数。它起自 1996 年 6 月,先是普通股股票价格指数,后来改为混合指数,包括在纽约证券交易所上市的 1 500 家公司的 1 570 种股票。具体计算方法是将这些股票按价格高低分开排列,分别计算工业股票、金融业股票、公用事业股票、运输业股票的价格指数,其中最大和最广泛的是工业股票价格指数,由 1 093 种股票组成;金融业股票价格指数包括投资公司、储蓄贷款协会、分期付款融资公司、商业银行、保险公司和不动产公司的 223 种股票;运输业股票价格指数包括铁路、航空、轮船和汽车等公司的 65 种股票;公用事业股票价格指数则有电话电报公司、煤气公司、电力公司和邮电公司的 189 种股票。

纽约股票价格指数是以 1965 年 12 月 31 日确定的 50 点为基数,采用的是综合指数形式。纽约证券交易所每半个小时公布一次指数的变动情况。虽然纽约证券交易所编制股票价格指数的时间不长,但它可以全面及时地反映其股票市场活动的综合状况,因而较为受投资者欢迎。

4. 日经道·琼斯股票指数(日经平均股价)

日经道·琼斯股票指数是由日本经济新闻社编制并公布的反映日本股票市场价格变动的股票价格平均数。该指数从 1950 年 9 月开始编制。最初是根据东京证券交易所第一市场上市的 225 家公司的股票算出修正平均股价,当时称为"东证修正平均股价"。1975 年 5 月 1 日,日本经济新闻社向道·琼斯公司买进商标,采用美国道·琼斯公司的修正法计算,这种股票指数也就改称为"日经道·琼斯平均股价"。1985 年 5 月 1 日在合同期满 10 年时,经两家商议,将名称改为"日经平均股价"。

按计算对象的采样数目不同,该指数分为两种,一种是日经 225 种平均股价。其所选样本均为在东京证券交易所第一市场上市的股票,样本选定后原则上不再更改。1981 年定为制造业 150 家、建筑业 10 家、水产业 3 家、矿业 3 家、商业 12 家、陆运及海运 14 家、金融保险业 15 家、不动产业 3 家、仓库业、电力和煤气 4 家、服务业 5 家。由于日经 225 种平均股价从 1950 年一直延续下来,因而其连续性及可比性较好,成为考察和分析日本股票市场长期演变及动态的最常用和最可靠的指标。该指数的另一种是日经 500 种平均股价。这是从 1982 年 1 月 4 日起开始编制的。由于其采样包括有 500 种股票,其代表性就相对更为广泛,但它的样本是不固定的,每年 4 月份要根据上市公司的经营状况、成交量和成交金额、市价总值等因素对样本进行更换和调整。

5.《金融时报》股票价格指数

《金融时报》股票价格指数是指由英国伦敦《金融时报》编制并公布的股票价格指数。它既是反映伦敦证券交易所股价变动的最权威指数,又是世界上较有影响的重要股价指数。《金融时报》股价指数主要有以下三种:

(1)《金融时报》普通股股价指数。该指数根据伦敦证券交易所内上市交易的 30 种工业普通股票计算。样本股票均为英国工业中财力雄厚的大公司所发行,发行量多,在整个股市中所占份额大,因而具有广泛的代表性。随着产业结构的变化和上市公司实力的升降,30 种样本股票的成份股也在不断调整。该指数以 1935 年 7 月 1 日为基期,基期指数为 100,是《金融时报》最早公布的一种股价指数。通常所说的《金融时报》指数多指该种。它是伦敦股票市场行情变动的指示器,可以及时为投资者提供股价变化的一般情况和趋势。

(2)《金融时报》综合精算股价指数。该指数根据伦敦股票市场上 700 多种精选股票的平均价格计算。该指数从 1929 年开始编制。该指数采样范围广、统计面宽,可为职业投资者提供整个股市的基本变动情况。

(3)《金融时报》100 种股票价格指数。根据伦敦证券交易所内上市的 100 家有代表性的大公司股票计算,由《金融时报》于 1984 年 1 月 3 日开始公布,并以当日为基期,基数定为 1 000。该指数是为了解决 30 种普通股股价指数代表性不够强、统计面又过窄,而 700 种综合精算股价指数统计面又过宽、难以快速计算的矛盾而编制的。它通过伦敦股票市场自动报价系统随时采样,一分钟计算一次,能迅速灵敏地显示股市行情的即时变动。

6. 香港恒生指数

香港恒生指数是香港股票市场上历史最悠久、影响最大的股票价格指数,由香港恒生银行于 1969 年 11 月 24 日开始发表。恒生股票价格指数包括从香港 500 多家上市公司中挑选出来的 33 家有代表性且经济实力雄厚的大公司股票作为成份股,分为四大类:4 种金融业股票、6 种公用事业股票、9 种房地产业股票和 14 种其他工商业(包括航空和酒店)股票。这些股票涉及香港的各个行业,并占香港股票市值的 68.8%,具有较强的代表性。

恒生股票价格指数的编制是以 1964 年 7 月 31 日为基期,因为这一天香港股市运行正常,成交值均匀,可反映整个香港股市的基本情况,基点确定为 100 点。其计算方法是将 33 种股票按每天的收盘价乘以各自的发行股数为计算日的市值,再与基期的市值相比较,乘以 100 就得出当天的股票价格指数。由于恒生股票价格指数所选择的基期适当,因此,不论股票市场狂升或猛跌,还是处于正常交易水平,恒生股票价格指数基本上能反映整个股市的活动情况。

自 1969 年恒生股票价格指数发表以来,已经过多次调整。由于 1980 年 8 月香港当局通过立法,将香港证券交易所、远东交易所、金银证券交易所和九龙证券所合并为香港联合证券交易所,在目前的香港股票市场上,只有恒生股票价格指数与香港指数并存,香港的其他股票价格指数均不复存在。

四、我国的主要股价指数

1. 上证综合指数

以 1990 年 12 月 19 日为基期，以全部上市股票为样本，以股票发行量为权数按加权平均法计算，基期指数为 100。

2. 深证综合指数

以在深圳证券交易所上市的全部股票为样本股，以 1991 年 4 月 3 日为基期，基期指数定为 100，以指数股计算日股份数为权数进行加权平均计算。

3. 上证 180 指数

上证成份指数(SSE Constituent Index，简称上证 180 指数)是对原上证 30 指数进行调整和更名后产生的指数，2002 年 7 月 1 日实施。

4. 深证成份股指数

深证成份股指数由深圳证券交易所编制，通过对所有在深圳证券交易所上市的公司进行考察，按一定标准选出 40 家有代表性的上市公司作为成份股，以成份股的可流通股数为权数，采用加权平均法编制而成。基日为 1994 年 7 月 20 日，基日指数为 1 000 点。

5. 沪深 300 指数

沪深 300 指数是沪深证券交易所于 2005 年 4 月 8 日联合发布的反映 A 股市场整体走势的指数。沪深 300 指数编制目标是反映中国证券市场股票价格变动的概貌和运行状况，并能够作为投资业绩的评价标准，为指数化投资和指数衍生产品创新提供基础条件。沪深 300 指数是以 2004 年 12 月 31 日为基期，基点为 1000 点，其计算是以调整股本为权重，采用派许加权综合价格指数公式进宪计算。

第三节 股票投资收益与风险

一、股票投资收益

(一)股票投资收益的概念

股票投资收益是投资者投资行为的报酬。它由两部分组成：一是投资者购买股票后成为公司的股东，他以股东的身份，按照持股的多少，从公司获得相应的股利，包括股息、现金红利和红股等，在我国的一些上市公司中，有时还可得到一些其他形式的收入，如配股权证的转让收入等。二是因持有的股票价格上升所形成的资本增值，也就是投资者利用低价进高价出所赚取的差价利润，这正是目前我国绝大部分投资者投资股票的直接目的。

(二)股票投资收益分析

如果投资者长期持有股票，则各个不同时期的股息收益是可以用来分析投资效果的。总的来说，股息来自公司的盈利(当年的和积累的)，盈利增加，股息随之提高；盈利减少或没有，股息跟着降低或根本没有。虽然各公司所制定的分配政策不尽相同而可能出现收益差异，但股息收益的提高没有上限，而降低则以零为其下限。因而，可以认为，股息如果逐年提高，则意味着公司盈利能力加强了，进而将促使股票市场价格的上涨。在整个经济环境和公司的经营效率基本稳定的前提下，这种情况将继续维持下去，投资的收益将增加。

但是，如何将不同股票的投资效果或者将股票与其他证券的投资效果作比较呢？常用的分析指标有两种，一个是投资收益率，另一个是市盈率。

1. 股票投资收益率

股票投资收益率也称持有期收益率(HYP)。计算公式如下：

$$HPY = \frac{D_1 + (P_1 - P_0)}{P_0} \qquad \text{(公式 5-14)}$$

但如果在股票持有期内还有支出发生，如有偿配股的缴款，则应对上面的公式稍作修正后为：

$$HPY = \frac{(P_1 - P_0) + (D_1 - G_1)}{P_0 + G_1} \qquad \text{(公式 5-15)}$$

或者

$$HPY = \frac{P_1 + D_1}{P_0 + G_1} - 1 \qquad \text{(公式 5-16)}$$

式中：P_0，P_1——期初、期末价格，可以是投资者实际买进、卖出的价格，也可以采用期初、期末的收盘价格；

　　D_1——股票持有期收入，包括现金股息收入以及无偿送股（即股票股息）和有偿配股所折算的收入；

　　G_1——股票持有期内支出，主要是指股东参加有偿配股（认股）时所缴款额。

由于股票持有期内现金股利、送配股的有无和先后次序并无定律，因此在计算时应视不同情况作相应的处理。

例如，某公司股票 2010 年 7 月 1 日收盘价为 20 元，2011 年 6 月 30 日收盘价为 13 元。期内先有现金股息每股 2.5 元，于 7 月 7 日除息；然后有偿配股，配股率为 50%，配股价为 10 元，于 10 月 10 日除权；最后无偿送股，送股率为 30%，于次年 2 月 2 日除权。则：

$P_0 = 20$，$P_1 = 13$

$G_1 = 10 \times 50\% = 5$

$D_1 = 2.5 + [(1 + 50\%) \times (1 + 30\%) - 1] \times 13 = 14.85$

$HPY = \dfrac{P_1 + D_1}{P_0 + G_1} - 1 = \dfrac{13 + 14.85}{20 + 5} - 1 = 11\%$

2. 市盈率

市盈率是一个反映股票收益与风险的重要指标，也叫市价盈利率（price-earning ratio，P/E）。它是用当前每股市场价格除以该公司的每股税后利润，用这个指标，既可以考核股票收益，同时也可以观察股价水平，是股票投资的重要参考因素之一。

市盈率计算公式如下：

$$市盈率(P/E) = \frac{每股市价}{每股税后利润} \qquad \text{(公式 5-17)}$$

式中，每股税后利润是指每股可分配利润，即每股净收益。

二、股票投资风险

风险是指某种不利结果发生的可能性，由不利结果出现的概率来表示。在实际中，预测结果的可变性包括变好或变坏两个方面，每一个方面又可能存在多种情况，每一种情况发生的可能性（概率大小）也是各不相同的，为了反映预测结果的这种多样复杂的可变性，风险概念被一般地定义为"各个可能结果的概率分布"。①这一定义使风险成为完整反映实际的实用概念；

②风险评价总是以某一预期结果(各种可能值的加权平均值,以概率为权数)为中心;③偏离预期结果的各个可能结果包括变好或变坏两个方面;④风险就是以预期结果为中心的各个可能结果发生概率的离散程度,概率分布得越密集,从而可变性越小,风险就越小。一种投资行为的风险的大小,取决于该投资的各种可能的收益率及各收益率发生的可能性所分布的密集程度,分布越密集,实际结果与预期结果的偏差就可能越小,从而风险就越小。

股票投资风险的基本特质有以下几方面:

一是不确定性。这也是风险的基本特征。对于投资者而言,当完成一项投资后,未来实际收益与预期的收益有无差距,差距有多大,都无法确定。如果能肯定未来必定遭受损失,则这已不是投资的风险,而是现实的损失了。

二是不利性。风险一旦成为现实,对投资者肯定是不利的,它会给投资者带来消极的后果,例如经济上或心理上的打击。

三是客观性。在股票投资中,这种不确定性是客观存在的,它的存在是不以投资者的意愿为转移的。无论投资者是否意识到、感觉到,它都是存在的,并在一定条件下有可能变为现实。

四是相对性。同样是风险,对于不同的投资者,其意义和影响是不一定相同的。这种风险的相对性,是由于不同的投资者对于风险的承受能力不同所决定的。例如,同样是损失100元的投资本金的可能,对于总投资额为200元和2 000元的投资者来说,风险大小相差悬殊,对前者而言,50%的损失可能性风险是巨大的,而对后者,这种风险可能是微不足道的。

五是风险和收益的对称性。这种对称性表现为对于投资者来说,风险与收益对称地存在于股票投资活动中。风险是收益的代价,而收益则是风险的报酬,风险与收益相辅相成。

三、股票投资收益与风险的关系

对于所有股票投资者来说,理想的投资目标都是相同的,即在最短的时间里,以最小的风险获得最大的收益。

在证券市场上存在着四种风险与收益组合而成的投资机会:①高风险与低收益;②低风险与高收益;③高风险与高收益;④低风险与低收益。

显然,所有理性的投资者对于第一种情况是不会涉足的,因为这与投资者的目标相悖。而第二类情况又几乎不存在,因为这是投资者人人期望之所在,即便真有这种机会,则投资者必趋之若鹜,价格将趋于上升,收益便会相对降低,从而变为低风险与低收益的第四类。

所以,在股票投资市场上,基本上只有两种投资机会供投资者选择:高风险与高收益,或者,低风险与低收益。

对于投资者来说,要获得高的收益,就必须承受高的风险,高收益伴随着高风险。但反过来,若投资者承担了高风险,却不一定能确保高收益,因为高风险的含义本身就是不确定,高风险的结果可能是高收益,也可能是低收益,甚至可能是高损失。收益显然是以风险为代价的。

同样的,要使投资者心甘情愿地承担一份风险,必须以一定的收益作为回报或补偿,风险越大,补偿也应该越高。所以风险是以收益作为报酬的,他们可能成正比例地相互交换。

风险与收益的关系可以用下面的公式来表示:

$$收益率 = 无风险利率 + 风险补偿 \qquad (公式\ 5-18)$$

公式中的收益率实际上是投资者在投资中所要求得到的回报,在股票投资中常以贴现率来代替。要求的收益率的高低,各个投资者根据其对风险与收益的态度不同而有所差异,有些人愿意承担较高风险而要求收益率高一点,有些人宁可接受低的收益率而不愿承担过高的风险。而无风险利率是指某种证券投资不具有任何风险且可以获得一定的利息收入。

第四节 股票投资方式

一、股票投资的原则

1. 勿存任何侥幸心理

在股票市场买卖股票,绝对不同于赌徒在牌桌上的孤注一掷,一个成功的投资人是结合了丰富的知识、长期的经验、高度的智慧、熟练的技巧和当机立断的决心才达到的,而非靠运气,好运不会永远跟着人走。因此,存有任何侥幸心理所作的决定是危险的,投资人不要在未确定股市前途之前就慌忙采取行动。

2. 不贪求最高利润

想正确判断出股价的高峰和低谷是件极不容易的事情,要在每次高峰卖出、低谷买进更是痴人做梦,稳健的投资人在预期行情到达九成时应知足了。

3. 依据自己的判断

股票市场是谣言最多的地方,股票市场更是弱肉强食不讲人情的场所。就长期股价循环变动的原理而言,若有一人赚一万,必有另一人赔一万,而股价变动更可瞬息万变,谁也无法百发百中地预测到行情的演变,假若自己没有研判的能力,整天探消息,随着别人买进卖出,必会弄得晕头转向,失去目标。

4. 把握时效当机立断

研判行情认为价格已低,就应该把握时机决定在何种价格可以买进,行情一到立即送交委托单,此时绝不可迟疑不决,心里想着可能还会再跌,等再跌几点才买进,有经验的投资人都知道,行情往往不随人意,当你认为还会上涨时它偏下跌,你认为还会下跌时它偏要上涨,决定的政策要贯彻到底,迟疑只会贻误时机,丧失已到手的利益。

5. 不因赚赔影响决心

做股票不可能每次必赚,尤以经常跑证券公司的短线交易者更是如此,研判行情预期股价大跌,不论手中股票是什么价格买进的,此时卖出将赔多少,都应该拿出壮士断腕的精神毅然了断,以便保留实力,东山再起。

6. 不要逆着大势做股票

俗语说:"顺势则昌,逆势则亡。"在股票市场赚大钱的都是能顺着大势买进卖出的人,所谓顺着大势是指在多头市场时要做多,于空头市场时要做空。

7. 少做买空卖空的交易

证券交易中存在买空卖空的投机行为,然而一般投资人最好不要轻易尝试,买空卖空有时固然能大捞一笔,但是却也冒了很大的风险,一不小心很可能弄得倾家荡产。股票投资只能是增加财富的副业,如若因此动了根本实在不合算。

8. 选择优良的热门股票

优良的热门股票其公司业绩好、股利丰厚、交易量大,买到手即使遇到股市低潮也不必担心,因为优良的热门股票,市价回升得快,即使市场不景气,每年股东还可获得一笔相当数目的股息,如果想变现也不怕卖不出去,而无息的冷门股则无此优点。

9. 注意力一定要集中

证券交易所公开上市的股票众多,如想彻底了解每一种股票的内情是很不容易的,也无此必要。做股票应选择几种业绩优良、远景好、股利高、流通性大的热门领涨股,集中力量收集资料深入研究,找出特性才能走上成功的坦途。

10. 培养忍耐的功夫

投资人除了具备正确的分析能力外,还要有坚强的自信心。股价的走势不是一条笔挺的直线,而是一条婉转的曲线,当判定了行情的发展,做了买卖委托后,就应该能够忍耐行情的曲折变化,只要在没有确定原先的决定是绝对错误之前,仍须等待,直到既定目标的出现。买卖股票忌三心二意,患得患失,忍耐是捕捉机会赚大钱必要的修养。

二、股票投资对象、时机的选择

(一)股票投资对象选择

在作出股票投资决策当时,必须确定要投资于哪些股票,即要认真地选股。

首先,投资者在选择股票时,应对各种股票的基本情况,尤其是其发行公司的经营状态、发展前景进行分析,尽量了解他们的第一手材料,以便作出可靠的判断,从而正确估价股票的前景。一般的股票公司有咨询机构,投资者可以通过咨询来获得有关方面的信息。如:①发行公司的历史背景、盈利记录及展望;②发行公司的管理水平及经营的多元性;③产品的专利与商标的知名度;④公司的成长性估计;⑤公司的生产能力及经营的多元化;⑥公司的流动性资产与流动性负债是否合理;⑦公司的劳资关系状况;等等。据此来估计公司的收益状况,进而决定选择何种股票。

其次,要注意影响股票价格的因素是多方面的,同时,股份公司的经营状况可能被一些不易察觉的现象所掩盖。有些股份公司的经营状况目前看尚好,但或许正在走下坡路;有些股份公司的股息和红利较高,但亦可能是以减少公司的资本积累为代价的;有些股票的市场价格一路坚挺,但可能由此而一路下跌。

再次,投资股票还应对自身的经济实力、偏好程度有准确的估价。比如可投入炒股的资金究竟有多少,投资目标是什么,投资经验是否丰富,更偏爱哪类产业的哪种股票,前景如何,等等。

(二)确定投资的时机

确定了待选的股票后,最重要的问题在于选择买卖股票的有利时机。因为高质量的股票并不一定意味着高收益,股票投资的收益率随着股票价格的升降而沉浮,因此投资者就应选择在股票价格被低估时买进,而在股票价格被高估时卖出,使投资组合一直保持在令人满意的状态。

根据股票价格的变动走势确定最佳投资时机,是一项技术性颇强、难度颇大的决策过程。

影响股价变动的走势因素是多方面的,既包括股份公司的因素,也包括市场的因素,还包括政治、经济的因素以及人为的因素等。因此,要判断分析股价变动走势,可以从图表分析,即技术分析来判断确定股票买卖的时机;也可以从因素分析来判断确定股票的买卖时机;还可以从综合分析来判断确定股票买卖的时机。

以股价趋势来确定投资的时机,是投资者投资成功的重要一步,但是要正确地判断股价的走势,确定投资的最佳时点,需要投资者具有扎实的股票投资的基本知识,掌握股价走势分析的基本技术和要领,以及丰富的股票投资的实践经验和果断的决策意识。

（三）选股的标准

在选股时,应从以下几个方面考虑:

1. 业绩优良

无论何种市场,业绩优良是股票上涨的根本因素。因此在选股时尽量选择每股税后利润较高、市盈率在30倍以下具有成长性的股票。

2. 成长性好

成长性好、业绩递增或从谷底中回升的股票,具体可以考虑那些主营业务突出、业绩增长率在30％以上或有望超过30％的股票,对于明显的高速成长股,其市盈率可以适当放宽。

3. 行业特性

行业独特或国家重点扶持的股票,往往市场占有率较高,在国民经济中起到举足轻重的地位,其市场表现也往往与众不同。

4. 公司扩盘能力

选择公司规模小,每股公积金较高,具有扩盘能力的股票。在一个行业中,当规模扩大到一定的程度时,成长速度便会放慢,成为蓝筹股,保持相对稳定的业绩。而规模较小的公司,为了达到规模效益,也就有股本大幅扩张的可能性。因此那些股本较小,业绩较好,发行溢价较高,从而每股公积金较高的股票（尤其是新股）应是投资者首选的股票。

5. 升值空间

股票价位与其内在价值相比或通过横向比较,有潜在的升值空间。在实际交易中,应当尽量选择那些超跌的股票,因为许多绩优成长股往往也是从超跌后大幅度上扬的。

6. 股票的技术走势

适当考虑股票的技术走势,选择那些接近底部（包括阶段性底部）或刚启动的股票,尽量避免那些超跌的正在构筑头部的股票。

三、股票投资的方法

（一）金字塔式投资方法

金字塔型买卖法是股票投资的一种操作方法,是分批买卖法的变种。此法是针对股价价位的高低,以简单的三角形（即金字塔型）作为买卖的准则,来适当调整和决定股票买卖数量的一种方法。

金字塔型买卖法有金字塔型买入法和倒金字塔型卖出法两种。

金字塔型买入法,即正金字塔型（即正三角形）的下方基底较宽广且愈往上愈小,宽广的部分显示股价价位低时,买进数量较大,当股票价格逐渐上升时,买进的数量应逐渐减少,从而降低投资风险。例如,某投资者预计某种股票价格看涨,他以每股20元的价格购进1 000股。当价格涨到每股23元时,他又买进了500股,如股价在涨至25元时,投资者仍认为股价看好,可以再买进100股。至于该买进多少数量和何时终止购买行为,完全依资金的多少、股票的优劣程度、股市的人气状况,由投资者自行决定。

采用这种愈买愈少的金字塔型买入的优点在于:如果投资者在第一次购买行为完成后,仍处于上升之中,投资者还可以第二次第三次追加投入以增加获利机会,尽管在这种情况下,不如一次全部投入获利更多,但却能减少因价格下跌有可能给投资者带来的风险。如果股价在第二次、第三次购买行为完成后再出现下跌,也会因第二次或第三次买入的股数较少,而不会造成太大的损失。由此可见,愈买愈少的金字塔型买入法是增加获利机会又能降低风险的一种股票购买方法。

金字塔买卖法的另一种形式是倒金字塔卖出法。与正金字塔相反,倒金字塔是下方尖小,而愈往上则愈宽广。倒金字塔卖出法要求,当股票价位不断升高时,卖出的数量应该效仿倒三角形的形状而逐渐扩大,以赚取更多的差价收益。仍以上述投资者购买的股票为例,假设当价格上涨到每股市价 30 元时,投资者认为股价在上涨一段时间后会出现下跌,因此,就采用倒金字塔卖出法先出售 100 股,当股价升至 35 元时,又出售更多的部分(比如 500 股),又过了几天,股价涨至 37 元时,则全部售出。

倒金字塔卖出法的优点是能在人气旺盛的时候售出股票,股票出手容易,既能获得较好差价,又能减少风险。

(二)顺势投资操作

顺势投资法是证券投资者顺着股价的趋势进行股票买卖的操作技巧。顺势投资法要求投资者在整个股市大势向上时,以买进股票持有为宜,股价趋势下跌时,则卖出手中股票而拥有现金待机而动为好。大凡顺势投资者,不仅可做到事半功倍的效果,而且获利的概率大大提高。

采用顺势投资法必须确定的前提是,涨跌趋势应明确且能够及早确认,如果不明确且无法及早确认,则不必盲目跟从。需要指出的是,这种股价涨跌的趋势是一种中长期趋势,而不属于昙花一现的短期趋势。对于小额投资者来说,只有在股价走向中长期趋势中,才能顺势买卖而获利。在股价走向的短期趋势中,此种方法应谨慎用之,因此当股价被确认是短期涨势时,可能已到跌势边缘,此时若顺势买进,极可能抢到高价,使接力棒传到自己手中后再递不出去。另一方面,当股价被确认处于短期跌势时,可能已接近回升之时,若这时顺势卖出,极可能卖个低价,这也使投资者懊悔莫及。

顺势投资法适合于小额投资者采用,小额证券投资者,本身谈不上操纵行情,大多跟随股票走势,采用顺势做法,这几乎已被公认小额投资者买股票的"铁律"。

(三)拨档子操作法

这是多头降低成本、保持实力的操作方式之一。所谓"拨档子"就是投资人卖出自己的持股,等价位下降以后,再补回来。投资人"拨档子"并非对股市看坏,也不是真正有意获利了结,只是希望趁价位高时,来个"多翻空",先行卖出,以便自己赚自己的一段差价,通常"拨档子"卖出与买回之间不会相隔太久,最短期的可能只一两天,最长也不过一两个月。"拨档子"有两种操作方法:

(1)行情上涨一段后卖出,回降后补进的"挺升行进间拨档",这是多头在推动行情上升时,见价位已上涨不少,或进行遇到沉重的阻力区,就自行卖出,多翻空,使股价略为回跌来化解上升阻力,以便于推动行情再度上升。

(2)行情下跌时,趁价位仍高时卖出,等跌低后再买回的"滑降行进间拨档",这是套牢的多头或多头自知实力弱于空头时,在股价尚未跌至谷底之前先行卖出,多翻空,等股价跌落后再买回反攻空头。

股票投资大户也常运用"拨档子"方式对股价的涨跌作技术性的调节。

(四)保本投资操作法

保本投资法是股票投资中避免血本耗尽的一种技术操作方法。这里所说的"保本",并不是投资者用于购买股票的总金额,而是保投资总额中不容许被亏损的那部分数额,也就是国外股市投资所得"停止损失点"的基本金额,因此,不同投资者所确定的保本数额可能具有很大的差异,有些投资者的"本"可能比率较高,而另一些投资者所订的"本"的比率则较低。

采用此法最重要的是不在于买进的时机选择,而在于作出卖出的决策,因此,获利卖出点和停止损失点的确定是采用保本投资法的关键。

获利卖出点,即为股票投资者获得一定数额投资利润时毅然卖出的那一点。这个时候的卖出,并不是将所有的持有股一口气统统卖光,而是卖出所欲保本的那一部分。例如,如果某投资者心目中的"本"定为总投资额的50%,那么,他的获利卖出点,即为所持股票市值总值达到其最初投资额的50%时。在此一时点,该股票投资者可以卖出所有股票的1/3,先保其"本"。

股票投资者进行了此次保本以后,所持股票的市价总值,与其最初的投资总额仍然相同。此后,股票投资者可以再订定其欲保的第二次"本",仍以上述投资者为例,如果该股票投资者在进行了第一次保"本"之后,将其余所持股的"本"改订为20%,那么即表示剩下的持股的"本"。以此类推,这样,随着行情的不断上升,其持股的数量必然不断减少。不过,持股的市价总值却一直不变,始终等于最初投资总金额。需要指出的是,获利卖出点的订定,是针对行情上涨所采取保本投资技巧。

至于行情下跌时,采用保本投资法的证券投资者则以停止损失点的确定来防范过分损失。停止损失点就是行情下跌到只剩下股票投资者心目中"本",给予卖出以保住其最起码的"本"的那一点。简单地说,就是股票投资者在行情下跌到一定比例的时候,全身而退以免蒙受过分损失的做法。例如,假设某投资者订的"本"是其最初投资额的80%,那么行情下跌20%时,就到了投资者采取停止损失点措施的时候了。

保本投资法适合于经济景气明朗,股价走势与实质因素显著脱节以及股市行情变化难以捉摸时采用。

(五)以静制动操作法

其操作过程是:在股市处于换手和轮做阶段,行情走势出现东升西跳、此起彼落时,投资者不为某些强势上涨股票所吸引,而是选择涨幅较小,或者未调整价位的股票买进持有,并静心等待在大户介入而使股价大幅度涨升时,迅速脱手变现。

这种投资方法不主张在股市处于换手和轮做阶段时追涨买进,主要是认为如果在股市行情东升西跳时追涨买进,很可能在卖到上涨的股票后,其股价就要停顿或回跌,而已卖出的股票,则很可能由于投机者的换手和轮做而疯狂地上涨。这样,在此时追涨买进的投资者应当有可能疲于奔命而无利可图。

而如果采取以静制动的投资策略,买进涨幅较小,或者尚未调整价位的股票,则具有获取较大收益的潜在可能性。因为在股票涨势中的换手轮做阶段,尚未调整价位的股票,大致有两种类型,一是平日交易较小,股市大户尚未掌握到筹码的股票;另一种是价位长期偏低,尚未使人们普遍认识其增长潜力的股票,倘若一旦股市主力发现其股价偏低并予以大量购进,则其股价将会出现一个强劲的涨升。

采用以静制动的投资策略,要求投资者在股市的换手轮做阶段,善于发现那些平静且具有发展潜力的股票。

(六)试探性投资法

投资于股票,常常把握不住最适当的时机而不敢贸然采取投资行动,但稍犹豫,又容易错失良机,为了避免产生这种现象,股市上应运而生了试探性投资法。

试探性投资法是投资者在预测股价将有转机之时,将少量的资金作购买股票的投资试探,以此决定下步是否大批购买的投资方法。投资者之所以要试探,是因为此时并没有太大的把握一定获利,不敢将巨额资金全部投入。如果在试探性投资之后,股价呈坚挺状态,股价逐渐升高时,可以继续加码买进,这样,连续进行的几次投资均可在股市获利。如果在试探性买进之后,股价趋向回落,则可以在幅度的下档再行买进,这样购买成本也可以相应降低,其损失也比原先进行一次性的全部投入大为减少。

(七)反向操作法

反向操作法的基本思想是:在正常情况下,当大多数人对股市看好时,则应该卖出;当大多数人对股市看淡时,则应该买入,这样才能获得较好的收益。这种操作法符合人们常讲的股市中赚钱的是少数的说法。

反向操作法依据的是钟摆原理。即在正常情况下,当大多数人都在买进时,卖方的力量也将迅速增加,而买方的力量会逐渐耗尽,最终使市场发生转折。反过来,当大部分人都在卖出时,买方力量也会迅速增加,最终使股市逆转。由于大多数人都有顺势操作的思维,看到周围人(尤其中小散户)的买卖行为,便认为是顺势从众。因而,当行情处于白热化,人们踊跃购买之际,实质也就是股市即将崩溃之时。而当人们对股票消极冷淡、远离市场、交易所门可罗雀时,是购入股票的最佳时机。由于大多数投资者的思维还不能立即转向,故称为反向操作法。

使用反向操作法必须在股市变化持续一段时间之后,各种分析方法基本上都发出即将转折的信号时进行比较安全。此外,还必须注意基本面的情况,反向操作法本身就带有一些逆市操作性质,时机把握得好,可获得比一般投资方法大得多的利润,这是其优点;而时机把握得不好,则可能招致踏空或套牢。因此,在使用时必须谨慎。

实际操作时,反向操作法一般所遵循的原则是:天量天价,地量地价;地价时买进,天价时卖出。其含义是:当成交量创天量时应该卖出,此地显示出大多数人对股市看好,所以交易活跃;而成交量创地量时应买进,此时显示出大多数人对股市看淡,成交萎缩。天量、地量一般定义为一段行情内的相对最高量和最低量。反向操作法的使用时机在股市变化的末期,这与其他操作法炒作的时段不同。

(八)回避风险操作法

回避风险指事先预测风险产生的可能程度,判断导致其实现的条件和因素,在行动中尽可能地驾驭它或改变行动的方向避开它。证券投资新手尤其应注意回避投资风险问题。具体来说,可以采取以下措施。

(1)当判断了股价上升进入高价圈,随时有转向跌落可能时,应卖出手中股票,等价新的投资时机。

(2)当股价处于盘整阶段,难以判断股价将向上突破还是向下突破时,不要采取投资行动,先观望一下。

(3)多次投资失误,难以作出冷静判断时,应暂时放弃投资活动,作一下身心调整。

(4)当对某种股票的性质、特点、发行公司状况、市场供求状况没有一定了解时,不要心急和忙于购进。

（5）如果不具备较高的投资技巧，最好不要进行期货交易、期权交易等风险较大的交易。

（6）将部分投资资金作为准备金，其目的一是等待更好的投资时机，当时机到来时，将准备金追加进去，以增强获利的能力；二是作为投资失利的补充，一旦预测失误，投资受损，将准备金补充进去，仍可保持一定的投资规格。

（7）不做帽客和短线客。帽客是在股市中当天买进卖出，赚取差价收益的抢帽子者。短线客是在几天内赚得差价收益就获利了结的短线投资者。利用股价的日常波动，在很短的时间内买进卖出的做法适合于经验丰富、精通操作艺术、反应机敏的投资者，不是一般投资者能够胜任的。一般投资者最好不要涉足。

（8）不碰过冷或过热的股票。过分冷门的股票虽然价格低，但价格不易波动，上涨乏力，成交量小，变现困难，购入后长期持有，本身就是个损失，所以不宜购买过冷的股票。

（九）分段投资法

在股票长期投资中，有一种分段购买股票的操作方法，即按一定时间间隔逐次购买某种股票。具体有两种情况：一种是看准某种股票价格的上升趋势，用全部资金根据其上涨的不同阶段分次买进；另一种是估计某种股票可能出现下跌，则按股票价格下跌的不同阶段分次投入资金。前者当股价上升超过最后一次买入股票的价格时，就成批卖出股票，可获得较高的利润；而后者必须在价格回升超过购买价格时，才能获得利润。因此，两者都是为了获取利润，并都是分次投资，但投入资金时的价格走向刚好相反，这就决定了两者获利的时间不一致。前者被称为买平均高投资法，后者被称为买平均低投资法。

从上述两者的投资过程可以看出，买平均高投资法在股价突然下跌时就会失去获利机会；而买平均低投资法如果股价不能回升到比原来价格更高的时候，也无法取得利润。

（十）低吸高抛与追涨杀跌

投资者涉足股市，最关心的莫过于制胜的谋略。股市的实践证明，低吸高抛永远是获利的法宝；而另一方面，追涨杀跌也是顺应时势的一种良策。两者看似矛盾，其实联系密切，有着异曲同工之妙。

低吸高抛的道理人人都懂，但要真正做到却非易事。杰出的投资者在相当长的一段时间内仅做几次大规模的买卖，而把大部分时间用来研究宏观经济、股市政策和上市公司业绩及其前景，从而正确地把握股市大势，在阶段性底部区域从容地吸纳绩优价廉的筹码，即使被套，也坚信这只是暂时的现象，日后必有丰厚的回报。一旦进入阶段性头部区域，又能果断地清仓派发，将纸上富贵变成实际利润，落袋为安。错误的操作策略往往幻想一日进斗金，致力于捕捉每一个交易日里的最低点与最高点，一厢情愿地希望买了就得涨。而低点和高点往往是时过境迁之后才明白的。频繁进出的结果，或许是抱着低吸高抛的宗旨，最后反而落得高吸低抛。因为，能够捕捉到短期内稍纵即逝的机遇的人毕竟是少数，而较长时间内的低点区域和高点区域则相对容易寻找。投资者如果能够把操作周期适当放宽，不计较一时之得失，则低吸高抛就不至于那么难做到了。

追涨杀跌从表面上看是一种博傻行为。追涨的人总希望会有更多的人步其后尘，从而达到自己"低吸"的目的；而杀跌的人则希望大家都来痛打落水狗，那么抛得最早的人便是高抛了。其实，博傻成功与否，同样离不开对大势的正确研判。如果不看经济发展状态、政策是否稳定、上市公司的业绩及其发展前景如何，一味地去博，就可能弄巧成拙，成为高位追涨被套和低位杀跌割肉的牺牲品。其实,从本质上看,追涨是为了将来的"高抛",杀跌则是为了日后能"低吸"。一些投资者往往忽略了其最终目的,只知追涨而没有及时高抛,或是杀跌后没有在低位补进,落得为了作嫁衣的结果。可以这么说,在低位的追涨和在高位的杀跌才是永远正确的。

从上述可知,低吸高抛需要耐心,追涨杀跌需要勇气,两者都需要投资者的深谋远虑。无论采用哪种策略,只有全面领会其全部的含义,才能在众多的机遇中获益。

(十一)定额投资法

此法又称为"定额法"或"固定金额计划法"。这种方法是投资者将投资资金划分为攻势部分和守势部分,攻势部分用于购买某种价格易于波动的股票,守势部分用于购买价格平稳的债券。投资于股票的资金确定在一个固定的金额上,并在固定的金额基础上确定一个调整的百分比。当投资者购入的股票价格上升达到百分比上限时,则卖出部分股票,用所得资金购买债券;当股价跌落达百分比下限时,则卖出部分债券,用所得资金购买股票,始终保持股票的市价总额固定不变。

采用定额法进行投资,投资者不必顾及买卖时间,只是根据价格变化是否达到一定的幅度自动操作。在正常情况下,股票价格变动要比债券价格变动大,而以股价变动为操作内容的定额法,其实施过程正是顺应了"逢低进,逢高出"的交易原则,即股价高时卖出股票,股价低时买进股票。在如此不断循环反复的买卖中,投资者是有机会盈利的。中一方面,当股价普遍上升时,市场利率也一般会上升,从而引进债券价格的下跌;因此,这时卖出股票和买进债券还可能获得价格差额。反之,股价下跌、债券涨价时,卖出债券和买进股票同样可以获得利益。当然,如果购买的股票的行情是持续上升的,当在上升过程中达到了预定的幅度,投资者就将其部分出售,那就失去了可能以更高价格出售从而获得更多利益的机会。同样,如果股价持续下跌,投资者因不断出售债券以补进股票,也会失去股价继续下跌后有可能以更低价格购进股票的机会。所以定额法不适合买卖价格持续上涨或持续下跌的股票。

(十二)挂单操作法

挂单操作法主要适用于短线操作、"抢帽子"。其基本思路是:在正常情况,若无外部消息的刺激,则某种股票价格的突升或突降,必将很快回到原来价格的附近。由于这种价格的突变幅度一般较大,只要能做到,必然有利可图。因此,当某个股发生价格突变时,必将吸引大批的买单或卖单,此时投资者(尤其是中小散户)很难在这种突变的价位上买进或卖出。这就要求投资者采用挂单技术来买、卖成功,即在价格突变前,预先将预计的低价买单或高价卖单下到股市交易系统中进行等待。

投资者采用挂单操作时,最好已持有一定数量的欲采用挂单法操作的股票。这样,在目前"T+1"的交易规则下,可实现"T+0"的操作,从而创造出更好、更多的收益机会。

挂单法的好处在于见效特别快,一天内,甚至几分钟内就能有所收益。尤其在市场成交量放大、股价产生大幅振荡,或大户故意制造多头陷阱或空头陷阱时,采用挂单操作更是好机会。但这种方法也存在缺点,当市场遇到外部突发消息的影响,行情迅速发生变化,或是股市价格真的产生了有效突破,市场转势,而投资者未能及时撤掉挂单,则成交后会立即带来亏损(包括买入后价格下跌的亏损和卖出后价格继续上涨而减少的利润)。因此,使用挂单操作法时,动作要十分迅速。由于股价突变时所成交的数量一般不大,所以中小散户更适合于采用此法。

第五节　股市行情表

一、股市行情表的内容

行情表是观察股市变动的窗口。这个窗口由一些简单的数字组成,但所包含的信息资源却是投资分析最可靠、最重要和最丰富的依据。股市行情表由大盘和个股两部分组成。

(一)大盘的主要内容

(1)开盘指数,是当日开市时由集合竞价产生的第一笔成交价格所计算的指数。集合竞价中无成交的股票,取其前一日收盘价参与开盘指数统计。

(2)收盘指数,系当日收市时由各只股票最后一笔成交的价格所计算的指数。

(3)前收盘指数,即前一日收盘指数。

(4)涨跌数量,即收盘指数与前收盘指数的差值。

(5)涨跌幅度,为涨跌数量与前收盘指数之比值的百分数。

(6)最高指数,当日出现的最高位的指数。

(7)最低指数,当日出现的最低位的指数。

(8)成交股数,当日股市成交股数的总和。

(9)成交金额,当日各笔成交金额的总和。

(二)个股的主要内容

1. 股票代码

这是每一种股票在计算机中的专有标识,也是投资人电话委托所必用的股票输入数码。

2. 开盘价,收盘价

开盘价为当日第一笔成交的价格,由集合竞价产生,如果集合竞价无成交,则取其前一日收盘价作为开盘价;收盘价系指当日闭市前最后一笔成交形成的价格。

3. 申报买卖价及申报买卖数量

申报买(卖)价及数量为即时行情中的买卖盘揭示,其内容为买盘(自高往低)和卖盘(自低往高)各前三个委托价格及相应的三个委托数量。

4. 涨跌数量及涨跌幅

涨跌数量即收盘价与前收盘价比较所涨跌的绝对数;涨跌幅,即涨跌数量与前收盘价之比值的百分数。

5. 成交股数及成交金额

成交股数即当日成交总股数;成交金额,即当日成交总金额。

6. 市盈率

市盈率包括市盈率Ⅰ和市盈率Ⅱ,市盈率Ⅰ亦可省略"Ⅰ"字而简化为市盈率。

二、深沪股市行情表的解读

股市行情表反映了每天的股票交易和股票价格变动情况,是投资者必须认真研究的信息。

1. 收市

收市是指收盘价格。收市价并非指证券交易所闭市收盘时的价格,而是指当天交易中最后成交的一笔价格。

2．开盘

开盘是开盘价格的简称，每天每种股票第一笔成交的价格，为开盘价格。如未产生开盘价，一般取前一日收盘价为当日开盘价。如前一日无成交价格，则由交易所提出指导价格，促使成交后作为开盘价。若首日上市买卖的证券，其开盘价取上市前一日的柜台转让平均价格；如无柜台转让价格，则取该证券的发行平均价格。

3．最高

每天的证券交易，成交的笔数很多，价格也不相同，行情表中的"最高"系指当天不同成交价格中的最高价格。有时成交的最高价格只有一笔，有时有几笔。

4．最低

最低是指当天成交的不同价格中的最低价位。有时只有一笔，有时不止一笔。

5．涨、跌

涨、跌是指以当天的收盘价格与前一天的收盘价格比较而得到的结果，正为涨，负为跌。涨跌幅度用百分比来表示。

6．成交量

成交量是指股票当天的交易数量。其计算单位有两种：一是以股数计算，另一种是以金额计算。在深圳、上海证券行情中，往往将成交量与成交金额分开来，前者以股数来计算，后者以金额来计算。

7．手

手是国际上通用的计算成交股数的单位。它通常是一个整数，以100股为一手。

8．停板

停板是因为出现了对整个股市有极大影响的事件时，交易所停止所有的买卖，防止股市暴涨或暴跌。交易所适当利用停板，可以使股市安然度过危机。

9．停牌

停牌指暂时停止股票买卖。当某家上市公司因一些消息或正在进行的某些活动而使该公司股票的股价大幅度上涨或下跌，这家公司的股票就需要予以停牌。

三、运用股市行情表应注意的问题

阅读股市行情表时要注意以下几点：

(1)股价指数是反映某一股票市场价格变动走势和变化规律的重要指标，也是投资者选择投资策略的重要依据。

(2)对某种股票的开盘价与收盘价作比较分析，可得到该股票的涨跌信息，如收盘价高于开盘价，则行情看涨。

(3)最高价与最低价比较，如最高价与最低价之间的差距较大，则说明当日股票行情波动较大。

(4)统计连续数个营业日的成交量，如发生突变，则股市将动荡。此时必须及时作出买进或卖出的抉择。

(5)涨跌的正负数额，如前后两日涨跌的正、负数额太大，则说明该股票的当日股价与上一日股价相比变动太大。

(6)市盈率一定程度上反映了某一公司的经营业绩与当日股价的关系，是投资者选择买卖个股的重要依据之一,但因其在一定时期内变动不大,不必每天注意。

本 章 小 结

　　股票是一个拥有某一种所有权的凭证。股票的价值可分为:面值、净值、清算价格、发行价四种。就像商品的价格是由价值决定的一样,股票价格也是由价值决定的。股票的理论价格就是将股票的未来货币收入按一定的市场收益率折成的现值;股票的市场价格是指股票在交易过程中交易双方达成的成交价,通常所指的股票价格就是指市价。影响股票市场价格变化的因素有技术因素和基本因素等。

　　股票价格指数是用来表示多种股票平均价格水平及其变动并且衡量股市行情的指标。它是反映股市行情变化的指示器;它为投资者提供了必不可少的信息;它还是整个经济的"晴雨表"。

　　股票投资收益是投资者投资行为的报酬。它由两部分组成:一是投资者购买股票后以股东的身份,按照持股的多少,从公司获得相应的股利;二是因持有的股票价格上升所形成的资本增值,也就是投资者利用低价进高价出所赚取的差价。

　　股票投资的风险是指股票投资过程中某种不利结果发生的可能性。股票投资风险的基本特质有不确定性、不利性、客观性、相对性、风险和收益的对称性。股票投资收益与风险呈同方向变化。

　　股票投资在遵循一定的原则下,确定股票投资对象,把握投资时机,采用相应的投资技巧。

　　股市行情表是观察股市变动的窗口。这个窗口由一些简单的数字组成,但所包含的信息资源却是投资分析最可靠、最重要和最丰富的依据。股市行情表由大盘和个股两部分内容组成。

关 键 术 语

　　股票的面值　股票的净值　股票的清算价格　股票的发行价
股票的理论价格　股票的市场价格　技术因素　基本因素　股价指数
股票投资收益　股票投资风险

思考与练习

　　1. 影响股票价格的因素有哪些?
　　2. 简述股价指数的含义及作用,以及如何编制股价指数。
　　3. 如何衡量股票的投资收益?
　　4. 如何理解股票投资风险与股票投资收益之间的关系?
　　5. 股票投资的原则有哪些? 股票投资的方法有哪些?

第六章　证券投资的基本分析

本章要点

1. 宏观经济对证券投资的影响分析
2. 不同行业对证券投资的影响分析
3. 公司对证券投资的影响分析

　　证券投资基本分析又称基本面分析,是指根据经济学、金融学、财务管理以及投资学等基本原理,对影响证券价值及价格的各种基本要素,如宏观经济指标、经济政策走势、行业发展情况、产品市场情况、公司销售以及财务方面的情况进行分析,评估证券的投资价值,判断证券的合理价位,提出相应的投资建议的一种分析方法。

　　基本分析的理论基于:任何一种投资对象都有内在价值的固定基准,而且这种内在价值可以通过对该种投资对象的现状和未来前景的分析而获得;市场价格和内在价值之间的偏差最终会被市场所纠正,因此市场价格低于或高于内在价值之日就是买入或卖出之时。

　　基本分析的内容包括宏观分析、行业分析和公司分析。

第一节　宏观分析

　　基本分析第一步就是要对投资的宏观经济环境进行分析,即必须对这些因素与证券市场运行之间的关系作出全局性和长期性的分析,为证券投资决策提供参考。

一、宏观经济分析

　　股票市场素有宏观经济"晴雨表"之称。宏观经济分析不仅对证券投资、投资对象、证券业本身乃至整个国民经济的快速健康发展都具有非常重要的意义。

　　宏观经济分析的基本方法有总量分析与结构分析两种:总量分析就是指由社会经济总体指标反映出来的经济增长速度、社会总供给与社会总需求的比较关系、经济周期的运行阶段等问题;结构分析就是指产业结构分析、地区经济结构分析、消费结构分析等。

(一)宏观经济因素分析

　　宏观经济因素对证券市场的影响具有根本性、全局性和长期性。所以,要成功地进行证券投资,首先必须认真研究宏观经济状况及其走向。影响证券市场的宏观经济因素主要有经济增长率、利率、汇率、失业率、通货膨胀率等。

1. 经济增长率

经济增长率也称经济增长速度,是反映一定时期经济发展水平变化程度的动态指标,也是反映一个国家经济是否具有活力的动态指标。衡量一国经济发展速度的主要经济指标有国民生产总值、国内生产总值、国内生产净值等。

在证券投资的宏观经济分析中,一国国内生产总值的增长是一个重要的指标,因为一国国内生产总值的增长是该国经济运行中各种经济变量均衡的集中反映。

持续、稳定、高速的经济增长会带动证券市场上升。公司利润、股息与红利都会不断增加,人们对经济形势的良好的预期和收入的增长,刺激证券投资的需求,从而推动证券价格上涨;当经济处于严重失衡下的高速增长时,总需求大大超过总供给,表现为高的通货膨胀率,这是经济形势恶化的征兆,如不采取调控措施,必将导致未来的"滞胀"。经济中的矛盾会突出的表现出来,企业经营将面临困境,居民实际收入也将降低,因而失衡的经济增长必将导致证券价格的下跌;当国内生产总值呈失衡的高速增长时,政府可能采用宏观调控措施以维持经济的稳定增长,这样必然减缓经济的增长速度。宏观调控措施如果十分有效,不仅经济矛盾将逐步改善,证券市场也将呈平稳渐升的态势;当负经济增长速度逐渐减缓并出现向正增长转变的趋势时,表明恶化的经济环境逐步得到改善,证券市场走势也将由下跌转为上升;当经济由低增长转向高增长时,表明低速增长中,经济结构得到调整,经济的"瓶颈"制约得以改善,新一轮经济高速增长已经来临,证券价格也将随之快速上涨。

2. 利率

利率是货币资金的价格,反映了市场上资金的供求状况,因此证券价格对利率波动十分敏感。在宏观经济因素中,利率对证券市场的作用最为直接,影响也最大。当利率升高时,公司借款成本增加,利润率下降,股票价格自然下跌,同时利率上升使债券和股票的投资机会成本增大,吸引部分资金从证券市场特别是股票市场转向银行储蓄,导致证券需求下降,证券价格下跌。特别重要的是,市场基础利率水平决定股票"内在价值",二者成反比关系。

影响利率变动的因素有很多,对宏观经济的分析可以为预测利率提供基础,从而为判断证券市场的价格走势提供依据。

3. 失业率

证券市场的投资不论是机构投资还是个体投资,都是社会大众化的投资,失业率的高低不仅反映了经济状况,而且与证券市场资金供给的增减变化有密切关系。

在正常情况下,失业率与经济增长率呈反向变动。因此,当失业率持续地以较高幅度上升时,表示经济正在走向衰退,人们的收入减少,其支配的资金有限,而且投资者对经济增长的预期比较悲观,使得证券市场的买气减弱,行情可能呈现熊市态势。当失业率持续以较大幅度下降时,效应相反。

4. 通货膨胀率

通货膨胀率通常用价格指数来表示,它是宏观经济运行状况最灵敏的反应,也是用来进行宏观经济分析的重要工具之一。通货膨胀对股票价格走势的影响比较复杂,既有刺激股票价格上涨的作用,也有抑制股票价格的作用。

通货膨胀的早期,证券市场的交易势头十分旺盛;通货膨胀的中期,证券市场交易趋于清淡;通货膨胀的晚期,证券价格将十分低迷。温和的、稳定的通货膨胀对证券价格上扬有推动作用;严重的通货膨胀则严重扭曲价格水平,致使货币贬值,企业效率下降,证券价格相应下跌。

5. 汇率

汇率是外汇市场上一国货币与他国货币相互交换的比率。实质上可以把汇率看作以本国货币表示的外国货币的价格。

由于世界经济一体化趋势逐步增强，包括证券市场在内的各国金融市场的相互影响日益加深，一国汇率的波动也会影响其证券市场的价格。汇率上升，本币贬值，将导致资本流出本国，本国证券市场需求减少，价格下跌。另一方面，汇率上升，本币贬值，本国产品的竞争力增强，出口型企业将受益，因而此类公司的证券价格就会上扬；相反，进口型企业将因成本增加而受损，此类公司的证券价格就会下跌。但是，这种影响对国际化程度较低的证券市场来说比较小。

6. 国际收支

国际收支一般是指一国居民与非居民在一定时期内在政治、经济、文化以及其他往来中所产生的全部交易的系统记录，包括经常项目和资本项目等。

一国持续的贸易顺差可以提高企业效益，推动证券价格上升，上升的证券价格又反过来推动这类公司业绩的进一步提高；一国出口贸易逆差，生产这些产品的企业收益下降，证券发行受到冷遇，其价格在证券市场上表现差，如果该国持续贸易逆差，则外汇储备减少，进口支付能力恶化，经济受影响而不景气，证券市场也不景气。国际收支的顺差和逆差都应当保持在适当的水平上，过度都会对经济产生不良影响，进而造成证券市场的低迷。

(二)宏观经济周期分析

经济是在波动性的经济周期中运行。周期性变化表现在许多宏观经济统计数据的周期性波动上，如 GDP、消费总量、投资总量、工业生产指数、失业率等。宏观经济运行周期一般经历四个阶段：萧条、复苏、繁荣、衰退。在较成熟的证券市场中，证券价格的变动周期与经济周期之间具有直接的相关性。

1. 萧条阶段

在萧条阶段，信用萎缩、投资减少、生产下降、失业严重、人们收入减少，必然会减少对股票的投资需求，因而股市呈现"熊市"景象。

2. 复苏阶段

在复苏阶段，经济开始走出低谷，公司经营趋于好转，人们收入开始增加，也会增加对股票的需求，股价开始进入上升通道，此时是购入股票的最佳时期。

3. 繁荣阶段

在繁荣阶段，信用扩张，就业水平较高，消费旺盛，收入增加，股价往往屡创新高。但此时应注意防范由于政府实施宏观经济调控政策给股票市场带来的系统性风险。

4. 衰退阶段

在衰退阶段，随着经济的萎缩，股票投资者也开始退出股市，股价也会由高位回落，此时应卖出股票。

需要注意的是，通常情况下经济周期与股价指数的变动不是同步的，而是股价指数先于经济周期一步。即在衰退以前，股价已开始下跌，而在复苏之前，股价已经回升；经济周期未步入高峰阶段时，股价已经见顶。这是因为股市股价的涨落包含着投资者对经济走势变动的预期和投资者的心理反应等因素。此外，证券市场与经济周期之间的关系是否密切，要看证券市场的运行是否规范,投资气氛是否浓厚,证券与资金的平衡关系如何。越是规范、成熟的证券市场,对经济周期的反应就越是敏感;越是不规范、不成熟的证券市场,越容易与经济周期相错位。

(三)宏观经济政策分析

政府对经济的调控主要是通过财政政策和货币政策来实现的。根据宏观经济运行状况的不同,政府可采取扩张的或紧缩的货币政策和财政政策,以促进经济快速增长,保持价格水平的稳定,实现充分就业。政策的实施及政策目标的实现均会反映到证券市场上。不同性质、不同类型的政策手段对证券市场价格变动有着不同的影响。

1. 财政政策

财政政策是政府根据客观经济规律制定的指导财政工作和处理财政收支关系的一系列方针、准则和措施的总称。财政政策的主要手段有三个:一是改变政府购买水平;二是改变政府转移支付水平;三是改变税率。财政政策的运作及对证券市场的影响主要表现在以下几个方面:

第一,财政政策的种类与经济效应及其对证券市场的影响。财政政策分为“松”的财政政策、“紧”的财政政策和中性财政政策。总的来说,“紧”的财政政策将使得过热的经济受到控制,证券市场也将走弱,而“松”的财政政策则刺激经济发展,证券市场走强。“松”的财政政策表现及其对证券市场的影响:①减少税收,降低税率,扩大减免税范围。政策经济效用是增加微观主体的收入,以刺激经济主体的投资需求,从而扩大供给。对证券市场的影响是增加人们的收入,并同时增加了他们的投资需求和消费支出。前者引起证券市场价格的上涨;后者使得社会总需求增加,总需求的增加反过来刺激投资需求,企业扩大生产规模,企业利润增加,从而促使股价上涨,由于企业经营环境得以改善,盈利能力增强,降低了还本付息风险,证券价格也将上扬。②扩大财政支出,加大财政赤字。政策效应是:扩大了社会总需求,从而刺激投资,扩大就业。政府通过购买和公共支出增加商品和劳务需求,激励企业增加投入,提高产出水平,预计企业利润增加,经营风险降低,使得股票和债券的价格上涨;同时居民在经济复苏中增加了收入,持有货币增加,景气的趋势更加增加了投资的信心,买气增强,股市债市上扬。特别是与政府购买支出相关的企业率先获益,其股价和债券价格也率先上升。③减少国债发行(或回购部分短期国债)。政策效应:扩大了货币流通量,以扩大社会总需求,从而刺激生产。由于债券的供给量减少,价格上扬,继而由货币供给效益和证券联动效应,整个证券市场价格均会上扬。④增加财政补贴。财政补贴使财政支出扩大。其政策效应扩大了需求和刺激供给的增加。

“紧”的财政政策的影响的经济效应及其对证券市场的影响与上述分析相反,不再一一叙述。

第二,实现短期财政政策目标的运作及其对证券市场的影响。为了实现短期财政政策目标,财政政策的运作主要是发挥“相机抉择”作用,即政府根据宏观经济运行状况来选择相应的财政政策,调节和控制社会总供求的均衡。这些运作大致分以下几种情况:①当社会总需求不足时,使用宽松的财政政策,通过扩大支出,增加赤字,扩大社会总需求,也可采取减免税负、增加财政补贴等政策,刺激微观经济主体增加投资需求,证券价格上涨。②当社会总供给不足时,使用紧缩的财政政策,通过减少赤字,增加公开市场上出售国债数量,以及减少财政补贴等政策,压缩社会总需求,证券价格下跌。③当社会总需求小于社会总供给时,搭配“松”、“紧”政策,一方面通过增加赤字、扩大支出等政策刺激总需求增长;另一方面采取扩大税收、调高税率等措施抑制微观经济主体的供给。如果总量效应大于税收效应,那么对证券的价格上扬会起到推动作用。④当社会供给小于社会总需求时,可搭配"松"、"紧"政策,一方面通过减少赤字、压缩支出等政策缩小总需求;另一方面采取减免税收、降低税率等措施刺激微观经济主体增加供给。如果支出的压缩效应大于税收的紧缩效应,那么证券的价格就会下跌。

第三,中长期财政目标的运作及其对证券市场的影响。这主要是调整财政支出结构和改革,调整税制。其做法有:①根据国家的产业政策和产业结构调整的要求,在国家预算支出中优先投资鼓励发展的产业。②运用财政贴息、财政信用支出以及国家政策性金融机构提供的担保或贷款,支持高新技术产业和农业的发展。③通过合理确定国债规模,吸纳部分社会资金,列入中央预算,转作政府集中性投资,用于能源、交通等重点建设。④调整和改革整个税制体系,或者调整部分主要税制,以实现对收入分配的调节。

当企业所处的产业受国家产业政策的扶持时,企业的经营如相关项目的审批、原材料和资金等的供给乃至税收等方面都可能会享受到国家的一些优惠,从而有助于经营水平的提高。反之,如企业处在产业政策的限制之列时,企业的经营将要受到较大的影响。

2. 货币政策

货币政策是中央银行为实现其特定的经济目标而采取的各种控制、调节货币供应量或信用的方针、政策、措施的总称。中央银行贯彻货币政策、调整信贷与货币供应量的手段主要有三个:调整法定存款准备金率、再贴现政策、公开市场业务。

当国家为了防止经济衰退、刺激经济发展而实行扩张性的货币政策时,就会通过降低法定存款准备金率、降低中央银行再贴现率或在公开市场买入国债的方式来增加货币供应量,扩大社会需求。当经济持续高涨、通货膨胀压力较重时,国家往往采用适当紧缩的货币政策。此时,中央银行通过提高法定存款准备金率、提高再贴现率或在公开市场上卖出国债以减少货币供应量,紧缩信用,实现社会总需求与总供给的大体平衡。

中央银行实施的货币政策对证券市场的影响,主要通过以下几方面产生:

(1)利率调整对证券市场的影响。利率上升,一方面公司借款成本增加,利润下降,股价下跌,将使负债经营企业经营困难,经营风险加大,其股价和债券的价格都将下跌。另一方面,利率上升,吸引部分资金从证券市场转向储蓄,导致证券需求下降,证券价格下跌,利率下降。利率下降则相反。

(2)公开市场业务对证券市场的影响。政府通过公开市场购回债券来达到增大货币供应量,一方面减少了国债的供给,从而减少证券市场的总供给,使得证券价格上涨,特别是被政府购买国债品种(通常是短期国债)的首先上扬;另一方面,政府购买国债等于向证券市场提供资金,其效应是提高了证券的需求,从而使整个证券市场价格上扬,然后增加的货币供应量将对经济产生影响。

(3)汇率对证券市场的影响。外汇汇率的上升,使得本币贬值,这样会增强本国出口产品的竞争力,使出口产品的企业受益而其证券价格上涨;反之依赖于进口产品的企业,成本上升、效益下降,影响其证券价格下跌。但是总体看,外汇汇率上升,本币贬值导致资本从国内流出,证券市场需求减少,价格下降。本币贬值则进口产品价格上升,带动国内物价上涨,引发通胀。

为了汇率的稳定,政府抛售外汇、吸回本币,减少市场本币的供应量,证券价格整体下降,直至汇率平衡。政府也可通过债市、汇市配合来控制汇率上升,在抛售外汇的同时,回购国债,从而不减少市场货币供应量,使国债价格上扬,又促使外汇汇率下降。政府在实现宏观调控经济的过程中,可持续性使用"松紧"相宜的货币政策,把它作为一个调控过程,以保持经济的稳定增长。

(4)存款准备金率调整的影响。中央银行对存款准备金率的调整可以影响社会货币流通量、影响社会需求,进而影响股市的资金供给和股票价格,但其时滞性较大。调整存款准备金率,最先影响的是股票投资人的投资信心,而真正带来资金面的变化要经过一段时间。股票投资人在关注金融宏观调控政策时,切不可只注意它的即时股市反应,还要看到它以后的实质性影响。

(5)再贴现率调整的影响。当中央银行降低再贴现率时,商业银行从中央银行融资的成本降低,会刺激商业银行多融资,并降低对企业的贴现率,其结果就是货币供应量增加,推动证券价格上涨;提高再贴现率时,效应相反。

二、其他宏观因素分析

(一)政治因素

政治不但是经济的集中表现,而且还深刻地影响着经济。一国的政局是否稳定对证券市场有着直接影响。一般而言,政局稳定则证券市场稳定运行;相反,政局不稳则常常引起证券市场价格下跌。政治因素对证券价格带来的影响往往具有突发性,它们来得突然,变化迅速,很难预测。政治因素包括的内容十分广泛,诸如战争爆发、国际重大政治活动、国家政权的更迭、国家主要领导人的更替、政府换届选举、国家重大的经济和社会发展战略决策等。

(二)法律因素

一般来说,法律不健全的证券市场更具投机性,震荡剧烈、涨跌无序,不正当交易较多;反之,法律法规体系比较完善,制度和监管机制比较健全的证券市场,证券从业人员营私舞弊的机会较少,证券价格受人为操纵的情况也较少,因而表现得相当稳定和正常。总体上说,新兴的证券市场往往不够规范,而成熟的证券市场法律法规体系则比较健全。

(三)军事因素

军事冲突是一国国内或国与国之间、国际利益集团与国际利益集团之间的矛盾发展到无法采取政治手段来解决的程度的结果。军事冲突小则造成一个国家内部或一个地区的社会经济生活的动荡,大则打破正常的国际秩序。它使证券市场的正常交易遭到破坏,因而必然导致相关的证券市场的剧烈动荡。

(四)文化、自然因素

就文化因素而言,一个国家的文化传统往往在很大程度上决定着人们的储蓄和投资心理,从而影响证券市场资金流入流出的格局,进而影响证券市场价格;证券投资者的文化素质状况则从投资决策的角度影响着证券市场。在自然方面,如发生自然灾害,生产经营就会受到影响,从而导致有关证券价格下跌;反之,如进入恢复重建阶段,由于投入大量增加,对相关物品的需求也大量增加,从而导致相关证券价格的扬升。

第二节 行业分析

单个企业的命运总是和它所从事行业的命运息息相关。在一个行业中,各成员企业由于其产品(包括有形与无形)在很大程度上的可相互替代性而处于一种彼此紧密联系的状态,并且由于产品可替代性的差异而与其他行业相区别。

从证券投资分析的角度看,行业分析主要是界定行业本身所处的发展阶段和其在国民经济中的地位,同时对不同的行业进行横向比较,为最终确定投资对象提供准确的行业背景。行业分析是连接宏观经济分析和上市公司分析的桥梁,是基本分析的重要环节。

一、经济周期与行业分析

各行业变动时,往往呈现出明显的、可测的增长或衰退的格局。这些变动与国民经济总体的周期变动是有关系的,但关系密切的程度又不一样。据此,可以将行业分为以下几类:

1. 成长型行业

成长型行业的运动状态与经济活动总水平的周期及其振幅无关。这些行业收入增长的速率相对于经济周期的变动来说,并未出现同步影响,它们主要依靠技术进步、新产品的推出、更优质的服务,从而使其经常呈现出增长形态。

在证券市场中,成长型行业的股票不仅能享受行业增长的利益,而且不受经济周期性变动的影响,股票价格的变动也富有想象力,因此受到投资者的青睐。但是,成长型行业股票的价格通常都比较高,投资的风险也较大。

2. 周期型行业

这类行业的运动状态直接与经济周期相关。在经济繁荣期,由于居民收入增加,市场需求旺盛,企业的利润也较高,股票的价格也随之而上升。相反,在经济衰退期,由于市场供大于求,商品价格下跌,企业的利润减少,股票的价格也随之下降。因此投资于此类股票的风险较大,例如消费品、耐用品制造行业等。

3. 防守型行业

防守型行业的存在是因为其产业的产品需求相对稳定,并不受经济周期处于衰退阶段的影响。不论宏观经济处在经济周期的哪个阶段,行业的销售收入和利润均呈缓慢成长态势或变化不大。例如,电力、自来水等公用事业和食品业。这类行业股票价格一般都比较低,而且价格变动比较平稳,较适合追求红利所得的投资者。

按经济周期分类行业的特点比较见表 6-1。

表 6-1 按经济周期分类行业特点比较

比较项目	与经济周期的关系	产生原因	典型行业
成长型行业	与周期无关	依靠技术进步、新产品推出、更优质的服务	计算机、复印机
周期型行业	直接与周期相关	需求收入弹性较高	消费品、耐用品制造
防守型行业	不受经济周期处于衰退阶段的影响	产品需求相对稳定	食品业、公用事业

二、行业生命周期分析

通常,每个行业都要经历一个由成长到衰退的发展演变过程,这个过程被称为行业的生命周期。一般来讲,行业的生命周期可分为四个阶段:初创期、成长期、成熟期、衰退期。下面分别介绍行业的不同发展阶段的情况。

(1)初创期。这一阶段,只有为数不多的创业公司投资于这个新兴的行业。初创阶段行业的创立投资和产品的研究、开发费用较高,而产品需求小(大众对其尚缺乏了解),销售收入较低,因此这些创业公司财务上可能不但没有盈利,反而普遍亏损;同时,较高的产品成本和价格与较小的市场需求还使这些创业公司面临很大的投资风险,如生物制药行业。另外,在初创期,企业还可能因财务困难而引发破产的危险,因此这类企业更适合投机者而非投资者。行业收益较少甚至亏损,但人们的预期较高,股价有的也有可能会很高。由于这种价格的大幅上升没有业绩基础,而初创期的风险较大,因而必然是投机性的,所以价格波动不可避免。

(2)成长期。在这一时期里,拥有一定市场营销和财务力量的企业逐渐主导市场。这些企业往往是较大的企业,其资本结构比较稳定。在成长期,由于受不确定因素的影响较少,产业的波动也较小,此时,投资者蒙受经营失败而导致投资损失的风险性大大降低。

在成长期,新产品逐渐赢得了市场,新产业也随之繁荣起来,投资于新产业的厂商开始增加,市场竞争风险开始加大。破产率和合并率很高,在成长期的后期,由于优胜劣汰的作用,市场上生产厂商的数量在大幅下降之后开始稳定。市场需求基本饱和,产品的销售增长率减慢,迅速赚取利润的机会减少,整个产业开始进入稳定期。由于行业利润快速增长,股价呈上涨趋势,由于有业绩基础,所以上涨具有长期性。购买处于成长期的行业的股票,关键是要选择有竞争优势的公司,以尽可能多地分享行业增长带来的收益。

(3)成熟期。产业的成熟期是一个相对较长的时期。在这一时期里,在竞争中生存下来的少数大厂商垄断了整个产业的市场,每个厂商都占有一定比例的市场份额。由于彼此势均力敌,市场份额比例发生的变化的程度很小。产业利润由于一定程度的垄断达到了很高的水平,而风险却较低,但行业的增长速度也大大降低,除非有技术创新,否则行业增长会停滞,难以同整个国民经济增长保持同步。成熟期产业是蓝筹股的集中地,行业快速增长可能性较小,但利润稳定,股价一般不会大幅度升降,但会稳步攀升。处于成熟期的行业的股票不适合作为投机品种。

(4)衰退期。经过一个较长的稳定阶段之后,行业就会逐渐进入衰退期。这一时期,由于新产品和大量替代品的出现,原产业的需求减少,销售量下降,一些厂商开始向其他更有利可图的行业转移,原行业厂商数目减少,行业的利润水平下降,生产能力萎缩。由于行业已丧失发展空间,所以在市场上无优势,股价呈下跌趋势。

企业在生命周期各阶段的盈利和风险比较可用表 6-2 表示。

表 6-2　企业在生命周期阶段的盈利和风险状况

	初创期	成长期	稳定期	衰退期
厂商数量	很少	增多	减少	很少
利润	较低或亏损	增加	无大变化	减少或亏损
风险	较高	较高	减少	较高

三、行业的经济结构分析

行业的经济结构随该行业中企业的数量、产品性质、价格的制定和其他一些因素的变化而变化。根据这些特点可将行业划分为四种市场类型：完全竞争、垄断竞争、寡头垄断、完全垄断。市场结构不同，行业的组织和竞争特征也不相同。

1. 完全竞争市场

完全竞争是指生产者生产同质的产品的市场情形，如初级产品市场。这种市场中生产者众多，各种生产资料可以完全流动，生产的产品是同质、无差别的，价格由市场需求决定，企业的盈利基本上由市场对产品的需求决定，生产者和消费者对市场均非常了解并可自由进退市场。

这种结构的市场很少见，经营初级产品的行业的市场结构比较接近于完全竞争型。此类行业的公司经营最不稳定，对该行业进行证券投资，风险大，收益也可能很大，关键是能否判别出有竞争实力、有成长潜力的公司。

2. 垄断竞争（不完全竞争）市场

垄断竞争的市场结构是最常见的市场格局。在垄断竞争行业的市场中，每个企业都有一定的垄断力，但相互因产品有差别而存在激烈的竞争。这种市场中的生产者众多，产品之间存在差异，因此生产者可以借以树立自己产品的信誉，从而对其产品的价格有一定的控制能力。

制成品行业的市场类型一般属于垄断竞争型的市场。在这类市场中谁是龙头公司，是不确定的，即使有哪家公司抢占了优势地位，也可能是暂时的。因此，对该行业投资时，应密切关注各企业的市场地位的变化。

3. 寡头垄断市场

寡头垄断型的市场结构是指相对少量的生产者在某种产品的生产中占据很大市场份额的情形。在寡头垄断市场上，少数生产者因其产量非常大，因而对市场价格和交易量具有一定的垄断能力，并且由于他们生产同一种产品，因此每个生产者的价格政策和经营方式及其变化都会对其他生产者产生重要影响。资本密集、技术密集型产品，如汽车、钢铁等，以及储量集中的矿产品，如石油等多属这种市场。

寡头垄断行业的经营比较稳定，其经营风险不是来自于市场竞争，而是来自于市场需求的变化。投资者对此类行业进行投资分析时，可注意其产品的市场需求的变化。

4. 完全垄断市场

完全垄断的市场结构是指独家企业生产某种特制产品的情形。特制产品是指那些没有或者缺少相近的替代品的产品。这种市场分为政府垄断和私人垄断两种。由于市场被垄断，产品又没有合适的替代品，因此垄断者可以制定理想的价格和产量以获取最大利润。但垄断者也受到反垄断法和政府管制的约束。

这类行业的经营风险小，业绩有保证，公司股票价格比较稳定。

以上四种不同市场的竞争特征比较见表 6-3。

表 6 - 3 不同市场结构的特点

比较项目	完全竞争	垄断竞争	寡头垄断	完全垄断
生产者特点	众多	众多	相对少量	独家企业
生产资料特点	完全流动	可以流动	很难流动	不流动
产品特点	同质、无差别	存在差别	同质或差异化	只有一种
价格特点	企业接受价格而不能制定价格	对价格有一定的控制力	对价格具有垄断能力	垄断定价,但受到法律管制
典型行业	初级产品	制成品	资本密集型、技术密集型	公用事业和资本、技术高度密集型或稀有金属矿藏开采

四、影响行业的外部因素

行业有其内在的发展规律,但是任何行业都不能生存在真空里,它的销售额和盈利要受到许多外部因素的制约。外部因素可包括技术、政府、社会倾向、国外影响等,每一类因素都与某些特定行业相关。

1. 技术进步

技术进步对行业的影响是巨大的,它不仅使新产品的推出成为可能,而且能提高新产业的生产效率,从而促进行业的市场扩张,使行业进入快速成长期,技术进步还可以使行业实现规模经济,使企业获利,从而壮大行业。目前,人类社会正处于科学技术日新月异的时代,新兴科学不断涌现,理论科学向实用技术转化的过程大大缩短。在此情况下,投资者应该充分了解各种行业技术发展的状况和趋势,以免投资于一个衰落的行业。

2. 政府政策

政府对行业兴衰的影响主要通过产业政策和管制政策来实现,这些措施可以影响行业的经营范围、增长速度、价格政策等方面。受影响的行业主要有:公用事业如煤气、电力、供水、排污、邮电通信、广播电视;运输部门如铁路、公路、航空、航运和管道运输;金融部门如银行与非银行金融机构、保险公司、商品证券交易市场等。

政府政策的影响作用有促进和限制之分。其促进作用的政策措施主要有补贴、税收优惠、关税保护等,通过这些措施可以帮助行业降低成本,刺激投资。其限制作用的政策措施主要是从生态保护、安全生产、规模效益和价格调控等方面考虑,对某些行业实施一些限制性规定。总之,政府的干预会增强某些行业的稳定性。

3. 社会习惯

随着人们经济条件的改善和素质的提高以及科学技术的进步,人们的消费心理会发生变化,消费习惯会发生改变,这会使消费品市场需求发生变化,进而影响行业的兴衰。如社会公众对汽车安全性的要求使汽车的安全防护产品大增,环保意识的增强使环保产业迅速发展。此外,社会习惯的变迁也对行业生命周期会产生影响。

4. 国外因素

随着世界范围内贸易的增加,行业对国外影响越来越敏感。例如美国经济状况与美国石油进口的数量密切相关。这种海外资源供求的异常变动会波及许多行业。国内的行业会面临越来越多的国外竞争者的挑战。所以,应该着眼全球来评估某个行业,以反映全球经济自由化、一体化的趋势。

第三节　公司分析

任何谨慎的投资者,在决定投资于某公司股票之前必然要有一个系统地收集资料、分析资料的过程。通过对拟投资对象的背景资料、业务资料、财务资料的分析,从整体上,多角度地了解企业,才能适当地确定公司的合理定价,进而通过比较市场价位与合理定价的差异而进行投资。

对公司的分析可以分为基本素质分析、财务分析两部分。

一、公司基本素质分析

(一)公司竞争地位分析

公司要在行业中保持盈利,就要有持久的竞争优势,所以公司竞争地位的分析就成为了公司基本素质分析的首要内容。只有确立了竞争优势,并且不断地通过技术更新和管理提高来保护这种竞争优势的公司,才最终有长期存在并发展壮大的机会,也只有这样的公司才有长期投资价值。

1. 公司的技术水平

决定公司竞争能力的首要因素在于企业的技术水平。对公司技术水平高低的评价可以分为评价技术硬件部分和软件部分两类。前者的评价主要是注重机械设备、单机或成套设备情况;后者的评价主要是注重生产工艺技术、工业产权、专利设备制造技术和经营管理技术,具备了何种生产能力、达到怎样的生产规模,企业扩大再生产的能力如何,给公司创造了多少经济效益等。

另外,公司如果拥有较多地掌握技术的高级工程师、专业技术人员等,那么企业自然能生产较多、较好的适应市场需求的产品,公司就会有很强的竞争力。

2. 公司的管理水平

管理水平的高低也是决定公司竞争地位的一项重要因素,这在后文的分析中有详述。

3. 市场开拓能力和市场占有率

公司的市场占有率是利润之源。效益好并能长期存在的公司,其市场占有率必须是长期稳定并呈增长趋势的。如可口可乐公司的产品遍及世界各国,在每个销售区其市场占有率均是当地饮料的三强之一,如此巨大而稳定的市场份额是公司的立身之本,也是公司的利润之源。高的市场占有率是依赖于强大的市场开拓能力来实现的。

由此可见,不断地开拓进取,挖掘现有市场潜力,并不断进军新的市场是企业为之奋斗的目标。市场份额即意味着利润,这一点在投资时是须牢记于心的。

4. 资本与规模收益

由资本的密集程度而确定的规模效应是企业收益、前景的基本因素。因而进行长期投资时那些无法形成规模效益的企业,一般是不在考虑范围之列的。

5. 项目储备和新品开发

在科学日新月异的今天只有不断进行产品开发、技术改造的企业才能立于不败之地。一个企业在新品开发上的静止,相对于其他企业就是落后。一个企业在项目的投资上应该是一些项目已投产并产生效益,一些项目正在建设,一些项目正在规划,这样才能保证企业连续的获利能力。同样,企业的产品开发也应具有可持续的开发战略。

(二)公司盈利状况分析

投资的目的是为了收益。投资之所以成为一项专业技术,其根本原因就在于具备这种专业技术的人能够在既定的风险程度下获得比别人更多的收益。因而衡量公司现实的盈利能力,以及通过分析各种资料而对公司将来的盈利能力作出预测是投资人员要掌握的一项重要技能。

衡量公司盈利能力的指标有资产利润率、销售利润率等,在财务比率分析部分有详述。

(三)公司经营管理能力分析

1. 管理人员的素质及能力分析

一个公司的兴衰与公司管理层的能力、素质和开拓精神有密切的联系,很多时候对公司的投资实际上是对管理层的认同。基于这个原因,投资者迫切需要逐个了解所分析公司的管理人员,需要知道这些管理人员怎样提炼信心,怎样预测竞争对手的反应,以及他们怎样完成所作出的决定。虽然评价管理人员的水平是一种主观感觉,经验丰富的投资分析人员的确能够分辨出管理人员的能力。

2. 公司经营效率分析

公司产品的销售、生产原料的供给、利润的获得都靠精悍的经济活动部门去实现。需要经营人员及时地把综合得来的信息以最快的速度反馈到决策层,使公司适时地调整生产适销对路的产品。

3. 公司人事管理效率和企业文化分析

公司的人事管理效率决定企业的生产效率和员工能力能否充分发挥,也决定着该公司的企业文化。现代企业中企业文化的作用越来越大,宝洁公司的董事长就宣称,即使宝洁公司在全球的厂房全部毁于一旦,只要公司的员工还在,只要企业文化还在,公司就能在短时间内重新崛起。因此对企业文化的分析不仅可以预测公司是否具有可持续发展的能力,还可以帮助公司管理层判断制定何种发展战略。

(四)公司前景分析

1. 公司经营战略分析

经营战略是公司面对激烈变化与严峻挑战的环境,为求得长期生存和不断发展而进行的总体性谋划。经营战略具有全局性、长远性和纲领性的性质,从宏观上规定了公司的成长方向、成长速度及其实现方式。

在进行分析时,可以通过收集公开信息、到公司调查走访等途径了解公司的经营战略,结合公司产品所处的生命周期分析和评估公司的产品策略是专业化还是多元化,分析和评估公司的竞争战略。

2. 公司规模变动特征及扩张潜力分析

通过分析公司规模的扩张动力是来自于供给推动还是需求拉动,公司是用产品创造市场需求还是用产品去满足市场需求,是靠技术进步还是靠其他因素实现扩张,等等,找出公司发展的内在规律。另外,还可通过分析、预测公司主要产品的市场前景以及公司的投资和筹资能力来分析公司的扩张潜力。

二、公司财务分析

财务分析是公司分析中的重要内容。通过对公司财务数据进行加工、分析和比较,投资者能够掌握公司财务状况和运营情况,预测公司未来的经营前景,判断公司证券的价值,从而作出合理的投资决策。

(一)财务报表分析

财务报表分析是以公司基本活动为对象、以财务报表为主要信息来源、以分析和综合为主要方法的系统认识企业的过程。其目的是了解过去、评价现在和预测未来,以帮助报表使用人改善决策。公司的财务表报表包括资产负债表、公司损益表和现金流量表。

1. 资产负债表

资产负债表是反映公司在某一特定日期(往往是年末或季末)的财务状况的静态报告,反映的是公司的资产、负债(包括股东权益)之间的平衡关系。

资产负债表的结构和内容,由资产和负债两部分组成,每部分各项目的排列一般以流动性的高低为序。资产部分表示公司所拥有或掌握的,以及其他公司所欠的各种资源或财产;负债和权益部分包括负债和股东权益两项。负债表示公司所应支付的所有债务;股东权益表示公司的资产净值,即在清偿各种债务以后,公司股东所拥有的资产价值。公司资产负债表见表6-4。

资产负债和股东权益的关系用公式表示如下:资产=负债+股东权益。

表 6 - 4　公司资产负债表

资产	负债与所有者权益
流动资产:	流动负债:
现金	短期借款
应收账款	应付债款
存货	应付工资
流动资产合计	应交税金
长期投资:	其他应付款
股票投资	流动负债合计
债券投资	长期负债
长期投资合计	所有者权益:
固定资产:	股本
固定资产原值	资本公积金
减:累计折旧	盈余公积金
固定资产净值	未分配利润
无形资产、递延资产与其他资产	股东权益合计
资产合计	负债与股东权益合计

2. 公司损益表

公司损益表是一定时期内（通常是1年或1季内）经营成果的反映，是关于收益和损耗情况的财务报表。损益表是一个动态报告，它展示公司的损益账目，反映公司在一定时期的业务经营状况，直接明了地揭示公司获取利润能力的大小和潜力以及经营趋势。

损益表主要列示收入和与收入相配比的成本和费用，反映公司经营取得的利润。根据收入和费用在表中的不同排序，可将损益表分成两种格式——单步式和多步式。

（1）单步式损益表，在没有非常项目情况下，将本期的所有收益加在一起，然后将所有费用加在一起，两者相减，通过一次计算得出本期盈亏。单步式损益表具有简单、易于理解的优点，但层次不够分明，特别是没有将营业利润及净利润与形成这些利润所产生的费用配比排列，不利于进行成本分析。

（2）多步式损益表，一般由主营业务收入、主营业务利润、营业利润及利润总额等几个部分组成。优点是层次分明，将收入与费用配比排列而被广泛采用。

3. 现金流量表

现金流量表是反映公司会计期间运用资金（或现金）的变动及其原因，即资金的来源及其用途的报表，亦即筹资和投资的活动及其方针的总括性的动态报表。简言之，它是通过资金变动来反映公司会计期间投资和筹资的全部情况。

现金流量表主要分为经营活动、投资活动和筹资活动的现金流量三部分，反映的是资产负债表上现金项目从期初到期末的具体变化过程。编制目的是为会计报表使用者提供企业一定会计期间内现金和现金等价物流入和流出的信息，以便于报表使用者了解和评价企业获取现金和现金等价物的能力，并据以预测企业未来现金流量。

关于资产负债表、损益表和现金流量表的对比见表6-5。

表6-5　主要财务报表的对比

	资产负债表	损益表	现金流量表
时间特点	公司在某一特定间时点的静态报告	一定时期内的动态报告	从期初到期末的动态变化过程
主要作用	反映资产、负债之间的平衡关系	揭示公司获取利润能力的大小、潜力及经营趋势	提供现金及现金等价物流入和流出的信息
分析功能	对公司的偿债能力、资本结构是否合理、流动资金充足性等作出判断	对公司在行业中的竞争地位、持续发展能力作出判断	判断公司的支付能力以及公司对外部资金的需求情况

（二）财务比率分析

财务比率分析是指对公司一个财务年度内的财务报表各项目之间进行比较，计算比率，判断年度内偿债能力、资本结构、经营效率、盈利能力等情况。计算出分析期的比率后，将它们与同一公司的某历史时期的同一种比率比较，再与同行业其他企业的同一种比率进行比较，以判断该公司分析期的比率是高还是低。

财务分析所用的比率指标大致分为以下几类：偿债能力分析、营运能力分析、盈利能力分析、资本结构分析、投资收益分析。

1. 偿债能力分析

偿债能力是衡量企业是否具备将资产变现的能力,目的在于确保投资的安全。具体可以从两个方面进行分析:一是分析其短期偿债能力,看其有无能力偿还到期债务,这一点须从分析、检查公司资金流动状况来下判断。二是分析其长期偿债能力的强弱。这一点是通过分析财务报表中不同权益项目之间的关系、权益与收益之间的关系,以及权益与资产之间的关系来进行检测的。

(1)短期偿债能力分析。

①流动比率。

$$流动比率＝流动资产÷流动负债$$

流动比率是衡量公司流动资产在短期债务到期前可变为现金偿还流动负债能力的指标,反映了流动资产与流动负债的比率关系。流动比率过低,资金周转会发生困难,短期偿债能力就差。反之过高则资金的使用效率不高。国际上一般认为流动比率保持在 2：1 较合适。到20 世纪 90 年代之后,平均值已降为 1.5：1 左右。因此经验值因行业、时期而异,不可迷信。

②速动比率。

$$速动比率＝(流动资产－存货)÷流动负债$$

速动比率是衡量流动资产中可迅速变现用于偿债的能力,比流动比率更能说明企业短期资金运用的状况,指标高说明企业在短期内支付能力强,变现能力强。一般保持为 1：1 比较合适。20 世纪 90 年代后降为约 0.8：1 左右。

在有些行业,很少有赊销业务,故很少有应收账款,因此速动比率低于一般水平,但并不意味着缺乏流动性。该比率的实际意义,会受到应收账款质量的影响,因此,在计算分析该指标之前,应首先分析应收账款的周转率等

③现金比率。

$$现金比率＝(货币资金＋短期投资净额)÷流动负债$$

现金比率是指企业一定时期的现金及现金等价物与流动负债的比率。与流动比率和速动比率相比,该项比率可以更好地衡量企业短期偿债能力,评价公司偿还短期债务能力的强弱。因此该指标评价企业短期偿债能力是最为适当的选择。

(2)长期偿债能力分析。

①资产负债率。

$$资产负债率＝(负债总额÷资产总额)×100\%$$

资产负债率是全部负债总额除以全部资产总额的百分比,也就是负债总额与资产总额的比例关系,也称之为债务比率。资产负债率反映在总资产中有多大比例是通过借债来筹资的,也可以衡量企业在清算时保护债权人利益的程度。

②股东权益比率。

$$股东权益比率＝(股东权益总额÷资产总额)×100\%$$

股东权益比率反映所有者提供的资本在总资产中的比重,反映企业基本财务结构是否稳定。股东权益比率与资产负债率之和等于 1。这两个比率从不同的侧面来反映公司长期财务状况,股东权益比率越大,资产负债比率就越小,公司财务风险就越小,偿还长期债务的能力就越强。

③长期负债比率。

$$长期负债比率＝（长期负债÷资产总额）×100\%$$

长期负债比率表明企业债务的总体状况。与流动负债相比,长期负债比较稳定,要在将来几个会计年度之后才偿还,所以公司不会面临很大的流动性不足风险,短期内偿债压力不大。公司可以以长期负债筹得的资金用于增加固定资产,扩大经营规模;与所有者权益相比,长期负债又是有固定偿还期、固定利息支出的资金来源,其稳定性不如所有者权益,如果长期负债比率过高,必然意味着股东权益比率较低,公司的资本结构风险较大,稳定性较差,在经济衰退时期会给公司带来额外风险。

④股东权益与固定资产比率。

$$股东权益与固定资产比率＝（股东权益总额÷固定资产总额）×100\%$$

股东权益与固定资产比率反映购买固定资产所需要的资金有多大比例是来自所有者资本的。并不要求该比率一定大于 100\%,但如果该比率过低,说明公司资本结构不尽合理,财务风险较大。

2. 营运能力分析

营运能力分析主要是分析财务报表中各项资金周转速度的快慢,以检测股票发行公司各项资金的利用效果和经营效率。

(1)应收账款周转率(次数)。

$$应收账款周转率（次数）＝销售收入净额÷平均应收账款$$

应收账款周转率(次数)是指一定时期内应收账款平均收回的次数,是一定时期内商品或产品销售收入净额与应收账款平均余额的比值。比率高则表示应收账款及时收回,企业信用销售严格,占用资金少,坏账少,偿债能力强,反之则可能出现较多的坏账。它弥补了流动比率与速动比率的不足。

(2)存货周转率(次数)。

$$存货周转率（次数）＝销售收入净额÷平均存货$$

存货周转率(次数)是衡量和评价企业购入存货、投入生产、销售收回等各环节管理状况的综合性指标。该指标衡量企业存货周转速度的快慢,存货周转快则存货会下降,资产变现风险小,资本利用率高。反之则库存积压,资金积压,利润降低。

(3)流动资产周转率。

$$流动资产周转率＝销售收入净额÷平均流动资产$$

该指标反映流动资产周转的速度,周转速度快,会相对节约流动资产,等于相对扩大资产投入,增强公司盈利能力。

(4)总资产周转率。

$$总资产周转率＝销售收入净额÷平均资产总额$$

这一比率用来衡量企业全部资产的使用效率,如果该比率较低,说明企业全部资产营运效率较低,可采用薄利多销或处理多余资产等方法加速资产周转,提高运营效率;如果该比率较高,说明资产周转快,销售能力强,资产运营效率高。

3. 盈利能力分析

公司利润的高低、利润额的增长速度是其有无活力、管理效能优劣的标志。作为投资者,购买股票时,当然首先是考虑选择利润丰厚的公司进行投资。所以,分析财务报表,先要着重分析公司当期投入资本的收益性。获利能力的考察主要是利用损益表数据进行判断，收入与费用是决定获利能力的基本因素。其主要指标包括：

(1)主营业务利润率。

$$主营业务利润率＝主营业务利润÷销售收入$$

该指标表明企业利润增减的幅度，业绩好利润率增幅大。但这一指标受到产品售价、数量、成本的影响，考核应在同行业一般水平上进行比较。

(2)销售净利率。

$$销售净利率＝净利÷销售收入$$

该指标表示销售收入的收益水平，它的高低与销售费用高低关系密切，有利于考核企业经营管理水平。

(3)净资产收益率。

$$净资产收益率＝净利润÷平均资产总额$$

该指标反映了企业资产利用的程度，指标越高资产利用率越高，说明有限的资金投入能够获得的收益，并可以了解企业经营状况中存在的问题。这一指标是综合性最强、最具有代表性的一个指标，也是投资者分析公司财务状况的首要指标。

4.资本结构分析

(1)资产负债率。

$$资产负债率＝负债总计÷资产总计$$

这一指标反映了公司负债经营的程度，表明债权人的资金所占比重的高低，以及借款人资产对债权人权益的保障程度。该指标越低负债轻则偿债压力小，融资空间大，风险小。反之风险大，但应控制在一个合理的水平，一般为50%左右，以提高融资能力。在总负债率低的情况下，还存在一个负债结构合理的问题，若为扩大投资长期负债比重过大，则偿债压力大会影响企业资产变现能力，不能应付意外，容易引起债务危机。

(2)资本化比率。

$$资本化比率＝长期负债合计÷（长期负债合计＋所有者权益合计）$$

这一指标反映公司负债的资本化程度，指标值小，负债的资本化程度低，只要运用合理也可以利用长期负债来抵补公司自有资金的不足。

(3)固定资产净值率。

$$固定资产净值率＝固定资产净值÷固定资产原值$$

该指标反映了固定资产的新旧程度，指标高，表明设备新，经营条件好，固定资产利用率就高。

5.投资收益分析

(1)普通股每股净收益。

$$普通股每股净收益＝（净利－优先股股息）÷发行在外的加权平均普通股股数$$

该指标反映了年度内平均每股普通股的获利水平，指标值越高，每一股份可得的利润越多，股东的投资效益越好；反之则越差。

(2)股息发放率。

$$股息发放率＝每股股利÷每股净收益$$

该指标反映普通股股东从每股的全部净收益中分到手部分的多少，就单独的普通股投资人来讲,这一指标比每股净收益更直接体现当前利益。股息发放率的高低要依据各公司对资金需要量的具体状况而定。

(3)市盈率。

$$市盈率＝每股市价÷每股收益$$

该指标是市场对公司股票质地认识与评价的指标。市盈率高,表明股票在市场上受人们追捧,原因可能是企业发展潜力受人瞩目,或存在购并重组的题材。在新兴的发展中国家的市场上投机促使市盈率升高,价格背离价值难以回归。但是市盈率的高低变化确实在一定程度上反映了公司的市场属性、经营前景。即使是在一个成熟的、理性的、规范化的市场上市盈率普遍低,也可以通过横向比较来了解股票投资的价值。

(三)财务分析中应注意的问题

1. 分析财务报表数据的准确性、真实性与可靠性,坚持全面原则

财务分析中有很多比率、指标,每个比率指标都从某个角度、程度提示了公司的状况,但任何一个比率都不足以为评价公司提供全面的信息;同时,某一个指标的不足可以从其他方面得到补充,因此,分析财务报表要坚持全面原则,将所有指标、比率综合在一起得出对公司的全面客观的评价。

2. 坚持考虑个性原则

一个行业的财务平均状况是行业内各公司的共性,但一个行业的各公司在具体经营管理活动上会采取不同的方式,这会在财务报表数据中体现出来,比如某公司的销售方式以分期付款为主,就会使其应收账款周转率表现出差异;又比如某公司本年度后期进行增资扩股,股东权益收益率指标下降,但这并不表示公司经营真正滑坡,而只是由于资本变动而非经营带来的,所以在对公司进行财务分析时,要考虑公司的特殊性,不能简单地与同行业直接比较。

本 章 小 结

证券投资基本分析包括宏观分析、行业分析和公司分析。

证券投资的宏观经济分析的基本方法有总量分析和结构分析。影响证券市场的宏观经济因素主要有经济增长率、利率、汇率、失业率、通货膨胀率等。

证券投资的行业分析的最终目的是为最终确定投资对象提供准确的行业背景。其分析内容主要有经济周期分析、行业生命周期分析、行业的经济结构分析等。

证券投资的公司分析可以分为基本素质分析、财务分析。

公司基本素质分析的内容包括公司的竞争地位、盈利状况、经营管理能力、公司前景等。

公司的财务分析的内容包括财务报表分析和财务比率分析,其中财务比率分析包括偿债能力分析、营运能力分析、盈利能力分析、资本结构分析、投资收益分析等。

关 键 术 语

宏观经济分析　宏观经济周期　财政政策　货币政策　行业经济结构
公司基本素质　公司经营管理能力　公司财务分析　财务报表　财务比率

思考与练习

1. 宏观经济政策如何影响证券市场？

2. 行业自身要经过哪几个阶段？在这几个阶段中，行业呈现何种特征？

3. 公司的基本素质分析包括哪些内容？

4. 从比率分析中可以了解公司哪些方面的能力？什么指标能反映这些能力？这些财务指标是如何计算的？

5. 阅读一份证券公司研究所撰写的行业分析报告。

6. 阅读一份上市公司最近一年的年报摘要。

第七章 股票投资的技术分析

> ## 本章要点
>
> 1. 技术分析的定义和作用,技术分析的三大假设
> 2. 市场行为的四个要素(价、量、时、空)及其关系
> 3. 价格移动的规律和各种形态的特征
> 4. 技术指标的本质与应用法则
> 5. 技术分析的主要指标

第一节 技术分析概述

一、技术分析的定义和理论基础

(一)技术分析的定义和作用

技术分析是通过分析证券市场的市场行为,对市场未来的价格变化趋势进行预测的研究活动。

技术分析是一系列研究活动,它的目的就是预测市场价格未来的趋势。为达到这个目的使用图表和技术指标分析股票市场过去和现在的市场行为。市场行为包括三个方面:①价格的高低和价格的变化;②发生这些变化所伴随的成交量;③完成这些变化所经过的时间。简单地说,就是价、量、时。在这三个方面中,价格的变化是最重要的。人们进入股票市场的目的都是为了使投资增值。证券市场向人们提供的增值方法有两种:一种是基本收益,这是投资者进入股票市场的最基本的出发点,他们的侧重点是股票的基本分析,关心上市公司红利;另一种是资本收益,目标是取得差价,即低价买入高价卖出,这类人被称为"炒家"、"投机者",他们侧重的是技术分析而不是基本分析。

正确应用技术分析,在某种程度上能够增加股票投资者预见未来和对目前形势正确判断的能力,在投资者进行股票买入和卖出决策时,提供有益的参考意见。而仅仅凭借直觉和运气是不够的,用科学的方法对自己当前的行为进行指导是至关重要的。

(二)技术分析的理论基础——三大假设

技术分析有它赖以生存的理论基础,按照目前的说法,技术分析的理论基础主要是三大假设。

假设1:市场行为包括一切信息。

假设2:价格沿趋势波动,并保持趋势。

假设3:历史会重复。

假设 1 是进行技术分析的基础,它认为影响股票价格的全部因素(包括内在的和外在的)都反映在市场行为中,没有必要对影响股票价格的具体内容过分地关心。如果不承认假设 1,技术分析所做出的结论就是无效的。技术分析是从市场行为预测未来,如果市场行为没有包括全部影响股票价格的因素,也就是说,对影响股价的因素考虑的只是局部而不是全部,这样的结论当然没有说服力。

假设 2 认为,股票价格的变动是按照一定的规律进行的,股票价格有保持原来方向的惯性,这是进行技术分析最根本、最核心的部分。正是由于这一条,技术分析的拥护者们才花费大量的精力,试图找到股票价格变动的规律。

假设 3 是从人们的心理因素方面考虑的。市场中进行具体买卖的是人,由人决定最终的操作行为。但是人不是机器,肯定要受到心理因素的制约。一个人在某一场合得到某种结果,那么下次碰到相同或相似的场合,这个人就会认为会得到相似的结果。股票市场也一样,在某种情况下,按一种方法进行操作取得了成功,以后遇到相同或相似的情况,就会用同一方法进行操作。如果前一次失败了,那么后一次就不会用同一方法进行操作。这种想法是通过前后比较得出的。

在三大假设之下,技术分析有了自己的理论基础,假设 1 肯定了研究市场行为已经全面考虑了股票市场的因素,假设 2 和假设 3 使得我们能够找到规律并在实践中加以应用。三大假设是我们进行技术分析的基础,它不是十全十美的,但是,不能因此而否定它存在的合理性。承认它的存在,同时也注意到它的不足才是合理的。

二、技术分析的四个要素

证券市场中,价格、成交量、时间和空间是进行分析的要素,这几个要素的具体情况和相互关系是进行分析的基础。

(一)价和量是市场行为最基本的表现

市场行为最基本的表现是成交价格和成交量。过去和现在的成交价格和成交量反映大部分市场行为,在某一时间的价格和成交量反映的是买卖双方在这个时间的共同的市场行为,是双方暂时的均衡点。随着时间的变化,均衡会不断地发生变化,这就是价量关系的变化。一般来说,买卖双方对价格的认同程度通过成交量的大小得到确认。认同程度大,成交量大;认同程度小,成交量小。双方的这种市场行为反映在价量上就呈现出这样一种趋势规律:价增量增,价跌量减。根据这一规律,当价格上升时,成交量不再增加,意味着价格得不到买方的确认,价格上升的趋势就会减弱;反之,当价格下降时,成交量萎缩到一定程度不继续萎缩,意味着卖方不再认同价格继续下降,价格下降的趋势将有可能发生变化。成交价格和成交量的这种规律关系是技术分析的合理性所在。因此,价量是技术分析的基本要素。

(二)时间和空间是市场潜在能量的表现

在技术分析中"时间"是指完成某个过程所经过的时间长短,通常是指一个波段或一个升降周期所经过的时间。"空间"是指价格的升降所能够达到的程度。时间将指出"价格可能在何时出现上升或下降",空间指出"价格有可能上升或下降到什么地方"。投资者对这两个因素都很关心,当然更关心后者。

时间更多地与循环周期理论相联系,反映市场起伏的内在规律和事物发展的周而复始的特征,体现了市场潜在的能量由小变大再变小的过程。空间反映的是每次市场变动程度的大小,也体现市场潜在的上升或下降的能量的大小。上升或下降的幅度越大,潜在能量就越大;相反,上升或下降的幅度越小,潜在能量就越小。

(三)成交量与价格趋势的一般关系

价格随成交量的上升而上涨,这是正常的市场特征,这种价量关系表示价格将继续上升;反之,如果价格出现了新高,而成交量没有创出新高,则此上升趋势是令人怀疑的,是价格潜在的反转信号。

有时,价格随着缓慢的成交量而逐渐上升,某一天平缓的走势突然变成直线上升的"井喷",成交量剧烈增加,价格暴涨。之后是成交量萎缩,价格大幅度下降,这表明上升已经到了末期。

在长期下降后,价格形成了"波谷",并开始回升,成交量没有因价格的上升而放大。之后,价格再度回到"波谷"。如果此时的成交量低于前一个"波谷",就是价格将要上升的信号。

市场出现了一段时间的上升行情后,出现大的成交量,而价格没有同时向上,说明卖压很重,形成价格下降的因素。

成交量是价格的先行指标,价格是虚的,成交量是实的。

(四)时间、空间与价格趋势的一般关系

在市场中,经常能听到"长线"和"短线"的说法。对于大周期,或者说是时间长的周期,今后价格将要经过的变化过程也应该长,价格变动的空间也应该大。对于时间短的周期,今后价格变动的过程和变动的幅度也应该小。

一般来说,时间长、波动空间大的过程,对今后价格趋势的影响和预测作用也大;时间短、波动空间小的过程,对今后的价格趋势的影响和预测作用也小。

从不同的角度对市场行为进行分析,寻找和发现其中不直接显露的实质内容,是进行技术分析最基本的出发点。由于侧重点和观测角度不同,技术分析的研究方式也就不同,这是产生多种技术分析类别的原因。由于证券市场能够提供巨大的收益,每时每刻都吸引着人们的注意力。许多年来,投资者花费了大量的精力,以期找到打开证券市场宝库的钥匙。这些先行者研究的结果,组成了我们今天看到的证券市场的技术分析方法。

按照目前市场流行的说法,技术分析大致可以分为以下六类:指标法、形态法、切线法、K线法、波浪法、周期法。本书着重介绍形态法和指标法。

第二节　形态类技术分析

证券价格发生变化的趋势方向都有一个发展的过程,价格曲线上下波动的过程实际上是多方和空方进行争斗的过程,在不同的时期,多方和空方力量对比的大小就决定曲线是向上还是向下。形态理论这门重要的技术分析学问正是通过研究证券价格所走过的轨迹,分析和挖掘出曲线波动和价格的运动方向趋势,告诉分析人员有关多方和空方力量的对比结果,进而指导投资者的投资行动。

一、价格移动的规律和形态类型

(一)价格移动规律

价格的移动是由多方和空方力量大小决定的。如果多方处于优势,力量增强,证券价格将向上移动;如果空方处于优势,占据上风,则证券价格将向下移动。

多方和空方中的一方占据优势的情况是多种多样的,有些情况下,这种优势只是稍强一点,价格波动很快会遇到阻力;有时这种优势强得多些,就可以把价格抬得高一点;有时这种优势完全占据主动,具有决定性,证券价格的移动没有什么力量可以阻挡。可以这样认为,价格移动的规律是完全按照多方和空方力量对比大小和各自所占据的优势而进行的。

如果一方的优势大,价格将向这一方移动。若这种优势不足以摧毁另一方的抵抗,则价格不久还会回来。这是因为另一方只是暂时退却,随着这种小优势影响的消失,另一方还会站出来收复失地。另一方面,如果这种优势足够大,足以摧毁另一方的抵抗,甚至把另一方的力量转变成本方的力量,则这时的价格将沿着优势一方的方向移动很远的距离,短时间内不会回来,甚至永远不会回来。这是因为这时的情况由量变引起了质变,多空双方原来的平衡位置发生了变化,已经向优势一方移动了。上一种情况的多方和空方的平衡位置并未改变,所以,价格会很快回到原来的位置。取得决定性优势的一方把价格推向自己方向时,并不是无限制地可以随意拉到什么位置。随着价格向自己一方的移动,原来属于本方的力量将逐渐跑到对方的行列中去。例如,多方取得绝对优势(有一个绝好的利多消息),价格一路上扬,买入者蜂拥而至。随着价格的升高,将使买入者心有余悸;同时,原来自低位买入的获利者也会抛出股票,这两方面原因就会限制价格无休止的上扬。

根据多空双方力量对比可能发生的变化,可以知道价格的移动应该遵循这样的规律:

(1)价格应在多空双方取得平衡的位置上下波动。

(2)原有的平衡被打破后,价格将寻找新的平衡位置。

(二)价格移动的形态类型

价格的移动主要是保持平衡的持续整理和打破平衡的突破这两种过程。这样,可以把证券价格曲线的形态分成两个大的类型:持续整理形态和反转突破形态。

持续整理形态和反转突破形态都是在价格形态进入平衡阶段后出现的,前者保持平衡,后者打破平衡,平衡的概念是相对的,价格只要在一个范围内变动,都属于保持了平衡。这样,这个范围的选择就成为判断平衡是否被打破的关键。

平衡的被打破同支撑线以及压力线被突破一样,也有被认可的问题。刚打破一点,不能算真正打破。对于反转突破形态,这是形态学技术研究的重点内容,反转突破形态存在种种假突破的情况,假突破造成的损失是很大的,使用时应当注意判别。对于持续整理形态,也存在被打破的问题,不过这不是我们研究的重点,持续整理形态从图形上看是价格的横向运动,它仅仅是事先就有的价格运动趋势方向的暂时休止,时间一般不长。

二、反转突破形态

反转突破形态是一类重要的技术形态,是投资者应该花大力气来研究的,这里我们主要介绍以下几种反转突破形态:双重顶底、三重顶底、头肩顶底、圆弧顶底和 V 形。

(一)双重顶和双重底

双重顶和双重底就是市场上为人熟知的 M 头和 W 底,这种形态在实际中出现的很频繁。图 7 - 1 就是这种形态的简单形式。

从图中可以看出,双重顶底一共出现两个顶和底,也就是两个相同高度的高点和低点。下面以 M 头为例说明双重顶的形成过程。

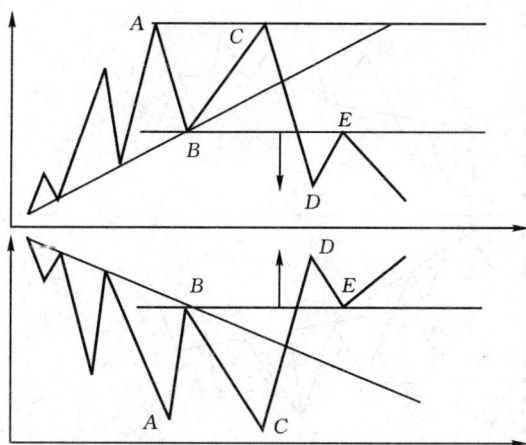

图 7-1　双重顶和双重底

在价格上升趋势过程中,在 A 点建立新高点,同时这是第一个高点,然后正常回落,受到上升趋势的支撑,回落将在 B 点附近停止。然后继续上升,由于力量不足,故上升幅度较小,在 C 点由于受到压力的作用,价格向下。这样就形成了 A 和 C 两个顶的形状。

M 头形成后,有两种可能的前途:一是未突破 B 点的支撑位置,价格在 A,B,C 三点形成的狭窄范围内上下波动,演变成今后要介绍的矩形或三角形;二是突破 B 点的支撑位置,继续向下这种情况才是双重顶反转突破形态的真正出现。前一种情况只能说是一个潜在的双重顶反转突破形态出现了。

过 B 点作平行于坐标横轴的直线,就得到一条非常重要的直线——颈线。一个真正的双重顶反转突破形态的出现,不仅需要两个相同高度的高点,而且还应该向下突破颈线。双重顶反转突破形态一旦得到确认,就可以用它进行对后市的预测了,其主要功能是测算功能。测算功能可以叙述如下:

从突破点算起,价格至少要跌到与形态高度相等的距离。所谓的形态高度就是从 A 或 C 到 B 的垂直距离,即从顶点到颈线的垂直距离。图 7-1 中右面箭头所指将是价格至少要跌到的位置,价格必须在这条线之下才能找到像样的支撑,这之前的支撑都不足取。

以上是以双重顶为例,对双重顶形态进行了介绍,对于双重底(W 底)基本相同,只要将对双重顶的介绍反过来叙述就可以了。

(二)头肩顶和头肩底

头肩顶和头肩底统称头肩形,是实际证券价格形态中出现的最多的形态,是最著名和最可靠的反转突破形态。图 7-2 是这种形态的简单形式。

从图中可以看出,这种形态一共出现三个顶(底),也就是要出现三个局部的高点和局部低点。中间的高点(低点)比另外两个都高(低),称为头,左右两个相对较低(高)的两个高点(低点)称为肩,这就是头肩形名称的由来。以下以头肩顶为例对头肩形进行介绍。

在上升趋势中,不断升高的各个局部的高点和低点保持着上升的趋势,然后在某一个地方,上涨势头将放慢。图 7-2 中 A 点和 B 点还没有出现放慢的迹象,但在 C 点和 D 点已经有了势头受阻的信号,这说明这一轮上涨趋势可能已经出了问题。最后,证券价格走到了 E 点

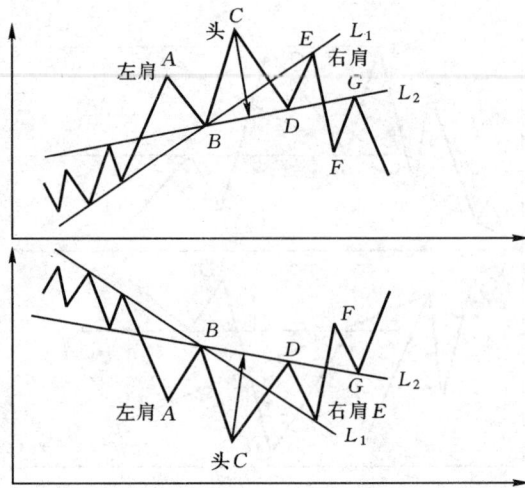

图 7 - 2 头肩顶和头肩底

和 F 点,这时反转向下的趋势已经势不可挡。

以上是以头肩顶为例,对头肩形形态进行了介绍。对于头肩底而言,除了在成交量方面与头肩顶有所区别外,其余可以说与头肩顶一样,只是方向正好相反。例如,上升改为下降,高点改为低点,支撑改为压力就可以了。

(三)三重顶和三重底

三重顶底形态是头肩形态的一种变体,它是由三个一样高或一样低的顶和底组成。与头肩形的区别是,头的价位向回缩到与肩差不多相等的位置,有时甚至可能低于或高于肩部一点。从这个意义上讲,三重顶底与双重顶底也有相似的地方,只是前者比后者复杂一点罢了。

图 7 - 3 是三重顶底的简单图形。三重顶底的颈线差不多是水平的,三个顶和底的高度也

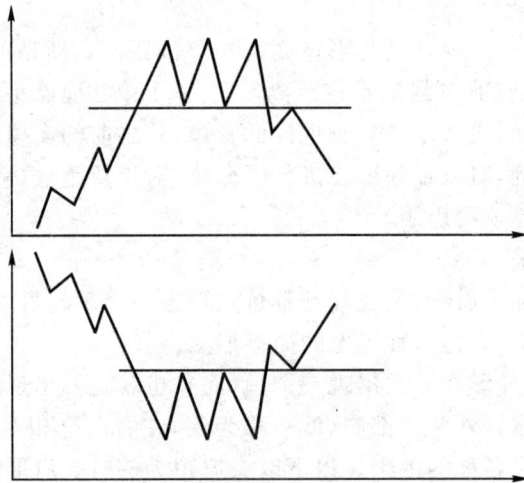

图 7 - 3 三重顶(底)

是差不多相等的。

与一般头肩形最大的区别是,三重顶底的颈线和顶部(或底部)连线是水平的,这就使得三重顶底具有矩形的特征。比起头肩形来说,三重顶底更容易演变成持续形态,而不是反转形态。另外,如果三重顶底的三个顶(或底)的高度依次从左到右是下降(上升)的,则三重顶底就演变成了直角三角形态。这些都是我们在应用三重顶底时应该注意的地方。

(四)圆弧形顶和圆弧形底

圆弧形又可称为蝶形、圆形、碗形等,这些称呼都很形象。在考虑到价格在前一段时间的每一个局部高点,把它们用折线连起来,有时可能会得到一条类似于圆弧的弧线,像一个盖子一样盖在价格之上。将每个局部的低点连在一起也可能得到一条弧线,托在价格之下。这样的价格形态就是圆弧形(见图7-4)。

不过应该提醒投资者的是,图7-4中的曲线不是数学意义上的圆,也不是抛物线,而仅仅是一条弯曲的曲线。

圆弧顶是空方一点一点地往外抛压形成多个来回拉锯的结果,直到手中筹码接近抛完时,才会出现大幅度打压,使价格下到很深的位置。

在识别圆弧形时,成交量也是很重要的。无论是圆弧顶还是圆弧底,在它们的形成过程中,成交量的过程都是两头多,中间少。越靠近圆弧的顶或者底,成交量越少,到达顶或者底的时候成交量达到最少。

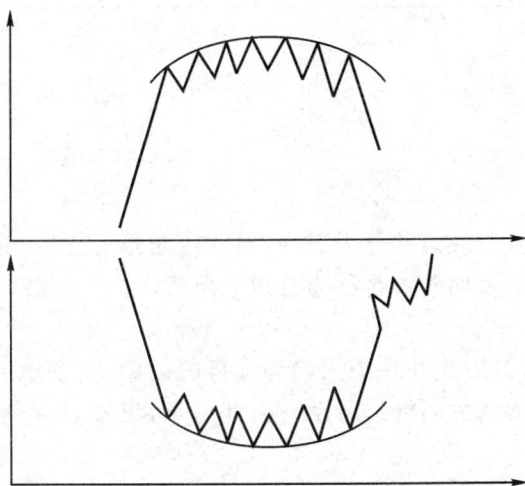

图7-4　圆弧顶(底)

圆弧形被突破的判断是极为困难的,它不像头肩形等还有颈线可以利用。由于这段走过的价格形状是曲线,所以,没有近期的支撑线和压力线供我们使用,只有长期趋势线和原来的支撑线和压力线可供使用。圆弧一旦被突破,其上升(或下降)的空间有时是无法估量的,上升(或下降)的过程有时近乎垂直,事先根本无法想象。圆弧形形成所花的时间越长,今后反转的力度就越强,越值得我们去相信这个圆弧形。一般来说,应该与一个头肩形形成的时间相当。

(五)V形

前面介绍的反转形态都要经过多次顶和底的试探,最后才逐渐开始反转,反转的过程是一个循序渐进的过程。V形也是一种反转形态,它出现在剧烈的市场动荡之中,底和顶只出现一次,根本没有试探顶底的过程,而是迅速地达到顶部或底部,又迅速地反转掉头。由于这种形态酷似英文字母V,所以叫V形,见图7-5。

V形的反转一般事先无任何征兆,只能根据别的技术分析方法得到一些V形反转的信号,如支撑压力线以及各个技术指标等。无征兆的原因是这种形态大多数是由于"市场之外的意外消息"引起的,而这种意外是无法控制的。

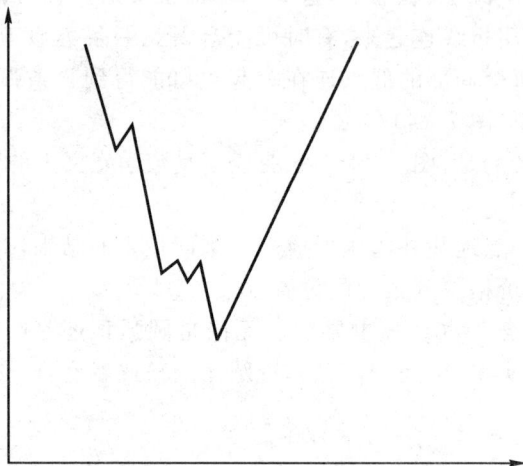

图7-5 V形

三、持续整理形态

(一)三角形态

三角形态属于持续整理形态,共分为三种:对称三角形、上升三角形和下降三角形。其中对称三角形也称正三角形,后面两种合称为直角三角形。

1. 对称三角形

对称三角形情况大多是发生在一个大趋势进行的途中,它表示原有的趋势暂时处于休整阶段,之后还要随着原趋势的方向继续行动。由此可见,出现对称三角形后,今后走向的最大可能是原有的趋势方向。

图7-6是对称三角形一个简化的图形,这里的原有趋势是上升的,所以,三角形态完成以后是突破向上。对称三角形有两条聚拢的直线,上面的向下倾斜,起压力作用,下面的向上倾斜,起支撑作用。两直线的交点称为顶点。对称三角形要求至少应有4个转折点,因为每条直线的确定需要2个点,上下两条直线就至少要求有4个转折点。对称三角形一般应有6个转折点,这样,上下两条直线的支撑压力作用才能得到验证。

对称三角形只是原有趋势运动的途中休整阶段,所以持续的时间不应该太长。持续时间太长了,保持原有趋势的能力就会下降。一般说来,突破上下两条直线的包围,继续沿原有既定的方向的时间要尽量早些,越靠近三角形的顶点,三角形各种功能就越不明显,对我们进行买卖操作的指导意义就越不强。根据多年的经验,突破的位置一般应在三角形的横向宽度的二分之一到四分之三的某个地点。三角形的横向宽度指的是图7-6中顶点到虚线的距离。

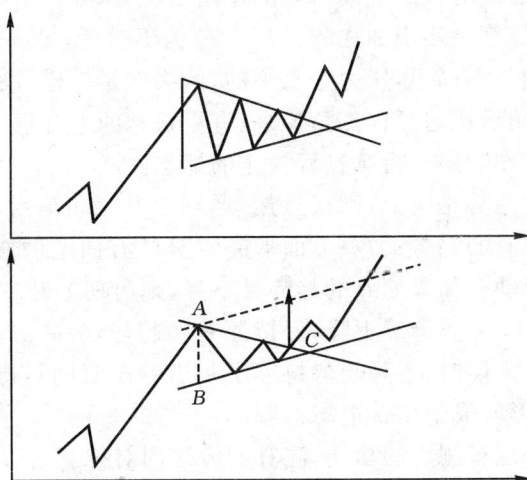

图 7 - 6　对称三角形和测算功能

由对称三角形的特殊性,我们实际上可以预测证券价格向上或向下突破的时间区域,只要得到了上下两条直线就可以完成这项工作。投资者可在图上根据两条直线找到顶点,然后,计算出三角形的横向宽度,标出二分之一和四分之三的位置。这样,这个区域就是证券价格未来可能要突破,并保持原来趋势的位置。这对于我们进行买卖是很有指导意义的。不过这有个大前提,必须认定证券价格一定要突破这个三角形。前面已经说过了,如果证券价格不在预定的位置突破三角形,那么这个对称三角形形态可能转化成别的形态。

对称三角形被突破后,也有测算功能,有两种测算价位的方法。下面以原有的趋势上升为例。

方法一:如图 7 - 6 所示,从 C 点向上的带箭头的直线的高度,是未来价格至少要走到的高度。箭头直线长度与 AB 连线长度相等。AB 连线的长度称为对称三角形形态的高度。从突破点算起,价格至少要运动到与形态高度相等的距离。

方法二:如图 7 - 6 所示,过 A 点作平行于下边直线的平行线,注意途中的斜度线,价格今后至少要达到这条虚线。

从几何学上看,这两种方法得到的价位在绝大多数情况下是不相等的。前者给出的是个固定的数字,后者给出的是个变动的数字,达到虚线的时间越迟,价位就越高。这条虚线实际上是一条轨道线。方法一简单,易于操作和使用;方法二是从轨道线方面考虑的。

另外需要注意的是,关于对称三角形有一个假信号的问题。在接近顶点时,原来向上的趋势可能偶然被歪曲,价格向下突破,成交量还不小,这可能是假信号,随后,价格将恢复向上。由于这种情况发生在接近顶点时,我们很容易误认为这个对称三角形将演变成别的形态,从而放弃对它保持原来趋势的能力的认识,对这个突然的下降没有思想准备。

2. 上升三角形

上升三角形是对称三角形的变形体。对称三角形有上下两条直线。将上面的直线逐渐由向下倾斜变成水平方向就得到上升三角形。除了上面的直线是水平的以外,上升三角形同对称三角形在形状上没有什么区别。

我们知道,处在价格曲线上边的直线所起的作用是压力,处在下面的直线起支撑作用。在对称三角形中,压力和支撑都是逐步加强的。一方是越压越低,另一方是越撑越高,看不出谁强谁弱。在上升三角形中就不同了,压力是水平的,始终都是一样,没有变化,而支撑都是越撑越高。由此可见,上升三角形比起对称三角形来,有更强烈的上升意识,多方比空方更为积极。通常以三角形的向上突破作为这个持续过程终止的标志。

如果证券价格原有的趋势是向上,则很显然,遇到上升三角形后,几乎可以肯定今后是向上突破。一方面要保持原有的趋势;另一方面形态本身就有向上的愿望。这两方面的因素使证券价格很难逆大方向而动。如果原有的趋势是下降,则出现上升三角形后,前后证券价格的趋势判断起来有些难度。一方要继续下降,保持原有的趋势,另一方要上涨,两方必然发生争执。如果在下降趋势处于末期时(下降趋势持续了相当一段时间),出现上升三角形还是以看涨为主。这样,上升三角形就成了反转形态的底部。

上升三角形被突破后也有测算的功能,测算的方法同对称三角形类似。图7-7是上升三角形的简单图形以及测算的方法。

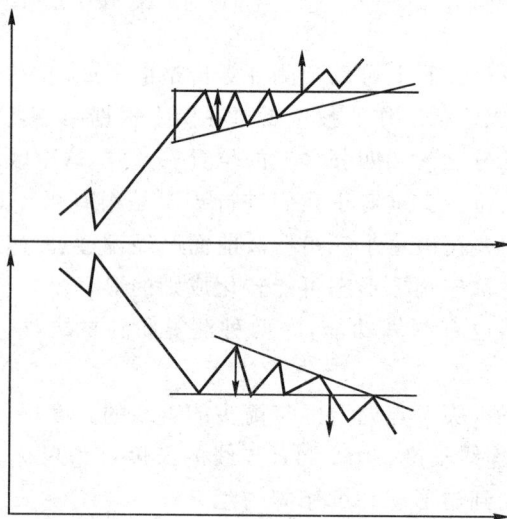

图7-7 上升三角形和下降三角形

3. 下降三角形

下降三角形同上升三角形正好相反。它的基本内容同上升三角形可以说完全相似,只要按方向相反理解就可以了,如图7-7所示。

(二)矩形形态

矩形又叫箱形,也是一种典型的整理形态。证券价格在两条横着的水平直线之间上下波动,上也上不去,下也下不来,一直做横向延伸运动。

矩形在形成之初,多方和空方全力投入,各不相让。空方在价格高上去后,在某个位置就抛出,多方在证券价格下跌后到某个价位就买入。时间一长就形成两条明显的上下界线。随着时间的推移,双方的战斗热情会逐步减弱,市场趋于平淡。如果原来的趋势是上升,那么经过一段矩形整理后,会继续原来的趋势,多方会占优并采取主动,使证券价格向上突破矩形的上界。如果原来是下降趋势,则空方会采取行动,突破矩形的下界。图7-8是矩形的简单图示,从图中可以看出,矩形在其形成的过程中极可能演变成三重顶底形态,这是投资者应该注意的。正是由于矩形的判断有这么一个容易出错的可能性,在面对矩形和三重顶底进行操作时,几乎一定要等到突破之后才能采取行动,因为这两个形态今后的走势方向完全相反。一个是反转突破形态,要改变原来的趋势;一个是持续整理形态,要维持原来的趋势。

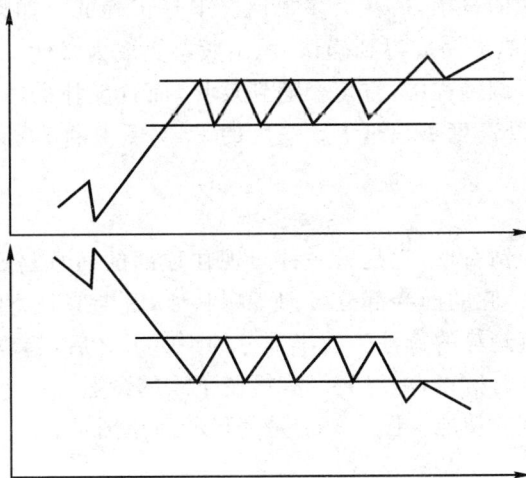

图 7－8　矩形

(三)喇叭形和菱形

喇叭形和菱形是三角形的变形体,在实际中出现的次数不多,但是一旦出现,则对投资行动有极为有用的指导意义。

1. 喇叭形

喇叭形的正确名称应该是扩大形或增大形。因为这种形态酷似喇叭,故得名。这种形状其实也可以看成三角形的一个变形体。图 7－9 是喇叭形的图形表示。

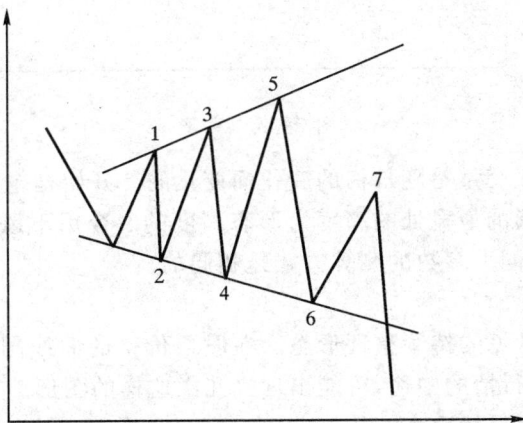

图 7－9　喇叭形

从图 7－9 看出,由于证券价格的幅度越来越大,形成了越来越高的高点,以及越来越低的低点。这说明当时的交易异常活跃,成交量日益放大,市场已失去控制,完全由参与交易的公众的情绪决定。在目前这个混乱的时候进入股市是很危险的,不知道什么时候危险就会出现,进行交易十分困难。在经过了剧烈的动荡之后,人们的热情会渐渐平静,远离这个市场,价格逐步地往下运行。

三个高点和两个低点是喇叭形已经完成的标志。股票投资者应该在第三峰(图 7-9 中的5)调头向下时就抛出手中的股票,这在大多数情况下是正确的。如果价格进一步跌破了第二个谷(图 7-9 中的4),喇叭形完成得到确认,抛出股票更成为必然。

价格在喇叭形之后下调过程中,肯定会遇到反扑,而且反扑的力度会相当大,这是喇叭形的特殊性。但是,只要反扑高度不超过下跌高度的一半(图中的7),证券价格下跌的势头还是能够被保持的。

2. 菱形

菱形的另一个名称叫钻石形,它是另一种出现在顶部的而且是看跌的形态。比起喇叭形来说,它更有向下的愿望。它的前半部分类似于喇叭形,后半部分类似于对称三角形,所以,菱形有对称三角形保持原有趋势的特性。前半部分的喇叭形之后,趋势应该是下跌,后半部分的对称三角形使这一下跌暂时推迟,但终究没有摆脱下跌的命运。由于对称三角形的存在,菱形还具有测算价格下跌深度的功能。图 7-10 是菱形的简单图示。

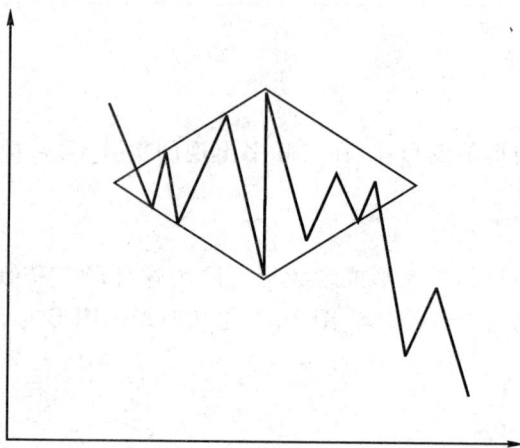

图 7-10　菱形

菱形的形成过程的成交量是随价格的变化而变化的。开始是越来越大,然后是越来越小。菱形的测算功能是以菱形的最宽处的高度为形态高度的。今后下跌的深度从突破点算起,至少下跌一个形态高度,这同大多数的测算方式是相同的。

(四)旗形和楔形

旗形和楔形是两种常见的持续整理形态。在股票价格的曲线图上,这两种形态出现的频率最高,一段上升或下跌行情的中途,可能出现好几次这样的图形。二者都是一个趋势的中途休整过程,休整之后,还要保持原来的趋势方向。这两个形态的特殊之处在于,它们都有明确的形态方向,或向上或向下,并且方向与原有的趋势方向相反。

1. 旗形

从几何学的观点看,旗形应该叫平行四边形,它的形状是一上倾或下倾的平行四边形,如图 7-11 所示。

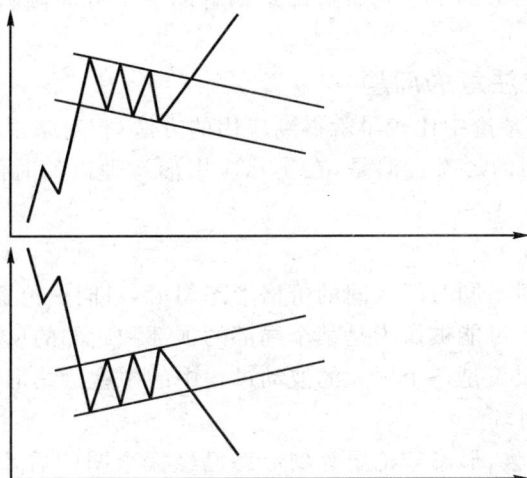

图 7 - 11　旗形

　　大多数旗形发生在市场极度活跃,证券价格的运动是剧烈的、近乎于直线上升或下降方式的情况下。这种剧烈运动的结果就是价格曲线产生旗形的条件。由于上升下降的过于迅速,市场必然会有所修整,旗形就是完成这一修整过程的主要形式之一。

　　旗形中的上下两条平行线起着支撑和压力作用,这一点有些像轨道线。这两条平行线的某一条被突破是旗形完成的标志。

　　旗形也有测算功能,具体的方法有两种:一种是旗形的形态高度,也就是平行四边形左右两条边的长度。旗形被突破后,证券价格将至少要走到形态高度的距离;另一种是旗杆的高度,大多数情况下,旗形将波动到旗杆高度的距离。

　　2. 楔形

　　楔形是另一种形式的旗形,可以当成旗形处理。实际上,如果将旗形中上倾或下倾的平行四边形变成上倾和下倾的三角形,就会得到楔形,见图 7 - 12。

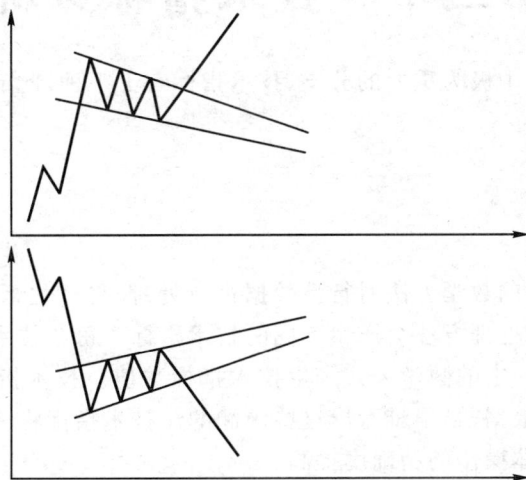

图 7 - 12　楔形

从图中可以看出,三角形的上下两条边都是朝着同一个方向倾斜。这与前面介绍的三角形态不同,有明显的倾向。

四、应用形态理论应该注意的问题

形态理论是技术分析理论中比较早就得到应用的方法,相对来说比较成熟,为我们提供了很多价格运动轨迹的有用的形态。但是,在实际应用形态理论的时候,还应当注意以下几个问题:

1. 形态识别的多样性

站在不同的角度,面对不同时间区间的价格形态图形,对同一位置的某个形态可能有不同的解释。例如,一个头肩形可能被认为是某个局部的顶部和底部的反转形态。但是,如果从更大的范围来看,它有可能仅仅是一个更大的波动过程中的中途持续形态。

2. 形态突破真假的判断

在进行实际操作的时候,形态理论要等到形态已经完全明朗后才行动。形态的明朗必然涉及支撑压力线的突破问题。

3. 信号慢半拍,获利不充分

形态理论需要等到形势明朗后才行动,这就将面临获利不充分的问题。从某种意义上讲,有错失机会之嫌。在我国则更是如此,因为我国证券市场趋势的持续性比较差,时间短,幅度小。如果等到突破后才行动,有时的错误是不可限量的。甚至可以说,利用形态分析已经失去意义。

4. 形态的规模会影响预测的结果

形态的规模是指价格波动所留下的轨迹在时间和空间上的覆盖区域。形态规模大,表明在形态完成的过程中,价格的上下波动所覆盖的区域大,在技术图形上所表现出来的就是价格的起伏大,从开始到结束所经过的时间跨度长。相反,小规模的形态所覆盖的价格区域小,时间长度也短。对形态的规模大小,可以用几何学中的相似的概念来解释。规模大的形态是规模小的形态的放大。当然,对大小的判断将会涉及主观的因素。

第三节　　技术指标分析

技术指标是技术分析中极为重要的分支,技术指标有上千种,此节将着重介绍证券市场流行的主要技术指标。

一、技术指标概述

(一)技术指标的本质

技术指标是按照一定的数学方法对行情数据进行处理,处理之后所得到的结果就是技术指标的数值。不同的数学处理方法会产生不同的技术指标。每个技术指标都是以特定的方式对市场进行观察,并通过一定的数学公式产生技术指标数值。技术指标反映市场某一方面深层的内涵,仅仅通过原始数据,是很难看出这些内涵的。技术指标将一些对市场的定性认识进行定量分析,可以使得具体操作的精确度提高。

(二)技术指标的应用法则

应用技术指标应从以下六方面考虑:①指标的背离;②指标的交叉;③指标的高低;④指标

的形态;⑤指标的转折;⑥指标的盲点。

指标的背离是说指标的走向与价格的走向不一样;指标的交叉是指标曲线图中的两条线发生了相交的现象,金叉和死叉就属这类情况;指标的高低是指标的数值达到了一个极其少见的高值或低值;指标的形态是指标呈现某些反转形态;指标的转折是指标的曲线发生了调头,这种调头有时是一种趋势的结束和另一种趋势的开始;指标的盲点是指标没有信号的时候。

(三)应用技术指标应注意的问题

说到底,技术指标是一种工具,我们应用这些工具对股市进行预测。每种工具都有自己的适应范围和适用环境,效果时好时差。使用技术指标常犯的错误是机械地照搬结论,而不管这些结论成立的条件和可能发生的意外。先是盲目地绝对相信指标,出了错误以后又走向另一个极端,认为技术指标分析一点用都没有。这只能说明不会使用指标。

另一个常犯的错误是频繁地使用技术指标。其实,技术指标能够发出信号的时间是极少的。在一年内,一个技术指标能够发出信号的次数大约只有五次。每种指标都有失效的时候。

二、市场趋势指标

(一)移动平均线(MA)

1. MA 的意义和计算方法

所谓移动平均,首先是算术平均数,如 1 到 10 十个数字,其平均数便是5.5;而移动则意味着这十个数字的变动。假如第一组是 1 到 10,第二组变动成 2 到 11,第三组又变为 3 到 12,那么,这三组平均数各不相同。而这些不同的平均数的集合,便统称为移动平均数。移动平均数的计算公式:

$$N 日移动平均数＝N 日收盘价加总之和/N 日$$

2. 移动平均线的特点

股价技术分析者利用移动平均线来分析股价动向,主要因为移动平均线具有几项特性:

(1)趋势的特性。移动平均线能够表示出股价趋势的方向,所以具有趋势的性质。移动平均线不像日线会起起落落地震荡,而是起落相当平稳,向上的移动平均线通常是缓缓地向上,向下的移动平均线则会缓缓朝下。

(2)稳定性和滞后性。通常愈是长期的移动平均线,愈能表现稳定的特性,即移动平均线不轻易往上往下,股价涨势真正明朗了,移动平均线才会往上延伸;而且经常股价开始回落之初,移动平均线却是向上的,等到股价落势显著时,才见移动平均线走下坡,这是移动平均线最大的特色。但也因此使得移动平均线有延迟反应的特性。

(3)助涨助跌性和支撑压力性。当价格突破了 MA 时,无论是向上突破还是向下突破,价格有继续向突破方向再走一阵的愿望,这就是 MA 助涨助跌性。这其实具有了支撑线和压力线的特性。MA 被突破,实际上是支撑线和压力线的被突破,只不过 MA 是曲线,而不是直线。从这个意义上就很容易理解将要介绍的格兰维尔法则。

3. MA 的应用

经典的使用 MA 的方法是格兰维尔法则(Granville)法则,其叙述如下:

(1)平均线由下降逐渐转为水平,且有往上方抬头迹象,而股价从平均线下方突破,便是买进讯号。

(2)股价趋势走在平均线上,股价下跌而没有跌破平均线,又再度上升,为买进信号。

（3）股价跌至平均线下方,而平均线短期内仍为继续上升趋势,是买进讯号。

（4）股价趋势走在平均线下方,突然暴跌,远离平均线,极有可能反弹回升至平均线附近亦为买进讯号。

（5）股价趋势走在平均线上方,突然暴涨,远离平均线,极有可能回跌至平均线附近,为卖出讯号。

（6）平均线逐渐从上升趋势走平,而且股价由平均线上方跌破平均线,是卖出时机。

（7）股价趋势走在平均线下方,反弹回升未能超越平均线,平均线已有从水平反转而下的趋势,是卖出时机。

（8）股价在平均线上徘徊,而且平均线继续向下跌,亦是卖出讯号。

（二）平滑异同移动平均线（MACD）

MACD 的英文全称是 moving average convergence and divergence,翻译过来就是平滑异同移动平均线。

1. MACD 的计算公式

MACD 由正负差（DIF）和异同平均值（DEA）两部分组成,DIF 是主要指标,DEA 是辅助指标。

DIF 是快速平滑移动平均线与慢速平滑移动平均线的差,快速是短期的,慢速是长期的。其公式为:

$$DIF = 快速\ EMA - 慢速\ EMA$$

$$N\ 日的平滑移动平均值\ EMA(N) = EMA_1(N) \times \frac{N-1}{N+1} + C \times \frac{2}{N+1}$$

式中：$EMA_1(N)$ 为计算日前一日的 EMA,最初值取前一日的 N 日移动平均值（MA）代替;

N 为天数;

C 为计算日的收盘价。

计算 N 日平滑离差平均值（DEA）公式为:

$$DEA(N) = DEA_1(N) \times \frac{N-1}{N+1} + 计算日\ DIF \times \frac{2}{N+1}$$

其中,$DEA_1(N)$ 为计算日前一日的 N 日 DEA,最初值取前一天的 DIF 值代替;N 为天数,一般选用 9 天。DEA 是 DIF 的移动平均,主要是为了消除偶然因素,使结果更为合理可靠。

2. MACD 的应用

DIF 和 DEA 均为正值时,属于多头市场,DIF 向上突破 DEA 是买入信号;DIF 和 DEA 均为负值时,属于空头市场,DIF 向下突破 DEA 是卖出信号。一般情况下,如果 MACD 的走向与股价相背离,是采取行动的信号。顶背离是卖出信号,底背离是买入信号。

三、市场动量指标

（一）相对强弱指标（RSI）

RSI 的英文全称是 relative strength index,由美国人威尔德（Wilder）于 1978 年首先提出。最初是在期货市场使用。RSI 从以固定长度的时期内价格的上升和下降波动的整体情况,推测买卖力量的大小,进而判断价格未来的变动方向,并根据价格涨跌幅度显示市场的弱强。

1. RSI 的计算公式

计算 RSI 需要知道收盘价和参数。参数是时间区间的长度,就是考虑的时期的长短,一般用交易日的天数。以参数等于 10 为例,具体介绍 RSI(10) 的计算方法,其余参数的计算方法与此相同。

第一步,找到包括当天在内的连续 10 天的收盘价,每一天的收盘价减去前一天的收盘价,得到 10 个数字。这 10 个数字中有正数(比前一天高),也有负数(比前一天低)。

第二步,计算总上升波动 A,总下降波动 B 以及总波动 $A+B$。

A = 10 个数字中正数之和

B = 10 个数字中负数之和 $\times(-1)$

注意,A 和 B 都是正数。

第三步,计算 RSI,公式为:

$$RSI(10) = A/(A+B) \times 100$$

2. RSI 的构造原理

从数学上看,A 便是 10 天中价格向上波动的大小,B 表示向下波动的大小,$A+B$ 表示价格总的波动大小。从公式上看,RSI 的取值在 $0 \sim 100$ 之间。实际上,RSI 表示向上波动在总的波动中所占的百分比。占的比例大就是强市,否则就是弱市。

RSI 从一段时间内价格的变动情况,根据价格涨跌幅度显示市场的弱强,进而推测价格未来的变动方向。从 RSI 取值的大小考虑,将 $0 \sim 100$ 分成 4 个区域,根据 RSI 取值区域进行操作。划分区域的方法见表 7-1。

表 7-1　RSI 的取值区域

$100 \sim 80$	极强	卖出
$80 \sim 50$	强	买入
$50 \sim 20$	弱	卖出
$20 \sim 0$	极弱	买入

(二)威廉指标(WMS)和随机指标(KD)

这两个指标最早起源于期货市场,并受到广泛注意。目前,这两个指标已经成为市场中广泛使用的指标。

1. WMS 和 KD 指标的计算公式

拉力·威廉(Larry Williams)于 1973 年首创威廉指标,用 WMS 或 R 表示。计算公式:

$$WMS = (C - L_n)/(H_n - L_n) \times 100\%$$

其中,C 是当天的收盘价;H_n 和 L_n 是最近 n 日之内(包括当天在内)出现的最高价和最低价;n 是威廉指标参数。

在威廉指标的基础上,可以计算 KD 指标。KD 指标是 K 指标和 D 指标的合称。计算公式为:

$$当日 K 值 = (1-\alpha) \times 前一日 K 值 + \alpha \times 当日的 WMS$$

$$当日 D 值＝(1-\alpha)\times 前一日 D 值＋\alpha\times 当日的 K 值$$

式中，α 是 KD 的参数，α 一般取值 1/3。计算公式是递推公式，K 和 D 的第一个值一般取为 50%。

2. WMS 和 KD 的构造原理

WMS 表示的是市场处于超买还是处于超卖状态。WMS 参数是选择时间区度的长度。从公式中可知，WMS 指标表示当天的收盘价在过去的某个时间区度内的全部价格变动范围内所处的相对位置。如果 WMS 的值较大，则说明当天的价格处在较高的位置，要提防回落；如果 WMS 的值较小，则说明当天的价格处在相对较低的位置，要注意价格反弹。

从数学公式看，K 值是 WMS 的指数平滑，D 值是 K 值的指数平滑，同时又是 WMS 的二次指数平滑。WMS 与 K 的关系以及 K 与 D 的关系就如同价格与 MA 的关系一样。

KD 是在 WMS 的基础上计算的，所以 KD 与 WMS 有相同的某些特性和原理。在上涨趋势中，收盘价一般是接近"天花板"。在下降趋势中，收盘价接近"地板"。在反映市场价格变化时，WMS 最快，K 其次，D 最慢。我们往往称 K 指标为快指标，D 指标为慢指标。K 指标反应敏捷，但容易出错；D 指标反应稍慢，但稳重可靠。

3. WMS 和 KD 的应用法则

WMS 的应用法则主要是从 WMS"碰顶底"的次数进行考虑的。WMS 的取值介于 1%～100% 之间，接近 100% 或 0 就是碰顶底。如果 WMS 高于 80%，就处于超买状态，应当考虑卖出；WMS 低于 20%，行情处于超卖状态，应当考虑买入。为了避免偶然性的影响，要求 WMS 多次碰顶或碰底。WMS 连续几次撞顶（底），局部形成双重或多重顶（底），则是卖出（买进）的信号。要求至少 2 次，一般不超过 4 次。

KD 指标的使用从 4 个方面考虑：KD 取值的大小；KD 曲线的形态；K 与 D 的交叉；KD 与价格的背离。

（1）根据 KD 的取值。KD 的取值范围是 0～100%，80% 以上为超买区，20% 以下为超卖区，其余为徘徊区。KD 超过 80% 考虑卖出，低于 20% 考虑买入，这是创建 KD 指标的初衷。这种操作很简单，但是很容易出错，完全按这种方法进行操作很容易招致损失。

（2）根据 KD 指标曲线的形态。当 KD 指标在较高或较低的位置形成了头肩型和多重顶底时，是采取行动的信号。在头肩型的情况下，一般会伴随背离的现象。注意，这些形态一定要在较高位置或较低位置出现。

（3）根据 K 与 D 的交叉。K 上穿 D 是金叉，为买入信号。但对于金叉还要看其他的条件。第一个条件是金叉出现的位置应该比较低，是在超卖区的位置，越低越好。第二个条件是相交的次数，有时 K 与 D 在低位要来回交叉几次。交叉的次数以 2 次为最少，越多越好。第三个条件是交叉点相对于 KD 线的地点的位置，这就是常说的"右侧相交"原则。K 是在 D 已经抬头向上时才同 D 相交比 D 还在下降时与之相交要可靠得多。换句话说，右侧相交比左侧相交好。

对于 K 从上向下突破 D 的死叉，也有类似的结果。

（4）根据 KD 与价格的背离。KD 处于高位，并形成两个依次向下的峰，而此时价格还在涨，这叫顶背离，是卖出的信号。KD 处在低位，并形成一底比一底高，而价格还在继续下跌，这构成底背离，是买入的信号。

(三)OBV 指标

OBV 的英文全称是 on balance volume,中文名称直译是平衡成交量。成交量在行情判断上的重要性是人所共知的,涉及成交量的技术指标主要是 OBV。把每天的价格波动看成海洋的潮汐,把 OBV 看成潮汐的能量。可以利用 OBV 验证当前价格走势的可靠性,并可由 OBV 得到趋势可能反转的信号,对于准确预测未来是很有用的。比起单独使用成交量来,OBV 比成交量看得更清楚。

1. OBV 的计算公式

OBV 的计算公式是按照递推的方式进行的。首先我们假设已经知道了上一个交易日的 OBV,然后就可以根据今天的成交量以及今日的收盘价与上一个交易日的收盘价的大小比较,计算出今日的 OBV。公式为:

$$今日 OBV = 前一交易日 OBV + sgn \times 今日的成交量$$

式中,sgn 是符号的意思,由下式决定:

sgn = +1,如果今收盘价≥前收盘价

sgn = -1,如果今收盘价<前收盘价

计算 OBV 所用到的第一个 OBV 值一般取为 0,也可以是其他数值。

2. OBV 的构造原理

OBV 的构成,是根据潮涨潮落的原理。把股市比喻成潮水的涨落过程,如果多方力量大,则向上的潮水就大,中途回落的潮水就小。潮涨潮落反映多空双方力量对比的变化和最终大潮将向何处去。衡量潮水大小的标准是成交量,成交量大,则潮水的力量就大;成交量小,潮水的力量就小。可以将每天的成交量理解成潮水,潮水的方向由当天收盘价与前一日的收盘价的比较而决定。

(1)如果今收盘价≥前收盘价,则这一潮水是属于多方的潮水。

(2)如果今收盘价<前收盘价,则这一潮水是属于空方的潮水。

3. OBV 的应用法则和注意事项

(1)OBV 必须与价格曲线结合使用才能发挥作用,不能单独使用。

(2)只关心最近几日的 OBV 曲线的相对走势,从 OBV 的取值大小不能得出任何结论。

(3)OBV 曲线的上升和下降对进一步确认当前价格的趋势有着重要的作用。价格上升(或下降),而 OBV 也相应的上升(或下降),则我们可以更相信当前的上升(或下降)趋势。价格上升(或下降),但 OBV 并未相应的上升(或下降),则我们对目前的上升(或下降)趋势的认可程度就要大打折扣,这就是背离现象。OBV 已经提前告知趋势的后劲不足,有反转的可能。

(4)在价格进入盘整区后,OBV 曲线会率先显露出脱离盘整的信号,向上或向下突破。

四、市场大盘指标

(一)腾落指数(ADL)

ADL 的英文全称是 advance decline line,翻译成腾落指数,其实就是上升下降曲线的意思。ADL 是分析趋势的,它利用简单的加减法计算每天股票上涨家数和下降家数的累积结果,与价格指数相对比,对大盘的未来进行预测。

1. ADL 的计算公式

ADL 的计算方法采用递推方式。假设已经知道了前交易日的 ADL 值,然后,计算今日

的 ADL 值。用当日收盘价与前收盘价相比较来决定涨跌。如果今天所有证券市场中共有 NA 家上涨，ND 家下降，不涨不跌的为 M 家，则

$$今日\ ADL = 前日\ ADL + NA - ND$$

通过简单的数学推导，可知：

$$ADL = \sum NA - \sum ND$$

式中，$\sum NA$ 表示已开始交易的第一天算起，到今天为止每个交易日的上涨家数的总和；$\sum ND$ 表示下降家数的总和。

2. ADL 的应用法则

(1) ADL 只看相对走势，不看取值大小。

(2) ADL 只适用于大盘，不能对个股提出有益的帮助。

(3) ADL 不能单独使用，要与价格指数曲线联合使用。作用主要体现在以下几个方面：

第一是 ADL 与价格指数同步上升（下降），则可以验证大盘的上升（下降）趋势，短期内反转的可能性不大。

第二是 ADL 连续上涨（下跌）了几天（一般是 3 天），而价格指数却向相反方向下跌（上升）了几天，则这是买进（卖出）信号，至少有短线机会存在。这是背离的一种现象。

第三是价格指数进入高位（低位）时，ADL 却没有同步行动，而是开始走平或下降（上升），则这是趋势进入尾声的信号，也是属于背离现象。

（二）涨跌比（ADR）

ADR 的英文全称是 advance decline ratio，中文名称为涨跌比，意味上升下降比。ADR 是与 ADL 极为相似的技术指标。

1. ADR 的计算公式

ADR 的基本思想是观察股票上涨家数之和与下降家数之和的比率，借以看出市场目前所处的大环境，进而判断出股票市场的实际情况。计算公式为：

$$ADR(n) = P_1/P_2$$

式中，$P_1 = \sum NA$；$P_2 = \sum ND$；P_1 表示 n 日中每天的上涨家数之和；P_2 表示 n 日每天下降家数之和；n 表示选择的天数，它是 ADR 的参数。

选择几天的上涨和下降家数的总和，而不是一天的上涨和下降家数，是为了避免某一天的特殊表现而误导判断。参数的选择没有一定之规，由人为操纵。目前，比较流行的是选择参数 $n = 10$。

ADR 的图形是在 1 附近来回波动，波动幅度的大小以 ADR 的取值为准。影响 ADR 的取值的因素主要是公式中的分子和分母的取值和参数。参数选择得越小，ADR 上下波动的空间就越大，曲线的起伏就越剧烈；参数选得越大，ADR 上下波动的幅度就越下，曲线上下起伏越平稳。

2. ADR 的应用法则

(1) 从 ADR 的取值看大盘。ADR 的取值范围是正数。从理论上讲，ADR 的取值可以任意大，但实际情况中 $ADR > 3$ 都很困难。把 ADR 取值分为 3 个区域。ADR 取值在 0.5～1.5 是 ADR 处在常态的状况，多空双方谁也不占大的优势。ADR 取值较多的区间，ADR 在常态状况说明多空双方对现状的认可，这个时候买进或卖出股票都没有太大的把握。在个别特殊

的情况下,主要是在外在消息引起股市暴涨暴跌的情况下,ADR 的常态状况的上限可以达 1,下限可以到 0.4。ADR 超过了常态状况的上下限,这是非常态的状况。ADR 进入非常态状况就是采取行动的信号,越过上限要考虑卖出,低于下限要考虑买进。因为这表示了上涨或下跌的势头过强,有些不合理。

（2）ADR 与价格指数的配合。价格指数与 ADR 同步上升（或下降），则价格指数将继续上升（下降），短期反转的可能性不大。价格指数与 ADR 的升降不同步,表示短期内会有反弹（回落）。这是背离现象。

（3）从 ADR 曲线的形态上看大盘。ADR 从低向高超过 0.5,并在 0.5 上下来回移动几次,就是空头进入末期的信号。ADR 从高到低下降到 0.75 之下,是短期反弹的信号。

ADR 线下降到常态状况的下限,但不久就上升并接近常态状况的上限,则说明是多头市场已具有足够的力量将价格指数向上抬上一个台阶。

（4）ADR 的常态状况的上下限的取值量是可能变化的,与选择的参数有关。ADR 以 1 作为多空双方的分界线。

（三）超买超卖指标（OBOS）

OBOS 的英文全称是 over bought and over sold,中文名称是超买超卖指标。该指标是运用上涨和下跌的股票家数的差距对大市进行分析的技术指标。

1. OBOS 的计算公式

OBOS 同 ADR 一样,使用一段时间内上涨和下跌的股票的家数和差距来反映当前市场中多空双方力量对比的强弱。ADR 选择的是两者相除,而 OBOS 选择的是两者相减。OBOS 的计算公式为:

$$OBOS(n) = \sum NA - \sum ND$$

式中,$\sum NA$ 和 $\sum ND$ 的含义同 ADR 的公式中的含义相同,表示 n 日内每日上涨的总和与 n 日内每日下跌的总和;天数 n 为 OBOS 的参数,一般选 $n = 10$。

相除和相减都是描述多空双方的差距,本质并未改变。OBOS 的多空平衡点是 0,而 ADR 是以 1 为多空双方的平衡点。

2. OBOS 的应用法则

（1）当市场处于整理时期,OBOS 应该在 0 上下来回摆动。当市场处在多头市场时,OBOS 应该是正数,距离 0 应该较远。当市场处在空头市场时,OBOS 应该是负数,并且距离 0 较远。

距离 0 越远,则力量就越大,势头越强劲。OBOS 具体大到或小到什么地方可算是多方或空方占绝对优势？这个问题不好回答。就这一点而言,OBOS 不如 ADR 方便。同一般的规则一样,强过了头或弱过了头就会走向反面,所以,当 OBOS 过分大或过分小时,都是采取行动的信号。

（2）当 OBOS 的走势与价格指数背离时,也是采取行动的信号,大盘可能反转。这属于背离现象。

（3）如果 OBOS 在高位（低位）形成 M 头（W 底）则就是卖出（买入）的信号。连接高点或低点的切线也能帮助我们看清 OBOS 的趋势,进一步验证是否与价格指数的走势发生背离。

五、市场人气指标

人气是维持市场上升的重要因素,市场上每次大的波动都体现在人气的旺盛上了。消息如果没有转化成人气,仍然不能影响市场。

(一)乖离率(BIAS)

1. BIAS 的计算公式

BIAS 又叫偏离率,是衡量价格与价格的移动平均线的相距的远近程度,即价格与价格的移动平均的偏离程度。BIAS 指的是相对距离,其计算公式为:

$$BIAS(n) = [C - MA(n)]/MA(n) \times 100\%$$

式中,C 是收盘价;MA(n)是参数为 n 的移动平均。分子表示价格与移动平均价的绝对距离;除以分母后,就是相对距离。

在一定场合不应仅考虑绝对距离,还要用相对距离。乖离率的参数就是移动平均线的参数,也就是天数。参数的大小选择首先影响 MA,其次影响 BIAS。一般说来,参数选得越大,则允许价格远离 MA 程度就越大。

2. BIAS 的构造原理

BIAS 远离实际得太远了就该回头,因为物体有向心的趋向。价格远离 MA 到了一定程度,就认为价格该回头了,这主要是人们的心理因素造成的。另外,需求一大,价格就会上升;反之,价格高,需求就小,价格就会下降。最终价格要达到平衡,平衡位置就是中心。

3. BIAS 的应用法则

(1)BIAS 的取值大小。这是当初产生 BIAS 的最初想法。找到一个正数或负数,只要 BIAS 已超过这个正数,就应该感到危险而考虑抛出。BIAS 一低于这个负数,就感到机会可能来了,而考虑买入。这样看来,问题的关键就在于如何找到这个正数或负数,它们是采取行动与保持沉默的分界线。这条分界线的选择与三个因素有关:第一,与 BIAS 的参数大小有关。第二,与具体的证券在市场中的活跃程度有关。第三,与使用的时间有关。不同的时期,分界线的高低也可能不同。参数越大,分界线就越高;证券越活跃,分界线越高。

下面就是这些分界线选择的参考数字。

BIAS(10)>5%、BIAS(20)>8% 以及 BIAS(60)>10% 是卖出时机。

BIAS(10)<-4.5%、BIAS(20)<-7% 以及 BIAS(60)<-10% 是买入时机。

如果遇到由于突发的利多或利空消息产生暴跌暴涨状况,以上的这些参考数字应该作调整,对数字的要求要大一些。

(2)BIAS 的曲线形状。BIAS 形成从上到下的两个或多个下降的峰,而此时的价格还在继续上升,是抛出的信号。BIAS 形成从下到上的两个或多个上升的谷,而此时价格还在继续下跌,是买入的信号。这属于指标的背离原则。

(3)两条 BIAS 线的相交。当短期 BIAS 在高位下穿长期 BIAS 时,是卖出信号;在低位,短期 BIAS 上穿长期 BIAS 时,是买入信号。

(二)心理线(PSY)

1. PSY 的计算公式

PSY 的英文是 psychological line,中文名称是由英文直译过来的。每次价格的上升和下降,都会引起人气的乐观与悲观,PSY 以投资者买卖趋向的心理因素为目标,从人气的升降比率入手,对乐观与悲观进行了描述,对多空双方的力量进行探索。PSY 的计算公式为

$$PSY(n) = A/n \times 100$$

式中，n 是 PSY 的参数，表示天数；A 表示在这 n 天之中，价格上涨的天数。例如，$n=10$，10 天之中有 4 天上涨 6 天下跌，则 $A=4$，$PSY(10)=40$。确定上涨和下跌是以收盘价为标准。如果今天的收盘价比前一交易日的收盘价高，则今天就定位上升的日期。

2. PSY 的构造原理

PSY 是指最近某段时间上涨的天数所占的比例。简单地认为上涨是多方的力量，下跌是空方力量，则 PSY 以 50 为中心。50 以上是多方市场，50 以下是空方市场，多空双方力量的对比就这样被简单描述出来了。上下限一般定位 25 和 75 之间，说明多空双方基本处在平衡状态。如果 PSY 的取值超出了这个平稳状态，就是超买或超卖，就应该注意准备采取行动。

（三）AR，BR 和 CR

在证券市场的每个交易日，多空双方都要进行较量。即使在多方明显占优势的大涨行情中，也存在空方打压的过程，只不过它的力量太小而不被注意。正确地用数据对每个交易日中多空双方的力量的表现进行描述，是正确认识形势和预测未来价格变动的重要课题。技术指标 AR，BR 和 CR 都是描述多空双方力量对比的方法。

1. AR 指标

AR 指标称为人气指标或买卖气势指标。AR 选择的均衡价格是每个交易日的开盘价。

在这里，认为开盘价是多空双方都可以接受的暂时价位。选择开盘价作为均衡价位是有一定道理的。经过一夜的思考和分析之后，每个投资人都选择一个自己认可的价位，而于第二天的开盘之前以这样的价格进行买卖。由于目前用集合竞价产生开盘价，使得开盘价的均衡作用更明显。开盘后的高走低走反映了这一天多空双方力量的对比变化。选择开盘价作为多空双方已接受的均衡价位，简化了多空双方在争斗中的演变过程。以最高价到开盘价的距离描述多方的力量，以开盘价到最低价的距离描述空方的力量，这样，多空双方在当日的强弱程度就简单地被描述出来了。

AR 指标的计算公式和参数可表示为：

$$多方强度 = High - Open$$
$$空方强度 = Open - Low$$

式中，$High$ 为当日的最高价；Low 为最低价；$Open$ 为开盘价。

为避免片面地被某一天的偶然因素所造成的误判，一般选择连续多日的多空强度值和进行比较。选择的天数是 AR 指标的参数。例如，参数为 26 的 AR 指标，其计算公式为：

$$AR(26) = P_1/P_2 \times 100$$

式中，$P_1 = \sum(High - Open)$，表示 26 天的多方强度的总和；$P_2 = \sum(Open - Low)$，表示 26 天的空方强度的总和；AR 表示 26 天以来多空双方总的强度的比值。

AR 越大，表示多方的强度大；AR 越小，表示空方的强度大。双方的分界线是 100，100 以上是多方占优，100 以下是空方占优。人气指标 AR 是利用开盘价与最高价的相互关系，建立了多空双方进行争斗的简单的数学模型，并利用这个数学模型对价格的实际变化过程进行说明。

2. BR 指标

BR 指标称为买卖意愿指标，同 AR 指标一样也是反映当前情况下多空双方相互较量结果的指标之一。BR 指标选择的均衡点是前一个交易日的收盘价。前收盘和今开盘在一般情况下应该相差不多。每个交易日结束后,多空双方的争斗并未结束。在这段时间,由于各种消息会使人们买卖的意愿产生大的波动,这对多空双方原有的力量将产生巨大的影响。AR 损失了开盘后跳空的信息,这是 BR 指标比 AR 指标优越的地方。

BR 指标的计算公式和参数:

$$多方强度 = High - YC$$
$$空方强度 = YC - Low$$

式中,$High$ 和 Low 是当日的最高价和最低价;YC 是前一交易日收盘价。

为了避免偶然性和片面性,应选择多天的力量对比。选择的天数就是 BR 指标的参数。例如,参数为 26 的 BR 指标的计算公式为:

$$BR(26) = P_1/P2 \times 100$$

式中,$P_1 = \sum(High - YC)$,表示 26 天的多方强度的总和;$P_2 = \sum(YC - Low)$,表示 26 天的空方强度的总和。双方的分界线是 100,100 以上是多方优势,100 以下是空方优势。

3. CR 指标

CR 指标叫中间意愿指标,是同 AR 和 BR 指标类似的技术指标,计算公式、构造原理和应用法则均相似。区别在于取值的大小有些不同,应用时掌握的界限不同。

CR 指标所确定的多空双方的均衡价格是前一个交易日的中间价。BR 指标选择前收盘有可能出现不足,有时仅以收盘价描述上一日的多空均衡价格是会引起错误的。CR 指标选择中间价作为均衡价格,大多数情况下,收盘价和中间价相差不大,所以,CR 指标也和 BR 指标很接近。

CR 指标的计算公式:

$$多方强度 = High - YM$$
$$空方强度 = YM - Low$$

式中,$High$ 和 Low 是当日的最高价和最低价;YM 是上一个交易日的中间价。

中间价又叫中价,它由开盘价、最高价、最低价和收盘价这四个价格通过加权平均得到。每个价格的权重可以人为选定。目前流行的中间价计算方法有以下 4 种:

$$YM = (2C + H + L)/4$$
$$YM = (C + H + L + O)/4$$
$$YM = (C + H + L)/3$$
$$YM = (H + L)/2$$

明显可以看出,对收盘价的重视程度肯定超过另外 3 个基本价格。

中间价产生的原因主要是为了避免以收盘价作为对全日的交易情况的描述可能产生的偏差。

为了避免偶然性和片面性,选择很多天的多方和空方强度的对比。选择的天数就是 CR 指标的参数。以参数等于 26 为例,CR 指标的计算公式:

$$CR(26) = P_1/P_2 \times 100$$

式中,$P_1 = \sum(High - YM)$,$P_2 = \sum(YM - Low)$,分别表示了 26 天内以来多空双方力量的总和;CR 是这两种力量总和的比值。

CR 指标越大,多方力量越强;CR 指标越小,空方力量越强。

本 章 小 结

技术分析是通过分析证券市场的市场行为,对市场未来的价格变化趋势进行预测的研究活动。

技术分析的理论基础由三大假设组成,即市场行为包括一切信息;价格沿趋势波动,并保持趋势;历史会重复。

证券市场中,价格、成交量、时间和空间是进行分析的要素,这几个要素的变化和相互关系是技术分析的基础。

价格移动具有一定的规律,价格移动的形态类型有持续整理形态和反转突破形态。

技术指标是按照一定的数学方法对行情数据进行处理,处理之后所得到的结果就是技术指标的数值。技术指标将一些对市场的定性认识进行定量分析,可以使得具体操作的精确度提高。

关 键 术 语

技术分析　价格　成交量　空间　双重顶底　三重顶底　头肩顶底　圆弧顶底　Ｖ形三角形态　矩形形态　喇叭形　菱形　旗形　楔形　移动平均线　MACD　RSI　WMS　KD　OBV　ADL　ADR　OBOS　BIAS　PSY　AR　BR　CR

思 考 与 练 习

1. 什么是技术分析?
2. 应用技术指标应该注意哪些问题?
3. 头肩顶和头肩底在成交量方面有何不同?
4. 画出圆弧形的基本形态,并说明如何利用圆弧形进行投资。
5. 对称三角形是否可以出现在顶部?
6. 喇叭形和菱形是在何种环境下出现的?
7. 如何理解旗形和楔形?
8. 移动平均线的作用是什么?
9. 什么是技术指标中的指标与价格相背离?
10. RSI 与 KD 指标如何计算和使用?

第八章 债券投资分析

本章要点

1. 债券的价格、债券价值分析和评估
2. 债券投资风险和债券投资收益
3. 债券收益率曲线和利率期限结构
4. 债券定价原理,债券凸性、久期及其相互关系

债券是政府、公司和企业筹措资金的一种重要手段,也是证券市场上一种有效的投资工具。债券种类繁多,条件各异,因此债券分析比较复杂。债券分析的方法是根据债券的特性和市场行情,找出债券适当的收益率或对它的内在价值作出估计,并与它的收益率或市场价格进行比较,以判断债券定价是否偏高或偏低,最终作出投资决策。

第一节 债券的价格与价值

一、债券的价格

债券是一种流动性很强的有价证券,可以在证券市场上发行和转让。债券价格区分为票面价格、发行价格和转让价格。

(一)债券票面价格

债券票面价格包括两方面内容:一是票面价格的币种,即以何种货币作为债券价值的计量单位。币种选择主要依其发行对象和实际需要确定。一般而言,若发行对象是国内有关经济实体,则选择国内货币作为债券价值的计量单位;若向国外发行,则选择债券发行地国家的货币或国际通用货币作为债券价值的计量单位。二是票面金额。票面金额不同,对于债券的发行成本、发行数额和持有者的分布具有不同影响。票面金额较小有利于小额投资者购买,从而有利于债券发行,但可能增加发行费用,加大发行工作量;票面金额较大则会降低发行费用,减少发行工作量,但也可能减少发行数量。债券的票面价值在发行时即已固定不变,发行者以它来计量所需支付的利息,直接决定发行者筹资成本的高低。

(二)债券发行价格

1. 发行价格种类

债券发行价格是指在发行市场(一级市场)上,投资者在购买债券时实际支付的价格。通常有三种不同形式:

(1)按面值发行和收回,其间按期支付利息;

（2）按面值发行，按本息相加额到期一次偿还；

（3）以低于面值的价格发行，到期按面值偿还，面值与发行价的差额为债券利息。

2．影响债券发行价格的因素

（1）债券票面金额。债券票面金额是发行价格的决定因素。因为债券到期需要偿还本金，本金偿还按票面金额进行，而发行价格是投资人投入的本金额，因此，从理论上讲，债券的发行价格应该与票面金额一致。但在实际操作中，债券发行价格与票面金额经常出现偏离现象，但这种偏离仍是以票面金额为中心，且偏离幅度不大。

（2）债券票面利率。债券票面利率又称债券名义利率，是发行者向投资者支付的利息占票面金额的比率。债务人在确定债券发行条件时，通常按市场收益率确定债券的票面利率。但在债券市场上，由于债券从决定发行到实际发行要经过一套发行程序，存在时间间隔，而资金市场上的收益率水平不断变化，结果可能出现票面利率与市场实际收益率水平的差异，从而影响债券发行价格。当票面利率高于发行时的市场收益率水平时，则溢价发行，以避免发债成本过大；当票面利率低于发行时的市场收益率水平时，则折价发行，以避免收益过低而投资者减少。只有发行时的市场收益率与票面利率大体相等时，发债人才会按票面金额作为发行价格。

（3）债券有效期限。对投资者来讲，投资对象的收益与风险是否均衡是必须权衡的问题。一般来讲，债券的有效期越长，其不可预测的市场风险越大，这种风险可以用较高的票面利率或者较低的债券发行价格来弥补。

（4）债券的信用级别。债券信用级别反映债券按期还本付息的保证程度大小。信用级别低，则风险较高，发行价格通常较低；反之，如果信用级别很高，则风险极小，其售价也可能比较高。

（5）新发债的发行量。债券发行的市场价格同样受供求关系影响。在某一时期内，如果各种债券的发行数量很小，不能满足投资者购买新发债券的需求，其发行价格就可以高一些；反之，如果各种债券的发行数量相当大，超过投资者需求，为保证筹集到资金，发债人就可能会降低发行价格以吸引投资者。

（三）债券转让价格

债券转让价格是交易双方对已经在一级市场上发行但尚未到期的债券进行买卖或转让的价格。同股票转让价格一样，债券转让价格也包含理论价格和市场价格：前者根据规范的计算公式计算出来，后者则指债券在流通市场上交易的实际成交价格。交易价格的高低，取决于公众对该债券的评价、市场利率以及人们对通货膨胀率的预期等。一般来说，债券价格与到期收益率成反比。也就是说，债券价格越高，从二级市场上买入债券的投资者所得到的实际收益率就越低；反之亦然。不论票面利率与到期收益率的差别有多大，只要离债券到期日愈远，其价格变动就可能愈大。实行固定票面利率的债券价格与市场利率及通货膨胀率呈反方向变化，但实行保值补贴的债券例外。

二、债券的价值分析与评估

（一）货币的时间价值

一定量的货币在不同时间具有不同价值，这种货币在不同时间所表现出的价值差异，称为货币的时间价值。金额相同的资金在不同时间之所以具有不同价值，是因为今天的资金存入银行可以产生利息，或者进行投资可以获取收益。因此，对于任何一种金融工具进行分析时，都应当考虑货币的时间价值。货币的时间价值主要有两种表达形式:终值和现值。

1. 终值

终值是指今天的　笔投资在未来某个时点上的价值。终值一般采用复利来计算。我国居民储蓄还本付息长期采用单利计息,不承认利息可产生利息,即不承认作为利息的货币与作为本金的货币一样具有时间价值。这种单利计息方式在研究债券定价时是不可取的。

终值的计算公式为:

$$P_n = P_0(1+r)^n \qquad\qquad (公式 8-1)$$

式中,n 为时期数;P_n 为一定本金从现在开始 n 个时期的未来价值,即终值;P_0 为初始本金;r 为每个时期的利率;$(1+r)^n$ 表示今天投入一个单位货币,按照复合利率 r 在 n 个时期后的价值。

例如,每年支付一次利息的 5 年期国债,年利率为 8%,面值为 1 000 元。那么这张债券 5 年后的终值应为 1 469.32 元,即根据公式

$$P_5 = 1\ 000(1+0.08)^5 = 1\ 469.33\ (元)$$

公式(8-1)是复利计算的基本公式,利率越高,复利计算的期数越多,一定量投资的未来价值将越大,即最初投资的未来值在此时间内增长越快。上例中,如果利息是每半年支付一次,则

$$r = 0.08 \div 2 = 0.04, \quad n = 5 \times 2 = 10$$

$$P_{10} = 1\ 000(1+0.04)^{10} = 1\ 480.24\ (元)$$

显然,利息每半年支付一次较每年支付一次时的未来值更高。这是因为随着复利的计算过程延长,收取利息的本金将随时间累进而扩大。

2. 现值

现值是终值的逆运算。金融决策通常需要在现在的货币和未来的货币之间作出选择,也就是将未来所获得的现金流量折现与目前的投资额相比较来测算盈亏。现值的计算公式为:

$$P_0 = \frac{P_n}{(1+r)^n} \qquad\qquad (公式 8-2)$$

如果用 PV 表示现值来代替 P_0,公式(8-2)则改写为:

$$PV = \frac{P_n}{(1+r)^n} \qquad\qquad (公式 8-3)$$

计算现值的过程叫贴现,所以现值也常被称为贴现值,其利率 r 则被称为贴现率,代数式 $1/(1+r)^n$ 被称为现值利息因子。

假设一位投资经理约定 6 年后要向投资人支付 100 万元,同时,此经理有把握每年实现 12% 的投资收益率,其现在需要向投资人要求的初始投资额计算为:

$$r = 12\%, \quad n = 6, \quad P_n = 1\ 000\ 000$$

$$PV = \frac{1\ 000\ 000}{(1+12\%)^6} = 506\ 631.12(元)$$

也就是说,只有投资人现在出资 506 631.12 元,由投资经理以每年 12% 的收益率经营 6 年后,投资人才有可能获得 100 万元的价值回报。

从公式(8-3)中可看出,当贴现率提高,收取未来货币的机会成本提高,现值会下降;同样,收到货币的未来时间越远,它今天的价值就越小。例如,10 年后的 1 元钱,在贴现率为

15％时,其现值将少于 0.25 元。

3. 普通年金的价值

年金一般是指在一定期数的期限中每期相等的一系列现金流量。比较常见的年金支付形式是支付发生在每期期末,这种年金被称为普通年金。现举例说明年金价值的计算。

如果一位退休工人获得一笔每期 1 000 元的 3 年期年金,每年都以 9％的年利率进行再投资,在第 3 年末,计算这笔年金的价值,表 8-1 可以回答这个问题。

表 8-1　按年利率 9％复利计算 3 年期 1 000 元年金的未来值　　　　单位:元

年	年金额 $\times(1+r)^n$	未来值
1	$1\,000\times(1+0.09)^2$	1 188.10
2	$1\,000\times(1+0.09)$	1 090.00
3	$1\,000$	1 000.00
合计		3 278.10

从表 8-1 可以看出,求一笔年金的未来值,实际上是对一个等比数列求和。根据等比数列求和公式,一笔普通年金的未来值计算公式为:

$$P_n = \frac{A[(1+r)^n - 1]}{r} \qquad (公式 8-4)$$

其中,A 为每期年金额;r 为再投资收益率;n 为从支付日到期末所余年数。

一笔年金的现值正好等于每一次个别支付的现值之和。因此,上例 3 年期年金现值可以通过分别计算第 1 年、第 2 年、第 3 年年末收到的 1 000 元的现值之和得到,如表 8-2 所示。

表 8-2　按 9％年贴现率计算 3 年期 1 000 元年金的现值　　　　单位:元

年	年金额 $/(1+r)^n$	现值
1	$1\,000/(1+0.09)$	917.40
2	$1\,000/(1+0.09)^2$	841.70
3	$1\,000/(1+0.09)^3$	772.20
合计		2 531.30

一笔年金的现值是对一个未来价值序列的贴现,公式为:

$$PV = \sum_{t=1}^{n} \frac{P_t}{(1+r)^t} \qquad (公式 8-5)$$

运用等比数列求和公式,可得到求一笔普通年金现值的公式:

$$PV = \frac{A\left[1 - \dfrac{1}{(1+r)^n}\right]}{r} \qquad (公式 8-6)$$

4. 终身年金的价值

终身年金(perpetuity)是无到期期限的、每期相等的现金流量系列,可以将其理解为每年支付一次利息的、没有到期日的债券。在现实生活中,这种债券的典型例子是 British Consol,这是一种没有到期日的债券,英国政府对债券持有人负有永久性的支付固定利息的义务。终身年金的现值公式为:

$$PV = \sum_{t=1}^{\infty} \frac{A}{(1+r)^t}$$

（公式 8 - 7）

$$PV = \frac{A}{r}$$

式中，A 为每年支付的年金额；t 为年序数（下同）；r 为贴现率。

与终身年金类似的另一种金融工具是约定股息的优先股。例如，一个每年支付 6 元股息的优先股，当贴现率为 12％时，它的价值应等于 50 元（即 6÷12％）。虽然像优先股或者类似的终身年金在证券中只占很小部分，但它却为债券和股票的估价提供了一种有益启示。对每年付息一次的债券而言，它与终身年金之间的相似之处在于提供了每期相同的现金流量，不同之处在于它有到期日；而普通股正好相反，它没有到期日，每期提供的现金流量不同。

（二）债券的价值评估

任何一种金融工具的理论价值都等于这种金融工具能为投资者提供的未来现金流量的贴现。给一张债券定价，首先要确定它的现金流量。一种不可赎回债券的现金流量构成包括两部分：在到期日之前周期性的息票利息支付；票面到期价值。在以下的债券定价计算中，为简化分析先做三个假设：①息票支付每年进行一次；②下一次息票支付恰好是从现在起 12 月之后收到；③债券期限内，息票利息是固定不变的。在确定了一张债券能给投资者提供的现金流量分布之后，需要在市场上寻找与目标债券具有相同或相似信贷质量及偿还期限的债券，以确定必要收益率或贴现率。给定某种债券的现金流量和必要收益率，可以以现金流量贴现的方式为债券估价。

1. 附息债券的价值评估

附息债券是指债券发行人承诺在债券到期之前，按照债券的票面利率定期向投资者支付利息，并在债券到期时偿还本金的债券。它是债券市场中最普遍和最具有代表性的债券。附息债券的期限一般在 1 年以上 30 年以下，但最长也可以达到 100 年，附息频率一般为 1 年 1 次或半年 1 次。

附息债券价格的基本计算公式为：

$$P = \sum_{t=1}^{n} \frac{C}{(1+r)^t} + \frac{F}{(1+r)^n}$$

（公式 8 - 8）

下面举例说明附息债券价格的计算。有一张票面价值为 1 000 元、10 年期 10％息票的债券，假设其必要收益率为 12％，计算其价值应为多少？

显然，对于该债券而言：

$C = 1\,000 \times 10\% = 100$，　$n = 10$，　$r = 0.12$

$$P = \sum_{t=1}^{10} \frac{100}{(1+0.12)^t} + \frac{1\,000}{(1+0.12)^{10}} = 100 \times 5.650\,2 + 1\,000 \times 0.332 = 897.02 \text{（元）}$$

假如该债券的必要收益率 r 下降到 8％，债券的价格将会出现何种变化？

此时，$C = 1\,000 \times 10\% = 100$，　$n = 10$，　$r = 0.08$

$$P = \sum_{t=1}^{10} \frac{100}{(1+0.08)^t} + \frac{1\,000}{(1+0.08)^{10}} = 100 \times 6.710\,1 + 1\,000 \times 0.463\,2 = 1\,134.2 \text{（元）}$$

另外，假设票面利率等于必要收益率，则

$C = 1\,000 \times 10\% = 100$，　$n = 10$，　$r - 0.1$

$$P = \sum_{t=1}^{10} \frac{100}{(1+0.1)^t} + \frac{1\,000}{(1+0.1)^{10}} = 100 \times 6.144\,6 + 1\,000 \times 0.385\,54 = 1\,000(元)$$

综上所述,可以得出以下结论:若一张债券的必要收益率高于发行人将要支付的利率(票面利率)时,债券将以相对于面值贴水的价格交易;反之,则以升水的价格交易;当必要收益率等于票面利率时,将以面值平价交易。

2. 到期一次性还本付息的债券定价

对于到期一次性还本付息债券的定价,由于持有期间没有连续的利息现金流,只有一次现金流,只是在到期日(期满日)连本带利还清,也就是到期日的本息之和。所以,对于这样的债券只需要找到合适的贴现率,而后对债券终值贴现就可以了。一次性还本付息债券的定价公式为:

$$P = \frac{M(1+r)^n}{(1+k)^m} \qquad\qquad (公式\ 8-9)$$

式中,M 为面值,r 为票面利率,n 为从发行日至到期日的时期数,k 为该债券的贴现率,m 为从买入日至到期日的所余时期数。

例如,某面值 1 000 元的 5 年期债券的票面利率为 8%,2006 年 1 月 1 日发行,2008 年 1 月 1 日买入。假定当时此债券的必要收益率为 6%,买卖的均衡价格应为:

$$P = \frac{1\,000(1+0.08)^5}{(1+0.06)^3} = 1\,233.68\ (元)$$

此例显示了在债券的必要收益率和所余到期时期变化时债券的估价方法。

3. 零息债券的定价

零息债券有时也称为折现债券,是指发行人在债券存续期间不向投资者进行任何周期性的利息支付,而是把到期价值和购买价格之间的差额作为利息回报给投资者。换言之,投资者以相对于债券面值贴水的价格从发行人手中买入债券,持有到期后可以从发行人手中兑换相等于面值的货币。一张零息债券的现金流量相当于将附息债券的每期利息流入替换为零。

对于零息债券的定价,期限为 1 年及 1 年以内的,通常是按银行贴现基准来定价,即用贴现率对票面值折现。零息债券的估价公式为:

$$P = \frac{M}{(1+k)^m} \qquad\qquad (公式\ 8-10)$$

式中,M 为债券面值,k 为必要收益率,m 为从现在起至到期日所余周期数。

例如,从现在起 15 年到期的一张零息债券,如果其面值为 1 000 元,必要收益率为 12%,它的价格应为:

$$P = \frac{1\,000}{(1+0.12)^{15}} = 182.7\ (元)$$

从上述计算可以归纳出影响债券价格变化的三个直接动因:①由于发行人信用等级发生变化导致债券的必要收益率发生变化,进而影响债券价格。在其他条件不变的情况下,必要收益率的变动与债券价格的变动呈反向关系。②必要收益率不变,只是由于债券日益接近到期日,会使原来以升水或贴水交易的债券价格上升。③与被定价债券具有相似特征的可比债券收益发生变化(即市场必要收益变化),也会导致被定价债券的必要收益变化,进而影响债券价格。

第二节 债券投资的风险与报酬

风险与报酬是一切投资的核心问题,也是证券投资者必须关注的问题。人们投资于证券就是为了获得收益。由于投资收益的多少受投资额度的大小影响,因此评价投资收益时一般用收益率表示。投资者进行投资决策时,一般遵循下列原则:在收益水平相同的证券或证券组合中,选择风险较小的证券或证券组合进行投资;在风险水平相同的证券或证券组合中,选择收益率较高的证券或证券组合进行投资。

一、债券投资风险

证券投资是一种风险性投资。一般而言,风险是指投资者预期收益的背离,或者说是证券收益的不确定性。证券投资的风险是指证券预期收益变动的可能性及变动幅度。在证券投资活动中,投资者投入一定数量的本金,目的是希望能得到预期的若干收益。从时间上看,投入本金是当前行为,其数额确定,而取得收益是在未来,在持有证券这段时间内,有很多因素可能使预期收益减少甚至使本金遭受损失。因此,证券投资风险普遍存在。与证券投资相关的所有风险称为总风险,总风险可以分为系统风险和非系统风险两大类。

(一)系统风险

系统风险是由于某种全局性的共同因素引起的投资收益的可能变动,这种因素以同样方式对所有证券的收益产生影响。在现实生活中,所有企业都受全局性因素影响,这些因素包括社会、政治、经济等各个方面。由于这些因素来自企业外部,单一证券无法抗拒和回避,因此又称不可回避风险。这些共同因素会对所有企业产生不同程度影响,不能通过多样化投资而分散风险,因此又称不可分散风险。系统风险包括利率风险、购买力风险、汇率风险、波动性风险、政策风险和税收风险等。

1. 利率风险

债券价格与利率呈反向变化,即利率升高,债券价格下降;利率下降,债券价格上升。当市场利率提高时,若投资者必须在到期日之前出售债券,投资者将会产生资本损失(出售价格低于购买价格),这一风险被称为利率风险或市场风险,是债券投资者所面临的主要风险。债券价格对市场利率变化的敏感度主要由债券自身的一些特性(如票面利率和到期日)所决定,另外还受所附债券选择权(如赎回选择权和卖出选择权)的影响,这是因为所附的选择权同样会受利率水平变动的影响。

2. 通货膨胀风险

通货膨胀风险又称购买力风险,是指由通货膨胀所导致的证券现金流量值变动而形成的风险,这一风险由购买力来衡量。比如,假设投资者购买一种息票率为7%的债券,而通货膨胀率为8%,那么,现金流量的购买力实际上已经下降。对于浮动利率债券之外的所有债券而言,投资者都面临通货膨胀风险,因为发行体所承诺的利率在整个债券存续期内都是固定的。从某种程度上讲,利率反映了预期通货膨胀率水平,浮动利率债券的通货膨胀风险比较低。

3. 汇率风险

以美元为例,非美元债券(即用非美元货币偿还的债券)的美元现金流是不确定的,美元现金流的大小取决于债券偿还时的汇率。例如,假设投资者购买的债券是用日元来偿还的,当日元相对于美元贬值时,投资者所获得的美元收入就会下降,这种风险被称为汇率风险或货币风险。当然,该例中,日元相对于美元升值时,投资者将获得更多的美元收入。

4. 波动性风险

附有某些选择权的债券价格主要由利率和影响选择权价值的因素所决定,这些因素之一便是利率的可预期波动。具体地讲,当预期利率波动增大时,选择权价值将会上升。对于可赎回债券或抵押支持证券而言,投资者已经赋予发行体一项选择权,也就是说,投资者让出了更具价值的选择权,则债券的价格可能降低。波动性变动对债券价格会产生反向影响,由这一影响所导致的风险被称为波动性风险。

5. 政策风险

政策风险是指政府有关证券市场的政策发生重大变化或是有重要举措和法规出台,引起证券市场波动,从而给投资者带来的风险。例如,中国在 1992 年国库券发行的 1 年多以后,突然宣布给 3 年期和 5 年期两个券种实行加息和保值补贴,导致 092 和 192 券价格暴涨;1995 年 5 月,证券监管部门突然宣布暂停国债期货交易,使 092 券跌幅达 10％以上。

6. 税收风险

税收风险表现为两种具体形式:一是投资免税的政府债券的投资者面临收入税率下调的风险,税率越高,免税价值越大,如果税率下调,免税实际价值就会相应减少,债券价格就会下降。二是投资于免税债券的投资者面临所购买债券被有关税收征管当局取消税收优惠的风险。

(二)非系统风险

非系统风险是指只对某个行业或个别公司的证券产生影响的风险。该风险通常由某一特殊因素引起,与整个证券市场价格不存在系统和全面的联系,只对个别或少数证券收益产生影响。这种因行业或企业自身因素改变而带来的证券价格变化与其他证券的价格、收益没有必然的内在联系,不会因此而影响其他证券的收益,可以通过分散投资降低风险。若投资者持有多样化的不同证券,当某些证券价格下跌而收益减少时,另一些证券可能正好价格上升、收益增加,这样就使风险相互抵消。因此,非系统风险是可以抵消回避的,又称为可分散风险或可回避风险。非系统风险包括信用风险、经营风险和财务风险等。

1. 信用风险

信用风险又称违约风险,是指债券发行人可能违约(即在债券到期时无法还本付息)给投资者带来的风险。违约风险由信用评级公司出具的信用等级来测量。具有违约风险债券的市场交易价格一般低于可比的国债,因为国债被认为是没有风险的。换言之,市场上交易的非国债债券比其他可比的国债具有更高的收益率。除了最低信用级别的证券(像高收益债券或垃圾债券)外,投资者通常更注重可觉察到的违约风险或给定违约风险所带来的成本,而非实际的违约事故。尽管一家发行公司的违约事故看起来非常不可能,但投资者们认为,可觉察到的违约风险变化的影响或市场对任一特定违约风险水平下所需求的差额都会迅速对债券的价值产生影响。

2. 经营风险

经营风险是指公司决策人员与管理人员在经营管理过程中出现失误而导致公司盈利水平变化,从而使投资者预期收益下降的可能性。经营风险主要来自于公司内部的决策失误或管理不善。公司经营状况最终表现为盈利水平的变化和资产价值的变化。经营风险主要通过盈利变化产生影响,对不同证券的影响程度各异。公司债的还本付息受法律保护,除非公司破产清理,一般情况下不受企业经营状况的影响。但是,公司盈利的变化同样可能使公司债的价格呈同方向变动,因为盈利增加使公司的债务偿还更有保障,信用提高,债券价格也会相应上升。

3. 财务风险

财务风险是指因公司财务结构不合理、融资不当而导致投资者预期收益下降的风险。负债经营是现代企业应有的经营策略,通过负债经营可以弥补自有资本的不足,还可以用借贷资金实现盈利。股份公司在营运中所需要的资金一般来自发行股票和债务两个方面,其中,债务的利息负担是一定的,如果公司资金总量中债务比重过大,或是公司的资金利润率低于利息率,就会使股东的可分配盈利减少,股息下降,使股票投资的财务风险增加。实际上,公司融资产生的财务杠杆作用就是一把双刃剑,当融资产生的利润大于债息率时,给股东带来收益增长效应;反之,就是收益减少的财务风险。

4. 再投资收益或再投资风险

在债券收益计算中,假定所收到的现金流量被作为再投资,再投资获得的收益有时被称作利息的利息,这一收益取决于再投资时的利率水平和再投资策略。因市场利率变化而引起给定投资策略下再投资的不确定性所引起的风险被称为再投资风险,也就是说,分期已收到的现金流量作再投资时的利率下降了。债券的持有期越长,再投资风险越大;同时,具有大额即期现金流量的债券(如高息票利率债券)的再投资风险也较大。不难看出,利率风险和再投资风险有此消彼长的变换关系,因为利率风险是利率上升所导致的债券价格下降的风险,再投资风险则是利率下降所带来的风险。以这种此消彼长效果为基础所制定的投资策略被称为免疫策略。

5. 赎回风险

许多债券契约允许发行人在到期日前全部或部分赎回已发行的债券,发行人通常会保留此项权利以便在市场利率下降到低于息票利率时能够灵活地为偿债再融资。从投资者角度讲,赎回条款有三项不利:首先,附有赎回权的债券的未来现金流量不能预先确知;其次,由于发行人在利率下降时将赎回债券,因而使投资者面临再投资风险(即投资者不得不将所得到的偿债收入以较低的利率作再投资);最后,债券潜在的资本增值有限,因为可赎回债券的价格不可能过多地高于发行人的赎回价。尽管投资者持有可赎回债券的风险会得到一定的收益补偿,但很难确定这种补偿是否足够。无论如何,具有赎回风险的债券的收益都会大大低于其他可比的非赎回债券的收益,赎回风险的大小取决于赎回条款中的各种参数和市场状况。赎回风险在债券投资组合管理中非常普遍,以至于许多市场参与者认为其重要性仅次于利率风险。

6. 流动性风险

流动性风险或市场流通性风险主要取决于债券能够以其理论值或接近于理论值的价格出售的难易程度。对流动性进行测量的基本手段是交易商所报出的买价和卖价间的差额,价差越大,流动性风险越大。对于计划持有债券直到期满日的投资者来说,流动性风险不是很重要。

此外,也有将债券投资风险作如图 8-1 所示的划分,最重要的风险置于中心,从内向外按风险重要程度依次递减分为信用风险、市场风险、策略风险和操作风险。信用风险,如前所述,是指交易方不能履行协定义务的风险。用另一种说法,就是违约或延期支付债券利息和本金的风险。不同评级机构用不同字母和数字组合来表示信用等级。市场风险是指债券价值变动所引致的风险,而这种债券价值的变动则是由现期市场收益或资金成本的变动带来的。在该类风险中有一种是和流动性相联系的具体风险,称为流动性风险,它是在不显著影响其价格的条件下,快速足额交易一种工具的风险。操作风险包括:一是结算风险,可能由接收和交付资产的时差引起;二是与合同执行有关的法律风险。策略风险是由为其机构操作的市场参与者进行交易的方式所引起的风险。

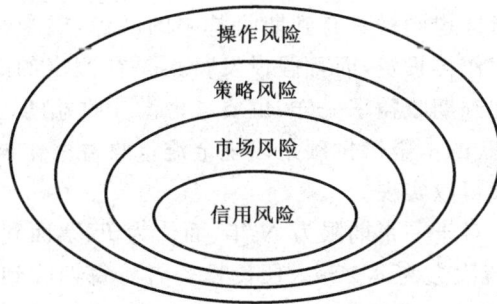

图 8-1　证券投资风险示意图

二、债券投资的收益

债券投资的增值部分即可视为债券投资得到的收益。债券投资的收益构成视不同种类的债券而异。以附息债券为例,由其一般特性所决定,该类债券投资一般可以得到的收益主要包括:①固定利息收入。通常每半年或每年领息一次,投资人手中持有债券息票,可在附息日到指定金融机构领取利息。②资本利得。即投资者可以在市场买卖中赚取差价。债券与股票同样是有价证券,债券的价格会随市场供求变化而变化。投资人可在适当时机以低价买进债券,再等高价时卖出债券,赚取差价。③利息再投资收益。即指投资人将领取的债券利息再投资于其他金融商品所产生的收益,或者在复利计息下,每一付息期所得到的利息本身相当于作为本金再投资而得到的收益,即获得利息的利息。

衡量债券投资收益水平的指标为债券收益率,它是指一定时期内所得收益与投入本金的比率。有关债券收益率问题,将在下一节详细讨论。

(一)债券投资净收益

债券投资过程是从购买一张债券开始,到出售这张债券或者到期收回债券本金时结束。在债券投资结束时所获得的总收益减去最初的投资成本(购买价格),称为债券投资净收益。整个投资过程的完整的净收益可以分成三个部分:①发行人定期支付的由债券的票面利率确定的利息收入。②债券期满或被赎回或被出售时的任何资本损益,当债券是在期满日前出售时,若其卖出价格大于购买价格,其中的差额称为资本收益;反之,称为资本损失。③定期所获现金流量再投资的利息收入。其中,第三种收益被称为再投资收入。对于只有定期付息而没有到期日前的定期本金偿还的一般债券来说,其现金流量只是利息,那么,这类债券的再投资收入也就仅是将定期所获利息作再投资而得到的收入。分期偿还债券(包含等额摊还债券)的再投资收入则是将定期所获利息以及到期日前定期所获的本金偿还额作再投资而得到的利息收入。

任何测度债券未来收益的方法都需要考虑上述三种收益来源的每一种。当期收益率只考虑利息收入,而没有考虑任何的资本利得(或损失)以及利息的利息因素。到期收益率则将票面利息与资本损益都予以考虑,而且包含利息的利息因素。然而,暗含在到期收益率计算中的一个假设是票面利息能以计算出的到期收益率作再投资,因而到期收益率是一个允诺性收益率,即这一收益率的实现要依赖于以下条件:①将债券一直持有到期满日;②票面利息以到期收益率作再投资。如果不能同时满足这两个条件,投资者实现的实际收益率将大于或小于到期收益率。赎回收益率同样要考虑收益的这三个潜在来源。假定票面利息能以赎回收益率作再投资,那么,赎回收益率指标也同样具有到期收益率的缺点,因为这里仍是假定所获得票面利息按计算出的赎回收益率作再投资,而且假设发行人是在假定的赎回日赎回债券。分期偿还债券(现金流量收益率)和到期收益率一样,也要考虑潜在的收益的这三种来源,但也有另外两个假设:首先是假设定期所获的本金偿付额是以现金流量收益率作再投资的,其次是假设旨在获得现金流量的预付项能够得以实现。

下面以附息债券为例。对于一张期限为 N 年、面值为 F、票面利息为 C 的附息债券,付息频率为 m 次/年,债券现金流次数为 $N \times m$。假设投资者将每期收到的利息进行再投资,再投资利率为到期收益率 R(年利率),该投资的未来净收益计算如下:

$$\text{票面利息} + \text{利息的利息} = \frac{C}{m} + \frac{C}{m}(1+\frac{R}{m})^1 + \frac{C}{m}(1+\frac{R}{m})^2 + \cdots + \frac{C}{m}(1+\frac{R}{m})^{N \times m-1}$$

$$= \frac{C}{m} \times \frac{[(1+\frac{R}{m})^{N \times m}-1]}{\frac{R}{m}}$$

$$= c \times \frac{(1+r)^n-1}{r} \qquad \text{(公式 8-11)}$$

据此有:①票面利息收入。总的票面利息由每期票面利息乘以总的付息期数得出:总的票面利息 $= N \times m \times c = n \times c$。②票面利息的再投资收入(利息的利息)。利息的利息部分即为票面利息加利息的利息之和减去总的票面利息:利息的利息 $= c[\frac{(1+r)^n-1}{r}] - n \times c$,这里假定再投资利率等于到期收益率。③到期时收回债券的面值 F 与购买价格之差 $= F-P$。

因此,从计算角度看,债券投资的净收益 NR 构成为:

$$NR = \frac{C}{m}\left[\frac{(1+\frac{R}{m})^{N \times m}-1}{\frac{R}{m}}\right] + (F-P)$$

$$= \frac{F \times i}{m}\left[\frac{(1+\frac{R}{m})^{N \times m}-1}{\frac{R}{m}}\right] + (F-P)$$

$$= F \times \frac{i}{R} \times \left[(1+\frac{R}{m})^{N \times m}-1\right] + (F-P) \qquad \text{(公式 8-12)}$$

如果票面利率 (i) 等于到期收益率 (R),债券的购买价格 (P) 等于债券的面值 (F),上述公式可进一步改写为:

$$NR = F \times \frac{i}{R} \times \left[(1+\frac{R}{m})^{N \times m}-1\right] + (F-P) = P \times \left[(1+\frac{i}{m})^n-1\right]$$

$$\text{(公式 8-13)}$$

[例 8-1] 某附息债券，期限为 10 年，面值为 100 元，票面利率为 9%，付息频率为 3 次/年。若该债券以面值发行，某投资者购买该债券后持有到期，并且该投资者以到期收益率进行再投资，求投资净收益及构成。

解： 由给出的条件可知，该债券的到期收益率等于票面利率，皆为 9%，债券的面值等于发行价格 100 元，根据公式，有：

$$NR = P \times \left[(1 + \frac{i}{m})^n - 1 \right] = 100 \times \left[(1 + \frac{9\%}{3})^{30} - 1 \right] = 142.73 \text{（元）}$$

净收益构成情况为：

①总的票面利息 $= n \times c = N \times m \times F \times i/m = 10 \times 3 \times 100 \times 9\%/3 = 90$（元）

②利息的利息 $= c \left[\frac{(1+r)^n - 1}{r} \right] - n \times c = 3 \times \left[\frac{(1+3\%)^{30} - 1}{3\%} \right] - 90 = 52.73$（元）

③资本利得 $= F - P = 100 - 100 = 0$（元）

[例 8-2] 某投资者以 800 元的价格购入 10 年期、票面利率为 8%、1 年付息 2 次的某附息债券，如果该投资者预期再投资利率为 8.5%，求到期时的投资净收益及其构成。

解： 由给出的条件可知，该债券的到期收益率为 8.5%，票面利率为 8%，债券的面值为 1 000 元，购买价格为 800 元，根据公式，有：

$$NR = F \times \frac{i}{R} \times \left[(1 + \frac{R}{m})^{N \times m} - 1 \right] + (F - P)$$

$$= 1\,000 \times \frac{8\%}{8.5\%} \times \left[(1 + \frac{8.5\%}{2})^{10 \times 2} - 1 \right] + (1\,000 - 800)$$

$$= 1\,442.50 \text{（元）}$$

净收益构成情况为：

①总的票面利息 $= n \times c = N \times m \times F \times i/m = 10 \times 2 \times 1\,000 \times 8\%/2 = 800$（元）

②利息的利息 $= c \left[\frac{(1+r)^n - 1}{r} \right] - n \times c = 40 \times \left[\frac{(1+4.25\%)^{20} - 1}{4.25\%} \right] - 800 = 422.50$（元）

③资本利得 $= F - P = 1\,000 - 800 = 200$（元）

（二）债券投资总收益

债券投资总收益是指债券投资结束时预期可获得的总收益或总的未来值，它与债券投资的净收益的区别在于它没有扣除债券投资成本（债券的购买价格），二者的关系可以用下式表示：

$$债券投资净收益 = 债券投资总收益 - 债券投资成本（购买价格）$$

依据上式债券投资净收益的构成，债券投资的总收益构成为：①发行人定期支付的由债券的票面利率确定的利息收入；②债券期满时收回的面值，或被赎回或被出售时的价格；③定期所获现金流量再投资的利息收入。

根据公式及债券投资的总收益含义，其计算公式为：

$$TR = \frac{C}{m} \left[\frac{(1 + \frac{R}{m})^{N \times m} - 1}{\frac{R}{m}} \right] + F = \frac{F \times i}{m} \times \left[\frac{(1 + \frac{R}{m})^{N \times m} - 1}{\frac{R}{m}} \right] + F$$

$$= F \times \frac{i}{R} \times \left[(1 + \frac{R}{m})^{N \times m} - 1 \right] + F \qquad \text{（公式 8-14）}$$

很显然,对于例 8 - 1,可以求得其债券投资总收益为 242.73 元;对于例8 - 2,可以求得其债券投资总收益为 2 242.50 元。

债券投资的净收益与总收益之间的区别只在于是否扣除债券购买价格,而债券的购买价格在债券的整个投资过程中是最初确定的一步,在债券的持有期间对于债券投资者而言,它已成为一个不变的历史数据,所以债券投资的总收益的变动和净收益的变动就是完全相同的。

三、收益与风险的关系

收益与风险是证券投资的核心问题。投资者投资的目的是为了得到收益,与此同时又不可避免地面临风险,证券投资的理论和技巧都围绕如何处理这两者的关系而展开。收益与风险的基本关系是:收益与风险相对应,也就是说,风险较大的证券,其要求的收益率相对较高;反之,收益率较低的投资对象,风险相对较小。但是,绝不能因为收益与风险有着这样的基本关系,就盲目认为风险越大,收益就一定越高。

收益与风险相对应的原理只是揭示两者的内在本质关系:收益与风险共生共存,承担风险是获取收益的前提;收益是风险的成本和报酬。收益和风险的本质联系可以表述为:预期收益率＝无风险利率＋风险补偿。

预期收益率是投资者承受各种风险应得的补偿,无风险收益率是指把资金投资于某一没有任何风险的投资对象而能得到的利息率,这是一种理想的投资收益。我们把这种收益率作为一种基本收益,再考虑各种可能出现的风险,使投资者得到应有的补偿。在现实生活中,不可能存在没有任何风险的理想证券,但可以找到某种收益变动小的证券来代替,例如短期国库券。但是,这种收益率对风险的替代只能粗略地、近似地反映两者之间的关系。

第三节　债券的收益率及其曲线

同其他证券一样,债券的收益也包括两部分,一是债券到期(或按期)获得的利息收入,二是债券在市场交易中由于价格上升而获得的升值收益。但是,债券与股票相比较,在收益上又存在差异,这种收益差异表现为:一方面,股票收益中的股息是不固定的,所以其收益率往往包含较多的不确定因素,而债券的利息是事先确定的。另一方面,股票的市场价格波动不定,可能给投资者带来巨大的升值收益,而债券由于利息率已固定,债券在证券市场上的价格主要以债券利息为基础,从而波动较小,一般远不及股票,因而,债券收益主要来自利息收入。

一、债券的投资特征

(一)安全性高

由于债券发行时就约定到期后可以支付本金和利息,故其收益稳定、安全性高。特别对于国债来说,其本金及利息的支付由政府财政收入作担保,风险极小,是具有较高安全性的一种投资方式。

(二)收益高于银行存款

我国债券利率一般高于银行存款利率。投资于债券,投资者一方面可以获得稳定且高于银行存款的利息收入;另一方面,可以利用债券价格变动买卖债券,赚取差价。

（三）流动性强

上市债券具有较好的流动性。当债券持有人急需资金时，可以在交易市场随时卖出，而且随着金融市场进一步开放，债券流动性将不断增强。

二、影响债券投资收益率的因素

债券收益率表示一定量的投资本金在一定时期内所获收益的程度，有时也称债券净收益率。由于债券的利息率和偿还期是事先确定的，所以在投资时可以准确计算出收益率。影响债券收益率的因素有三个：债券票面利率；债券期限（剩余期限）；债券价格。

（一）债券票面利率

债券票面利率，亦称息票利率、名义利率、设定利率或约定利率，一般简称债息率或债券利率，是按债券面值计算的债券在一定期限内的利息与面值的比率。债券利率可以是年利率、月利率或日利率，通常以年利率为多见。按照计算时是否将利息重复计算，可分为单利和复利，我国债券利率一般都以单利计算。债券利率高低表明相同期限、同一数额债券的利息收入的多少，因而直接影响债券收益率，为投资者所关心。在多数情况下，债券利率事先确定并固定不变。在其他条件不变情况下，债券的收益率与债券利率成正比变化。利率越高，债券收益率越高；反之，债券利率越低，债券收益率也越低。债券利率的确定受多种因素影响，具体包括以下几种：

1. 债券约定期限

债券都有约定期限。由于债券的期限越长，投资者受通货膨胀、利率波动影响而承担的风险越大，债券利率一般定得高一些；反之，债券期限短，则受通货贬值、利率变动影响的风险小，投资者收回本息快、周转灵活，因而其利率往往定得低些，尤其是对于一次还本付息且不计复利的债券来说，期限对利率的影响更大，因为必须考虑利息的再投资问题。例如，我国债券以单利计息，投资短期债券可以较快收回本金利息用于再投资，获得更多收益。

2. 银行存款利率

如果债券利率低于同期银行存款利率，则投资者就宁愿将资金存入银行，而不去投资于债券。因为银行信誉高，存取便利，并可挂失，所以债券利率一般都应高于同期银行存款利率，否则难以吸引投资者。

3. 发行者信用等级

发行者信用等级可以表明发行者债券本金和利息的偿还与支付能力。发行者信用等级越高，投资人风险越小，债券利率可以相对低些；反之，债券利率就应提高以抵补投资人的高风险。国家公债不存在信用问题，故其票面利率最低，而地方债券与企业债券则都存在信用问题，利率相对高些，且企业债券利率高于地方债券。在企业债券中，经营好、偿付能力强的企业，其债券利率可低于信用等级较低的企业。一般地方政府和企业发行债券时，都要经过权威资信评估机构评定信用等级，以便确定债券票面利率。但是，由于效益较差、偿付能力较弱即资信等级较低的企业往往难以承受较高利息负担，相反，信誉高的企业对高利率承受能力强，从而使得实际上的利率高低难以同发行债券单位的资信经常地保持一致。

4. 债券发行价格与条件

一般来说，由于债券除按面值发行之外，还可以以低于面额的价格折价发行，或者以高于面额的价格溢价发行，故债券利率也可以事先作相应的调整准备。准备折价发行的债券利率可以定得低一些,而准备溢价发行的债券利率则可以定得高一些。此外,其他发行条件也直接影响债券利率,如发行时的某些优惠像延期收款、赠送奖券礼品等。

5. 债券流动性

债券流动性主要指债券到期前的变现能力与转让能力。流动性好的债券使投资者能在急需款项时及时将债券转让以取得资金,投资选择余地大,资金周转快,投资风险小,因而较受投资者欢迎。因此,流动性好的债券的利率可以低于流动性差的债券。债券流动性强弱主要看债券能否上市流通交易及其市场力的大小等。

6. 债券利息收益的税费

各国政府通常对债券投资者的收益都要征收一定税收,除了可以获得免税债券(如我国政府债券),税收高低直接影响投资者实际收益,因而债券发行者应予以考虑。课税较重的债券,利率就应定得高些,以保证投资者实际收益;反之,免税或减税债券的利率则可以相对低一些。

7. 债券的回收条件或转换性

一般债券是在约定期限支付利息,到期时收回本金。也有一些债券回收的方式与条件不同,从而直接影响债券投资者的实际收益。如一些债券规定可以提前收回,而一些债券规定分期收回,这应在债券利率确定时予以考虑。另外,有些债券是可转换公司债,在某一规定期限内可由投资者自行选择将债券兑换为公司发行的股票,这种债券的利率必然要考虑其可转换性对利率的影响。

8. 预期物价变动趋势

通货膨胀直接损害债券投资者的实际到期收益,如果通货膨胀率超过债券利率,则投资者不仅不能得到真正的利息收益,而且投入的资本金也会受损。因此,如果在债券投资期内预期通货膨胀发生,就必须使债券利率定高一些,至少高过预期的通货膨胀率;相反,如果预期投资期内物价水平将下降,则债券利率可以定得低一些。

9. 市场供求状况

如果资本市场上资金充足,债券供应量少,债券供不应求,则债券的利率就可适当定得低一些;反之,若资本市场上资金不足,债券供过于求,债券利率就应确定得高一些以吸引投资者。

(二)债券期限

当债券价格与其面额不等时,债券期限越长,债券价格与其面额的差异对收益率的影响越小;反之,债券距到期日越近,价格与面额的差异对收益率的影响越大。债券收益率是债券期限的函数,对于信用等级相同的两种债券来说,投资者投资于期限长的债券比期限短的债券需要承担更大的利率风险。

(三)债券价格

债券在市场上的交易价格经常与其面值发生背离。在发行市场上,投资者认购溢价发行的债券投入的本金高于其面值,收益率将低于票面利率;当投资者认购折价发行的债券,投资本金低于其面值时,收益率将高于票面利率。在流通市场上购入债券,认购价格与收益率呈反向变化。价格越高,收益率越低;反之价格越低,收益率越高。市场利率变动与债券价格变动呈反向关系,即当市场利率升高时,债券价格下降;市场利率降低时,债券价格上升。市场利率变动引起债券价格变动,从而给投资者进行债券买卖带来差价。随着市场利率的升降,投资者如果能够适时地买进卖出债券,就可获取更大的债券投资收益。当然,如果投资者债券买卖时机不当,也会使得债券投资收益减少。与债券面值和票面利率相联系,当债券价格高于其面值时,债券收益率低于票面利率,反之则高于票面利率。债券投资收益虽然受诸多因素影响,但是债券本质上是一种固定收益工具,投资风险较小,适合于希望获得固定收入的投资者。

三、收益率曲线与利率期限结构理论

(一)收益率曲线

由于国债收益率决定着其他债券的收益标准,因此金融市场参与者都十分关注国债的收益与偿还期之间的关系,收益率曲线(yield curves)正是表明国债到期收益与其偿还期之间关系的曲线。从历史数据中观察到的收益率曲线有四种形状,见图8-2。

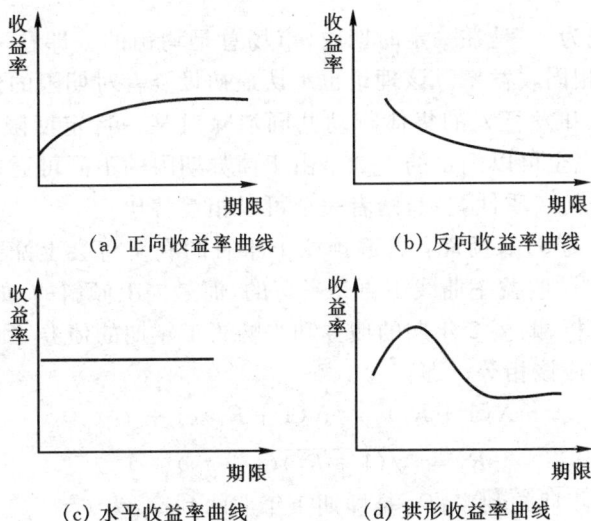

(a) 正向收益率曲线　　(b) 反向收益率曲线
(c) 水平收益率曲线　　(d) 拱形收益率曲线

图 8-2　收益率曲线的四种情况

需要关注的是,这四种情况都只是理论上的假设状态,现实世界债券的收益率和到期日之间的关系表现得并非如此完美。由于税收和提前兑付等原因,期望收益率与收益率曲线之间不可能保持精确一致。虽然收益率曲线是根据观测到的(偿还期、收益率)坐标点绘制出的,但利率的期限结构却是特指无息票国债的收益与偿还期之间的关系。由于附息债券可以被无息票债券组合来替换,所以利率的期限结构理论可以用来解释为何收益率曲线会有不同形状。

(二)利率期限结构理论

所谓债券利率期限结构,是指在某一时点上,各种不同债券的利率(即到期年收益率)与到期期限之间的关系。目前,国际上具体探讨利率结构问题的理论主要有三种:纯预期理论、市场分割理论和流动性偏好理论。债券的利率期限结构理论是指债券的到期期限与到期收益率之间的关系。通常情况下,不同到期期限的债券的收益率各不相同。传统的利率期限结构理论从经济主体行为动机的角度出发,分析影响债券收益率曲线形状的最基本因素,它是债券收益率曲线的理论基础。中国目前决定债券收益率的因素包括经济因素和制度因素。中国债券市场尚不成熟,债券二级市场收益率受到一些特殊因素影响。

传统的利率期限结构理论认为,影响国债收益率曲线形状的最基本因素有:市场未来利率走向的预期;债券收益中存在的流动性溢价;市场不完全阻碍资金在长、中、短期市场间的流动。

(1)市场预期理论。市场预期理论又称无偏预期理论,是目前被普遍用来解释利率期限结构理论的一种基础理论。该理论认为,利率的期限结构完全取决于对未来利率的市场预期,而投资者的一般看法构成市场预期,市场预期会随通货膨胀预期和实际利率预期的变化而变化。债券的远期利率在量上应等于未来相应时期即期利率的预期。因而,一组呈上升趋势的即期利率可被解释为是市场预期未来即期利率看涨,如图 8-2(a)所示;反之,则是市场预期未来即期利率看跌,如图 8-2(b)所示;当市场预期所有的即期利率大致相等时会出现图 8-2(c)所示的情况;当市场预期未来即期利率在短期(二三年内)看涨,而后会下降时,就会出现图 8-2(d)所示的情况。

该理论的假设前提为:一是在一定时期内,市场总是均衡的。即在一定时期内,由于市场作用,所有债券均取得相同收益率。该理论也承认最初投资者对期限的偏好是存在的,但是可通过固定收入的投资人和发行人的集体行动共同消除对某一特定期限债券的比较优势。因此,未来债券的收益是完全可以确定的。二是由于债券期限的不同可通过收益率差别来弥补,因此对投资者来说无任何实质性差别,两者完全可以相互替代。

假设 1 年期的利率为 6%,投资者普遍预期 1 年后的利率将会上涨到 8%,则此时 2 年期的利率将上涨到 6.995%,收益率曲线不再是平行的,而是向上倾斜的,如图 8-2(a)所示。这是因为从投资者角度分析,购买 2 年期的债券和先购买 1 年期的债券,到期后再投资 1 年期的债券这两种方式的收益应该相等。即:

$$X(1+R_2)^2 = X(1+R_1)(1+f_1)$$

$$R_2 = \sqrt{(1+R_1)(1+f_1)} - 1 \qquad\qquad (公式 8-15)$$

式中:R_2 为即期 2 年期的利率;R_1 是即期 1 年期的利率,为 6%;f_1 是 1 年后的 1 年期利率为 8%。代入求得 $R_2=6.995\%$。如果投资者普遍预期未来利率将会上升,即 $f_1>R_1$,则即期的长期利率也会上升,亦即 $R_2>R_1$,收益率曲线表现为上升趋势;如果投资者普遍预期未来利率下降 $f_1<R_1$,即 $R_2<R_1$,则即期的长期利率也会下降,收益率曲线表现为下降趋势;如果投资者预期未来利率不变,即 $f_1=R_1$,则 $R_2=R_1$,收益率曲线呈水平状态;如果投资者对未来利率走势判断不定时,则收益率曲线可能出现驼峰的形状。

市场预期理论表明:现在对长期利率的预期取决于对现在的短期利率和未来的短期利率的预期。人们对未来即期利率预期的变化主要源自对通货膨胀率预期的变化,因此当较高的现行通货膨胀率造成短期利率过高时,人们对未来通货膨胀率的预期就会下降,利率的期限结构就呈下降趋势;反之,就会呈上升趋势。然而,对大量经济数据的考察表明,远期利率是未来即期利率的有偏估计。因为利率的变动显示出明显的周期性特征,周期性运动的特性是上升时期和下降时期所用时间应基本相等,但实际情况却是利率期限结构呈上升趋势的时间较下降趋势多,这一现象的存在为流动性偏好理论的产生奠定了基础。

(2)流动性偏好理论。该理论认为,考虑到资金需求的不确定性和风险产生的不可精确预知性,投资者在同样收益率下,更倾向于(偏好)购买短期证券。投资者认为长期债券和短期债券之间存在着根本性的差异,两者之间具有某种不可完全的替代性。在一般情况下,由于长期债券面临未来不确定性因素较多,使长期债券的价格波动大于短期债券。因而,对投资者来说,投资长期债券时,被要求支付风险贴水,在此情况下,债券的利率期限结构符合图 8-2(b)

的形状。其中,将长期债券收益率高于短期债券的那部分称为流动性贴水,债券期限越长,债券到期收益率越高,用数学公式可表示为:

$$0 = R_1 < R_2 < \cdots < R_n$$

式中:$R_t(t=1,2,\cdots,n)$为债券的到期收益率。随着时间的推移,流动性贴水提高的幅度越来越小,用数学公式表示为:$(R_2-R_1) > (R_3-R_2) > \cdots > (R_n-R_{n-1})$。因为随着期限的延长,影响长期债券收益率的因素将趋近于相同,投资者对流动性贴水要求的支付也就越来越小。以上分析是在一般情况下得出,由于不同投资者有可能会有不同流动性贴水要求,因而有可能得出形状各异的收益率曲线。

流动性偏好理论在解释不同形态的期限结构时,同样是以未来即期利率的不同预期为基础,与无偏预期理论之间的区别仅在于曲线弯曲的幅度大小不同。在利率期限结构呈上升态势时,由于流动性升水的存在,流动性偏好理论认为未来即期利率的上升幅度会大于运用无偏预期理论所计算的上升幅度;同时也是因为流动性升水的存在,当市场预期未来即期利率保持不变,甚至轻微下降时,利率期限结构也会呈现出稍微向上倾斜的态势。此种情况的存在,使流动性偏好理论可以解释期限结构上升时期多于下降时期这一现实。

(3)市场分割理论。该理论从另一个角度解释利率期限结构的成因。认为由于受法律法规、市场准入、个人偏好和投资习惯等因素影响,市场上的投资和融资活动总是局限于一些特殊的期限范围,证券市场供需双方不能无成本地实现资金在不同期限证券之间的自由转移。证券市场不是一个整体,而是被分割为长、中、短期市场。在这种分割状态下,不同期限债券的即期利率取决于各市场独立的资金供求。即使不同市场之间在理论上出现套利机会,但由于跨市场转移的成本过高,资金难以在不同市场之间转移。按照这种理论,呈上升趋势的利率期限结构是因为长期债券市场资金供需的均衡利率高于短期市场的均衡利率;反之,当短期均衡利率高于长期均衡利率时,利率期限结构就会呈下降趋势。考察现行市场的利率期限结构呈何种状态,并精确估算不同期限债券的即期利率非常重要,它是决定未来现金流量现值大小和贴现率的基础。在市场分割情况下,每个分割市场的供求状况决定着各自的收益率结构。每一市场的供求曲线随着资金在各种金融机构间的流出、流入而不断发生变化,每一市场的需求曲线也随着融资者资金使用的特定目的不同而不断改变。该理论认为:利率期限结构与市场对未来利率的预期无关,也不取决于流动性溢价的特性。

四、债券收益率的计算

对于交易活跃的债券来说,其市场价格可以方便地获得,投资者更关心投资的收益率。因此,在交易活跃的债券市场上,对债券的估值实际上就是对其到期收益率的计算。到期收益率是指债券约定的未来现金流量的现值恰好等于该债券的现行价格的年利率,即债券投资的内部收益率。其计算公式为:

$$P = \sum_{t=1}^{TN} \frac{C/N}{(1+\frac{y}{N})^t} + \frac{P_{ar}}{(1+\frac{y}{N})^{TN}} \qquad (公式8-16)$$

式中:P为债券市场价格;P_{ar}为债券面值;N为付息频率;y为到期收益率;T为乘余期限。

[例8-3] 某债券面值1 000元,期限10年,每半年支付一次利息,年息票利息60元,剩

余期限 6 年,市价为 782.50 元,计算该债券的到期收益率。

已知 $P_{ar}=1\,000,C=60,N=2,T=6,$

则有　$782.50=\sum_{t=1}^{12}\dfrac{60/2}{(1+\frac{y}{2})^t}+\dfrac{1\,000}{(1+\frac{y}{2})^{12}}$

$y=11.06\%$

债券收益率对投资者计算债券投资收益很重要。债券收益率有多种,除到期收益率外,常见的还有以下 4 种收益率,这里仅以附息债券为例进行说明。

(一)息票收益率(名义收益率)

息票收益率是指债券约定的票面年息票利率。例如,某债券面值 1 000 元,每年支付息票利息 80 元,则息票收益率或名义收益率为 8%。

(二)即期收益率

即期收益率是指用债券约定的票面年利息除以债券的现行市场价格。例如,面值 1 000 元的债券,年支付息票利息 80 元,目前市价为 1 050 元,则其即期收益率为 80/1 050≈7.62%。

(三)赎回收益率

可赎回债券的约定中允许发行债券的公司在未来以某一设定价格提前赎回公司债券。假定债券将在第一个可能的赎回日期被公司赎回时,债券投资的内部收益率即为赎回收益率,称为第一赎回收益率。对于附息债券来说,即公式(8-17)中的 y 值。

$$P=\sum_{t=1}^{TN}\dfrac{C/N}{(1+\frac{y}{N})^t}+\dfrac{M}{(1+\frac{y}{N})^{TN}}\qquad(公式8-17)$$

式中:M 为设定的赎回价格;T 为从现在起到第一个可能赎回期为止的支付期数;N 为每年付息次数。

[例 8-4] 某可赎回的 30 年期附息债券,面值 1 000 元,息票利率 8%,每半年付息一次,从现在到第一个可赎回日期还有 10 年,赎回价格 1 100 元,该债券现在的市场价格为 1 150 元,其赎回收益率为多少?

已知 $C=1\,000\times8\%=80$ 元,$N=2,M=1\,100$ 元,$P=1\,150$ 元,$T=10$

则有　$1\,150=\sum_{t=1}^{20}\dfrac{80/2}{(1+\frac{y}{2})^t}+\dfrac{1\,100}{(1+\frac{y}{2})^{20}}$

$y\approx6.64\%$

(四)已实现收益率

已实现收益率是指投资者实际从债券投资中产生的持有期收益率,该收益率要待投资结束且所有的风险都已解除后才能确定。

[例 8-5] 某投资者按面值购入 3 年期,票面价值 1 000 元,年利息 80 元的债券,持有一年后以 1 020 元的价格卖出,则已实现收益率 $y=\dfrac{1\,020-1\,000+80}{1\,000}=10\%$。

由以上分析可以看出,债券不同收益率的含义各异,必须明确收益率的类别,最常用的收益率是到期收益率。从债券各种收益率的关系来看,长期债券到期收益率接近其即期收益率,而短期债券到期收益率接近其息票利率。

第四节　债券的定价原理、凸性与久期

1962 年麦尔齐(B. G. Malkiel)最早系统提出了债券定价的五个原理,这些原理目前仍然被视为债券定价理论的经典。

一、债券的定价原理

[定理 8 - 1] 债券的价格与债券的收益率成反比关系。换句话说,当债券价格上升时,债券收益率下降;反之,债券价格下降则债券收益率上升。

[例 8 - 6] 某 5 年期的债券 A,面值为 1 000 美元,每年支付利息 80 美元,即息票率为 8%。如果现在市场价格等于面值,意味着其收益率等于息票率 8%。如果市场价格上升到 1 100 美元,它的收益率下降为 5.76%,低于息票率;反之,当市场价格下降到 900 美元时,它的收益率上升到 10.98%,高于息票率。具体计算如下:

$$1\ 000 = 80/(1+0.08) + 80/(1+0.08)^2 + \cdots + 80/(1+0.08)^5 + 1\ 000/(1+0.08)^5$$
$$1\ 100 = 80/(1+0.0576) + 80/(1+0.0576)^2 + \cdots + 80/(1+0.0576)^5 + 1\ 000/(1+0.0576)^5$$
$$900 = 80/(1+0.1098) + 80/(1+0.1098)^2 + \cdots + 80/(1+0.1098)^5 + 1\ 000/(1+0.1098)^5$$

[定理 8 - 2] 当债券的收益率不变,即债券的息票率与收益率之间的差额固定不变时,债券的到期时间与债券价格的波动幅度之间成正比关系。换言之,到期时间越长,债券价格波动幅度越大;反之,到期时间越短,债券价格波动幅度越小。这个定理不仅适用于不同债券之间的价格波动比较,而且可以解释同一债券到期时间长短与其价格波动之间的关系。

[例 8 - 7] 某 5 年期债券 B,面值为 1 000 美元,每年支付利息 60 美元,即息票率为 6%。如果它的发行价格低于面值,为 883.31 美元,意味着收益率为 9%,高于息票率;如果一年后,该债券收益率维持在 9% 的水平,它的市场价格将为 902.81 美元。这种变动说明在维持收益率不变的条件下,随着债券到期时间的临近,债券价格的波动幅度从 116.69(1 000−883.31) 美元减小到 97.19(1 000−902.81) 美元,两者差额为 19.5 美元。具体计算如下:

$$883.31 = 60/(1+0.09) + 60/(1+0.09)^2 + \cdots + 60/(1+0.09)^5 + 1\ 000/(1+0.09)^5$$
$$902.81 = 60/(1+0.09) + 60/(1+0.09)^2 + \cdots + 60/(1+0.09)^4 + 1\ 000/(1+0.09)^4$$

[定理 8 - 3] 在定理 8 - 2 的基础上,随着债券到期时间的临近,债券价格波动幅度减小,并且是以递增速度减小;反之,到期时间越长,债券价格波动幅度增大,并且是以递减速度增大。这个定理同样适用于不同债券之间的价格波动比较,以及同一债券价格波动与其到期时间的关系。

[例 8 - 8] 沿用例 8 - 7 的债券。假定 2 年后,债券收益率仍然为 9%,当时它的市场价格将为 924.06 美元,该债券的价格波动幅度为 75.94(1 000−924.06) 美元。与例 8 - 7 中的 97.19 美元相比,两者的差额为 21.25 美元,占面值的比例为 2.125%。所以,第一年与第二年的市场价格的波动幅度(1.95%)小于第二年与第三年的市场价格的波动幅度(2.125%)。第二年后的市场价格计算公式为:

$$924.06 = 60/(1+0.09) + 60/(1+0.09)^2 + 60/(1+0.09)^3 + 1\ 000/(1+0.09)^3$$

[定理 8 - 4] 对于期限既定的债券,由收益率下降导致的债券价格上升的幅度大于同等

幅度的收益率上升导致的债券价格下降的幅度。换言之,对于同等幅度的收益率变动,收益率下降给投资者带来的利润大于收益率上升给投资者带来的损失。

[**例8-9**] 某5年期的债券C,面值为1 000美元,息票率为7%。假定发行价格等于面值,那么它的收益率等于息票率7%。如果收益率变动幅度定为1个百分点,当收益率上升到8%时,该债券的价格将下降到960.07美元,价格波动幅度为39.93(1 000-960.07)美元;反之,当收益率下降1个百分点,降到6%,该债券的价格将上升到1 042.12美元,价格波动幅度为42.12美元。很明显,同样1个百分点的收益率变动,收益率下降导致的债券价格上升幅度(42.12美元)大于收益率上升导致的债券价格下降幅度(39.93美元)。具体计算如下:

$$1\ 000=70/(1+0.07)+70/(1+0.07)^2+\cdots+70/(1+0.07)^5+1\ 000/(1+0.07)^5$$
$$960.07=70/(1+0.08)+70/(1+0.08)^2+\cdots+70/(1+0.08)^5+1\ 000/(1+0.08)^5$$
$$1\ 042.12=70/(1+0.06)+70/(1+0.06)^2+\cdots+70/(1+0.06)^5+1\ 000/(1+0.06)^5$$

[**定理8-5**] 对于给定的收益率变动幅度,债券的息票率与债券价格的波动幅度之间成反比关系。即息票率越高,债券价格波动幅度越小。

[**例8-10**] 某5年期的债券D,面值为1 000美元,息票率为9%,比债券C的息票率高2个百分点。如果债券D与债券C的收益率都是7%,那么债券C的市场价格等于面值,而债券D的市场价格为1 082美元,高于面值。如果两种债券的收益率都上升到8%,它们的价格都将下降,债券C和债券D的价格分别下降到960.07美元和1 039.93美元。债券C的价格下降幅度为3.993%,债券D的价格下降幅度为3.889%。很明显,债券D的价格波动幅度小于债券C。具体计算如下:

债券C:

$$1\ 000=70/(1+0.07)+70/(1+0.07)^2+\cdots+70/(1+0.07)^5+1\ 000/(1+0.07)^5$$
$$960.07=70/(1+0.08)+70/(1+0.08)^2+\cdots+70/(1+0.08)^5+1\ 000/(1+0.08)^5$$

债券D:

$$1\ 082=90/(1+0.07)+90/(1+0.07)^2+\cdots+90/(1+0.07)^5+1\ 000/(1+0.07)^5$$
$$1\ 039.93=90/(1+0.08)+90/(1+0.08)^2+\cdots+90/(1+0.08)^5+1\ 000/(1+0.08)^5$$

二、凸性与久期

(一)凸性

根据债券定理8-1和定理8-4,可以推出债券价值分析中的一个重要概念,即债券的凸性。债券凸性反映债券价格与债券收益率在图形中的反比关系。一方面,定理8-1认为债券的价格与债券的收益率成反比关系;另一方面,定理8-4认为债券价格与债券收益率之间并非线性的反比关系。

在图8-3中,假定某债券的价格和收益率分别为P和Y。当收益率上升或下降一个固定幅度时,表现为$Y^+-Y=Y-Y^-$,相应的债券价格分别为P^-和P^+。显然,当收益率上升或下降时,债券价格将下降或上升,即:收益率与价格之间成反比关系;此外,由于P^+-P大于$P-P^-$,对于相同的变化幅度,收益率上升导致的价格下降幅度小于收益率下降导致的价格上升幅度。

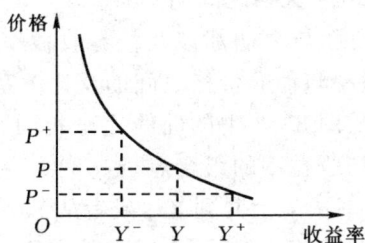

图 8-3　债券的凸性

(二)久期(duration)

债券久期的概念最早由 F. R. Macaulay 于 1938 年提出,又称为 F. R. Macaulay 久期。F. R. Macaulay 使用加权平均数的形式计算债券平均到期时间,即 F. R. Macaulay 久期,用 MD 或 D 表示。

1. F. R. Macaulay 久期的计算公式

$$D = \frac{\sum_{t=1}^{T} PV(c_t) g^t}{B} \qquad (公式 8-18)$$

其中,D 是 F. R. Macaulay 久期;B 是债券当前的市场价格;$PV(c_t)$ 是债券未来第 t 期现金流(利息或本金)的现值;T 是债券的到期时间。

需要指出的是,在债券发行时以及发行后,都可以计算 F. R. Macaulay 久期。计算发行时的 F. R. Macaulay 久期,T(到期时间)等于债券的期限;计算发行后的 F. R. Macaulay 久期,T(到期时间)小于债券的期限。

[例 8-11] 某债券当前的市场价格为 950.25 美元,收益率为 10%,息票率为 8%,面值 1 000 美元,三年后到期,一次性偿还本金。利用公式(8-18)可得:

$$D = \frac{72.73 \times 1 + 66.12 \times 2 + 811.40 \times 3}{950.25} = \frac{2\ 639.17}{950.25} = 2.78 \text{(年)}$$

2. F. R. Macaulay 久期定理

关于 F. R. Macaulay 久期(MD)与债券的期限(T)之间的关系,存在以下三个定理。

[定理 8-6] 只有贴现债券的 F. R. Macaulay 久期等于它们的到期时间。

[定理 8-7] 直接债券的 F. R. Macaulay 久期小于或等于它们的到期时间。

[定理 8-8] 统一公债的 F. R. Macaulay 久期等于$(1+1/r)$,其中 r 是计算现值采用的贴现率,即:

$$D = 1 + \frac{1}{r} \qquad (公式 8-19)$$

3. F. R. Macaulay 久期与债券价格的关系

债券的利率风险通常用债券的利率弹性指标衡量,其值等于债券价格变动率与债券收益变动率之比。根据债券定价原理 8-1,可以推知债券价格的利率弹性小于零。例如,当某债券收益率上升 100% 时,假定其价格下降 70%,那么该债券的利率弹性为 −0.7。此外,还可以利用利率弹性与 F. R. Macaulay 久期的关系式计算利率弹性,即:

$$IE \approx -Dg \frac{r}{(1+r)} \qquad (公式 8-20)$$

(三)债券凸性与 F. R. Macaulay 久期之间的关系

从上面分析可以发现债券凸性与久期都涉及债券收益率变动与债券价格变动之间的联系,图 8-3 形象描述了债券收益率与债券价格之间的反比关系,即凸性。然而,这种反比关系是非线性的。图 8-4 中的曲线与图 8-3 中的曲线完全相同。图 8-4 中的直线与曲线的切点,正好是债券当前的市场价格与收益率的组合点。

在图 8-4 的曲线中,当收益率从 Y 上升到 Y^+,或者从 Y 下降到 Y^- 时($Y^+-Y=Y-Y^-$),债券价格分别下降到 P^- 或者上升到 P^+。但是,在图中的直线上,对于相同的收益率变动,债券价格则分别下降到 P_0^- 或者上升到 P_0^+。$(P^--P_0^-)$ 和 $(P^+-P_0^+)$ 就是根据凸性和久期分别决定的债券价格变动幅度的误差。总之,债券的凸性准确地描述了债券价格与收益率之间非线性的反比关系;而债券的久期将债券价格与收益率之间的反比关系视为线性时,只是一个近似的公式。然而,图 8-4 同样表明:当收益率变动幅度比较小时,久期与凸性两者的误差也比较小。

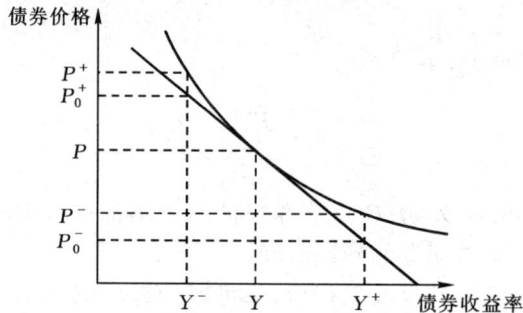

图 8-4 债券的凸性与久期

本 章 小 结

债券分析是根据债券的特性和市场行情,找出债券适当的收益率或对它的内在价值作出估计,并与它的收益率或市场价格进行比较,以判断债券定价是否合理,最终作出投资决策。

债券是一种流动性很强的有价证券。债券价格区分为票面价格、发行价格和转让价格。任何一种金融工具的理论价值都等于这种金融工具能为投资者提供的未来现金流量的贴现。

风险与报酬是投资的核心。投资者进行投资决策时一般遵循的原则为:收益水平相同时选择风险最小的证券或证券组合;风险水平相同时选择收益率高的证券或证券组合。

债券投资风险包括系统风险和非系统风险。其中系统风险包括波动性风险、利率风险、购买力风险和政策风险等;非系统风险包括信用风险、经营风险和财务风险等。债券投资的增值部分可视为债券投资收益。衡量债券投资收益水平的指标为债券收益率,它是一定时期内所得收益与投入本金的比率。

影响债券收益率的因素有:债券票面利率;债券期限(剩余期限);债券价格。

利率的期限结构理论可以用来解释为何收益率曲线会有不同形状。利率的期限结构理论主要包括市场预期理论、流动性偏好理论和市场分割理论。

债券的定价原理主要由五大定理构成。债券凸性反映债券价格与债券收益率的反比关系;债券久期的概念最早由 F. R. Macaulay 提出,主要使用加权平均形式计算债券平均到期时间。

关 键 术 语

债券分析 债券价格 货币的时间价值 利率风险 购买力风险
信用风险 利率期限结构理论 债券凸性 债券久期 债券定价原理

思考与练习

1. 债券价格分为几种？影响债券价格的因素有哪些？

2. 债券投资存在哪些风险？债券投资风险与收益之间的关系如何？

3. 分析影响债券投资收益率的因素。

4. 收益率曲线有几种形状？不同形状收益率曲线的形成原因是什么？

5. 简述利率期限结构理论的基本内容。

6. 结合债券定价的五个原理加深债券属性对债券价格影响的理解。

7. 某3年期的附息债券，票面价值为1 000元，每年给付利息一次，为60元，债券以净价交易，目前该债券的交易价格为1 020元，并将于1年后以1 050元（不包括利息）的价格被赎回，假设1年后的交易价格为1030元，计算该债券的息票收益率、现行收益率、到期收益率、赎回收益率，若该债券实际持有1年后卖出，计算到时的已实现收益率。

8. 某零息债券的票面额为100元，到期期限为5年，若其市场价格为60元，则该债券的到期收益率为多少？

9. 某10年期附息债券，票面利率为10%，面值1 000元，市场价格为1 000元，利息在年末支付。该债券的到期收益率是多少？当到期收益率分别为5%，10%，15%，20%时，分别计算债券的市场价格，两者之间是否存在凸性关系？

10. 某附息债券面值为1 000元，期限3年，票面利率为6%，每半年支付一次利息，计算该债券的久期。

第九章　衍生证券投资分析

本章要点

1. 金融期货的理论价格及影响因素
2. 金融期权价值的构成及影响因素
3. 金融期权的投资策略
4. 可转换证券的价值构成
5. 认股权证、优先认股权的价值构成与杠杆作用

第一节　金融期货的投资分析

一、金融期货的理论价格

(一)金融期货价格与现货价格的关系

我们知道期货合约是介于现在与将来之间的一种合约,因此期货价格反映的是市场对现货价格的未来预期。标的物的期货价格与现货价格具有内在的联系。随着期货交割月份的逼近,期货价格收敛于标的资产的现货价格。当到达交割期限时,期货的价格等于或非常接近于现货的价格,不然的话,就存在无风险套利机会。两者之间的关系如图9-1所示。

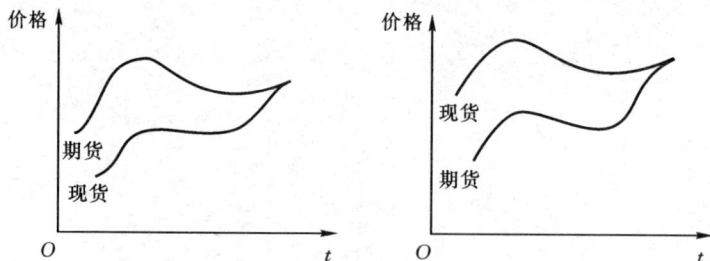

图 9-1　临近交割期,期货价格与现货价格的关系

(二)金融期货的理论价格

在一个理性的无摩擦的均衡市场上,期货价格相当于交易者持有现货金融工具至到期日所必须支付的净成本。这里的净成本,也称持有成本,是指因持有现货金融工具所获得的收益与购买金融工具而支付的融资成本之间的差额。持有成本的高低、正负取决于现货金融工具的收益率与融资利率的对比关系。而在现货金融工具的收益率、价格及融资利率都一定的条

件下,持有成本的绝对值还受持有现货金融工具的时间长短的影响。因此,在现货金融工具价格一定的条件下,金融期货的理论价格决定于现货金融工具的收益率、融资利率及持有现货金融工具的时间。我们可以用一个简单的单利公式表述期货的理论价格:

期货的理论价格=现货的当前价格×(1+持有期的成本和时间价值)

以股票价格指数期货为例,其理论价格具体可以表示成:

期货的理论价格=基础股价指数的现值×[1+(无风险利率-连续的红利支付率)×持有期/360]

二、影响金融期货价格的主要因素

从前述分析可以看出,影响金融期货价格的主要因素是现货的当前价格及持有现货的成本和时间价值。但由于持有现货的成本和时间价值很难在事前准确确定(如上述股指期货中的利率水平和红利支付率水平,无法在投资者购买期货时就能准确了解或计算),实际上期货合约的理论价格只是一个估算值。在期货市场上,金融期货的理论价格和市场价格并不完全一致,市场价格总会围绕着理论价格上下波动。而且期货市场价格的变动与现货价格的变动之间不总是一致。影响金融期货价格的因素比影响现货价格的因素要复杂得多,主要有市场利率水平、预期通货膨胀率、政府的各种宏观政策(主要是财政、货币政策)、期货合约的有效期、期货交易保证金的要求、期货合约的流动性、市场上不同金融工具的供求关系等。

三、金融期货的投资策略

通过金融期货投资获利的投资策略一般有:套期保值、投机、套利、证券组合分散化。

(一)套期保值

套期保值策略是指投资者利用期货合约转移价格风险的功能,用期货合约冲销现存的空头头寸或多头头寸,以此获利。根据理论分析,当被套期保值的相关资产的数量确定时,进行套期保值是有利的。下面以股指期货为例进行说明:进行股指期货套期保值的交易者通常为各种基金,它们持有的股票资产组合往往很分散,其变化与股市的变化很类似。由于基金规模很大,进出市场的成本很高,当市场行情有较严重的长期下跌趋势需要离开市场时,利用期货合约进行保值就很有必要。此时,它不用出售股票离开市场,而是在期货市场买入与它持有的股票等值的期货合约。这样,如果市场真的下跌,所持股票价值会下降,但是,其所持的股票指数期货合约的价值就会上升。因此,现货市场的损失就可以由期货市场的获利所补偿,这就是保值。但是,基金持有股票的根本目的是要盈利,因此,基金不会永远既持有股票资产组合,又持有股指期货合约,因为这样虽然不再有股价下跌带来的损失,但也没有股价上升带来的盈利。所以,当市场转好时,基金会把手中的股指期货合约平掉,将股票资产的风险重新暴露出来,当市场变好时就可获利了。例如,假定某香港基金经理在 2006 年 10 月 15 日持有一股票资产组合,市值为 30 亿港元。该基金经理认为香港股市行情将下跌,它需要买入恒指期货合约进行套期保值。10 月 15 日恒指期货的指数为 6 000 点,假如一张期货合约的价格为 50 港元,则 10 000 张恒指期货合约的价值刚好等于其持有的股票资产组合的价值 30 亿港元。假定基金经理的判断准确,到 12 月 15 日,恒生指数下跌 10%,为 5 400 点,它的股票资产组合的价值由 30 亿港元跌到 27 亿港元,损失 10%。但是,它在期货市场中的头寸在 5 400 点时平仓,每张合约盈利 600×50 港元=30 000 港元,10 000 张和约共获利 3 亿港元,恰好补偿他在现货市场的损失。

（二）投机

投机策略是指投资者预测资产价格的未来走势，通过贱买贵卖的操作来牟取暴利或避免损失。它和套期保值不同的是，投机者是力求通过承担更多的风险来获取利润。用期货合约进行投机有许多途径，其关键是对期货价格进行预测。例如，你认为股指期货价格将下跌，那么你就可以卖出股指期货合约进行投机。投机策略的基本要点是要确信自己的预测正确且可以获利从而承担额外的价格风险。

（三）套利

套利策略是指投资者人为地构造某种特定资产，并且用这种资产与相关资产进行反方向交易。套利与投机的不同之处在于套利不需承担或只需承担很少的价格风险，套利的目标是设计一种证券组合，使其目前无需投入资金，但却可在未来产生正的现金流量；或在目前产生正的现金流量，而在未来没有负债。例如在美国证券市场，可以根据主要市场指数（MNI）中成份股的构成比例，购入适当数量的这些股票的期货合约，从而人为构造一种包含 MNI 中 20 种股票的期货组合头寸。因此，套利者可以操纵两种证券组合：由期货构成的证券组合和 20 种股票的实际证券组合，在期货价格和实际指数价格之间出现差异时购入或抛出。

（四）证券组合分散化

证券组合分散化策略是指把期货作为一项资产，像其他资产那样与证券组合结合在一起取得进一步的分散化。现代证券组合理论认为，资产间的相关程度越低，总风险的降低量越大，因此，证券组合管理者总是关注那些资产相关度不高的资产。期货合约组合除了可提供分散化投资利润外，还可获得可观的收益。

第二节 金融期权的投资分析

一、金融期权的价格

金融期权的价格是指在期权交易中买卖期权的价格与费用。其一般由期权的内在价值和时间价值构成。

（一）金融期权的内在价值

金融期权的内在价值是指期权本身所具有的价值，也就是期权的市场价格和执行价（协定价格、交割价或履约价）之间的差额。它是期权购买者立即执行该期权所能获得的收益。期权的内在价值反映了期权标的物执行价和该标的物的市场价之间的关系。期权交割价与市场交易价之差决定了期权的价格。

期权内在价值因期权交割价的不同而存在着差异。按不同的交割价划分，期权内在价值有三种情况：

1. 平价期权（at the money）

当看涨期权或看跌期权合同标的物交割价等于该标的物的市场价格时，这些期权无内在价值，被称为平价期权。在此情况下，对于期权的购买者而言，选择执行或不执行期权在收益上是一致的，都实现了盈亏平衡。

2. 实值期权（in the money）

当看涨期权的交割价低于市场价格或看跌期权的交割价值高于市场价格时，这些期权有内在价值,被称为实值价值。在此情况下,对于期权的购买者而言,选择执行期权就可以实现盈利。而选择放弃执行期权,不但不会盈利,还要损失期权费。

3. 虚值期权(out of the money)

当看涨期权的交割价高于市场价格或看跌期权的交割价值低于市场价格时,期权无内在价值,被称为虚值期权。在此情况下,对于期权的购买者而言,选择执行期权就会出现亏损。而选择放弃执行期权,又要损失期权费。在此情况下,期权购买者一般会根据交易的实际情况,选择放弃执行期权。

实际上,对于看涨期权来说,市场价格大于执行价格才具有内在价值,而看跌期权是市场价格小于执行价格具有内在价值。其内在价值的大小对于看涨期权,是其市场价格高出期权交割价的那部分价值;看跌期权的内在价值则是市场价格低于期权交割价的那部分价值。总之,一种期权有无内在价值以及内在价值的大小,取决于该期权执行价格与其标的物的市场价之间的差额,表9-1对此给予了明确的说明。

表 9-1　期权内在价值的计算

	看涨期权	看跌期权
实值期权	市场价＞交割价	市场价＜交割价
平价期权	市场价＝交割价	市场价＝交割价
虚值期权	市场价＜交割价	市场价＞交割价

平价期权、实值期权和虚值期权都是相对于市场价格而言的。在它们同市场价格的比较中,可以看出,实值期权价格＞平价期权价格＞虚值期权价格。在实值期权的情况下,交割价偏离市场价格的幅度越大,内在价值越大,期权价格就越高。在虚值期权情况下和在平价期权情况下,期权无内在价值,其价格取决于时间价值和市场因素等。总之,在交割价格一定的情况下,期权价格取决于同一标的物的市场价格。

(二)金融期权的时间价值

金融期权的时间价值是指期权价格超出其内在价值的部分。由于到期期权价格是绝对超不出其内在价值的(到期期权只有内在价值而无时间价值),所以,只有期权未到期,才有时间价值。时间价值的真正含义是:只要有余留的时间,期权对应的标的物市场价格还有向有利方向变动的可能。在到期前任何时点,实值期权价格由内在价值和时间价值两部分构成,而平值、虚值期权的价格没有内在价值,仅有时间价值。

1. 时间价值与有效期的关系

期权的时间价值既反映了期权有效期内时间的风险,又反映了市场价格波动带来的风险。因此,时间价值实质是买卖双方对时间风险所愿付出或接受的一部分权利金金额。期权的时间价值与有效期所剩的时间成正比。所剩时间长,时间价值大;所剩时间越少,时间价值越小。这是因为,有效期越长,买方获利的可能性越大,卖方承担的风险越大,期权的时间价值高;反之,有效期越短,买方获利的可能性越小,卖方承担的风险越小,期权的时间价值越低。在交割价相同的情况下,由于有效期长短不同,期权所含时间价值不同,从而期权价格也就不同。例如,3个月和6个月到期的两份期权合同的交割条件相同,6个月的期权价格会高于3个月的期权价格。

在期权有效期内,期权时间价值的变化是一个从大到小,从有到无的过程。当期权临近到期日时,如其他条件不变,其时间价值减速加快。时间与时间价值的关系见图9-2。

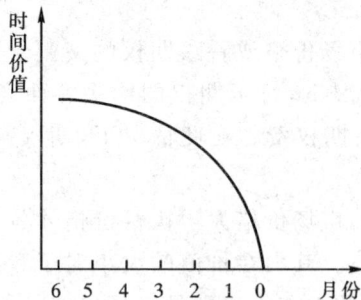

图9-2 时间与时间价值的关系

2. 时间价值对实值、平价和虚值期权的不同影响

平价期权的交割价等于或接近于市场价格,平价期权必然随市场价格的变化而变化。正因为平价期权受市场价格变动的影响很大,所以在一般情况下,平价期权所含的时间价值也较大。

实值期权的交割价大大低于看涨期权市场价格或大大高于看跌实值期权市场价格,它的内在价值就很大。市场价格从平价期权向实值期权变化中,将耗费一定时间,这意味着一定时期价值的消失。因此,在实值期权价格的形成中内在价值起着较大作用,而时间价值的作用相对减少。

虚值期权的交割价远离市场价格。市场价格在从平价期权向虚值期权变化中,将经历一定时间,减少一定的时间价值。因此,在虚值期权价格的形成中,受市场价格变动的影响的可能性较小,它所含的时间价值小。

二、期权的定价模型

目前,世界上最普遍使用的定价模式为布莱克—斯科尔斯(Black-Scholes)欧式看涨期权的定价模式,简称B-S模式。在多个模型假设下,B-S模式导出的买权公式为:

$$C = S \times N(d_1) - Ke^{-rt} \times N(d_2)$$

式中,C 为看涨期权的价格,K 为履约价格(或协定价),r 为无风险利率(以年为基准),t 为距期权到期日的剩余时间(以年为基准),S 表示标的物的市价,$N(\cdot)$ 为标准正态分布的累积概率,其中 d_1 和 d_2 分别为:

$$d_1 = \frac{\ln \dfrac{S}{K} + (r + 0.5\sigma^2)t}{\sigma\sqrt{t}}$$

$$d_2 = d_1 - \sigma\sqrt{t}$$

在 d_1 和 d_2 的计算中,σ 表示股票报酬率的标准差,$\ln(\cdot)$ 则是自然对数函数。一般而言,σ 都是以标的股票过去的价格计算的标准差作为估计值,但是标准差常会随着时间而改变,因此,在估计时,最好将未来预期的变动率考虑进去。在得到看涨期权价格后,看跌期权的价格则为:

$$P = C + Ke^{-rt} - S$$

三、金融期权价格的影响因素

(一)市场价格的波动

市场价格的变动不仅会影响期权的内在价值与时间价值,而且会影响期权的供求。当市场价格上涨时,人们竞相购进买入期权,以期在更高的价格水平上抛出,获取价差收益;同时,为了避免风险而不购进甚至出售卖出期权。当市场价格下跌时,人们竞相购进卖出期权,以期在更低的价位上买进,获取价差收益;同时,为了避免风险而不购进甚至出售买入期权。因此,市场价上涨,买入期权价上涨,卖出期权价下跌;市场价下跌,则买入期权价下跌,卖出期权价上涨。在期货市场上,期权价格总是随着市场价格的波动而变化的。当然,期权价格的变化也反作用于市场价格。从长期看,两者的价格水平和走势,大体上是一致的。

(二)利息率

利率变动,尤其是短期利率水平对期权价格的影响是比较复杂的。一方面利率变动会引起期权标的物市场价格的变化,从而带来期权内在价值的波动;另一方面,这种变化还会使得期权交易的供求关系发生变化,从而从多方面影响期权价格。一般而言,利息率上升,有价证券(期权标的物)的价格下降,买入期权价格下跌,卖出期权价格上涨;利率下降,有价证券(期权标的物)的价格上升,买入期权价格上升,卖出期权价格下降。

(三)标的物价格的波动性

通常情况下,标的物价格的波动性越大,期权价格越高;波动性越小,期权价格越低。

(四)期权的有效期限

期权的有效期限是指期权成交日至期权到期日的剩余时间。如前所述,在其他条件不变的情况下,期权时间越长,期权的价格越高;反之,期权时间越短,期权的价格越低。通常情况下期权的有效期限与时间价值存在同方向变动趋势。

(五)标的资产的收益

标的资产的收益将影响标的资产的价格。在期权执行价一定时,标的资产的价格又影响期权的内在价值,从而对期权价格产生影响。一般而言,在期权有效期内,标的资产所产生的收益将会使看涨期权的市场价格下降,使看跌期权的价格上升。

综上所述,相关因素对金融期权价格的影响也可用表 9-2 表示。

表 9-2　影响期权价格的主要因素

因　素	看涨期权价格	看跌期权价格
内在价值	上　升	上　升
交割价	下　降	上　升
有效期限	上　升	上　升
市场价格	上　升	下　降
利息率	下　降	上　升

四、金融期权的损益分析

(一)买入看涨期权的损益

期权赋予买方行使合约的权利,但何时买方才具有行使权利的价值呢?期权是否值得履行则必须先衡量其是否具有履约的价值。对于看涨期权的买方而言,若在履约日期标的物的市价高于履约价格,则买方将行使权利,以履约价格向买方买进标的物,再将标的物以较高的价格卖出去,以获取利差,此利差即为履约价值,也就是看涨期权买方的收益,用公式可表示为:

$$\text{看涨期权买方的收益} = \begin{cases} S-K, & \text{当 } S > K \\ 0, & \text{当 } S \leq K \end{cases}$$

例如,某投资者买进微软公司股票的一看涨期权,其履约价格为 50 美元,期权费 5 美元。如果期权到期日时的股价在 50 美元以下,那么期权就没有价值。假设到期时股价为 30 美元,那么买入期权的价值为 0,其内在价值也为 0。如果股价在到期日为 70 美元,则买入期权的价值为 20 美元(70-50),因为在到期日当股价为 70 美元时,投资者却有权以 50 美元购进该股票。因此,投资者购进后,再以 70 美元售出,每股获利 20 美元。这种损益关系可用图 9-3 说明。

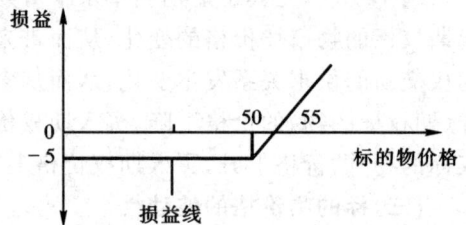

图 9-3 买入看涨期权的损益图

从图 9-3 中我们可以看到,当股票价格上涨且大于履约价格时,买入看涨期权是明显获利的,此时,期权为实值期权,有内在价值。如果到期日股票价格为 55 美元,则这种投资已能保本。

(二)卖出看涨期权的损益

看涨期权的卖方损益与买方的损益刚好相反。如果到期日微软公司股票的价格低于 50 美元,看涨期权的买方不实施期权,期权卖方在出售期权时所得到的期权费就是他的收益,这也是他得到的最大收益。其损益图如图 9-4 所示。

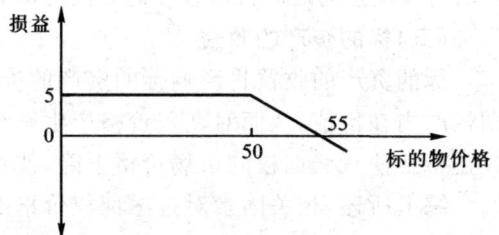

图 9-4 卖出看涨期权的损益图

从图 9-4 中可以看出,看涨期权的卖方在股价低于 50 美元时,一股有 5 美元的收益;一旦股价超过 50 美元,看涨期权的买方将行使期权,随着股价的上涨,看涨期权卖方将由赢利转变为亏损,其亏损大小取决于股价的上涨程度。看涨期权卖方的收益可表达为:

$$\text{看涨期权卖方的收益} = \begin{cases} -(S-K), & \text{当 } S > K \\ 0, & \text{当 } S \leq K \end{cases}$$

(三)买入看跌期权的损益

对于看跌期权的买方而言,期权赋予其在一特定时间以某一确定价格卖出标的财产,但他无义务一定要履行他的权利。买入看跌期权者预测市场价格将趋下跌,但市场价格朝着下跌方向变动时,其将行使期权,以履约价格向看跌期权的卖方出售标的资产,则他将获得一个利差;但当市场价格朝着相反方向变化时,其放弃行使期权,其最大损失就是支付的期权费。看跌期权的买方的收益可用下式表达：

$$看跌期权的买方的收益 = K - S, \quad 当 S < K$$
$$0, \quad\quad\quad\quad 当 S \geqslant K$$

例如，某投资者买进微软公司股票的一
看跌期权，期权费为 5 美元，履约价格为 50
美元。如果期权到期日时的股价在 50 美元
以下，为 30 美元时，则投资者行使期权，以
50 美元的价格向期权卖方售出持有的或到
市场上买来的股票，从中获得利差 20(50 -
30)美元，净利则为 15(20 - 5)美元；如果股
价超过 50 美元，则放弃行使期权，损失为 5
美元。这种损益关系可用图 9 - 5 表示。

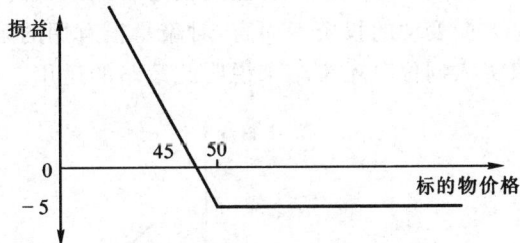

图 9 - 5　买入看跌期权的损益图

(四)卖出看跌期权的损益

看跌期权卖方的风险损益关系与买方的风险收益关系也是对称的。出售看跌期权者通常
预测市场价格将上升。当市场价格朝着下跌的方向变化时，出售者将面临较大的风险；当市场
价格朝着预期的方向变化时，出售者最大的收益就是收取的期权费。看跌期权卖方的收益可
用下式来表达：

$$看跌期权卖方的收益 = -(K - S), \quad 当 S < K$$
$$0, \quad\quad\quad\quad\quad 当 S \geqslant K$$

例如，如果到期日微软公司的股票价格高于 50 美元，看跌期权的买方不会行使期权，此时
看跌期权卖方最大的收益就是 5 美元的期权费，其损益情况如图9 - 6所示。

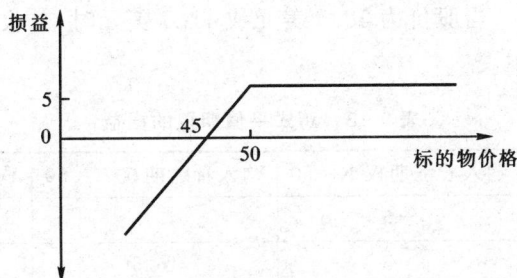

图 9 - 6　卖出看跌期权的损益图

五、期权投资的策略

在上述期权四种基本交易的基础上，可以对其加以组合，则可产生复杂较多的期权投资策
略，如抛补的看涨期权策略、同价对敲策略、异价对敲策略、价差策略、比率差额策略、蝶式期权
策略等，利用这些投资策略，可实现不同的投资目的。下面仅举几例来说明这些策略的应用。

(一)抛补的看涨期权策略

这种策略就是出售看涨期权与购买股票配合的策略。对于购买股票者，如果股价下降，可
用该策略以出售期权的收益弥补股价下降带来的损失；如果股价上涨，可用手中持有的股票来
应付期权卖方的履约要求。因此，这是一个有保护的投资策略，比较适合股价较稳定或股价上

升的情况。

(二)对敲策略

对敲策略,又称跨式期权策略或双向期权策略,就是同时买进或卖出具有相同价格与到期时间的同一种股票的看涨期权与看跌期权的策略。对于那些预期股价将大幅升降但不知向哪个方向变动的投资者而言,对敲是很有用的策略。不管股价如何变化,投资者均有斩获。下面以买入同价对敲策略来说明此策略的运用。

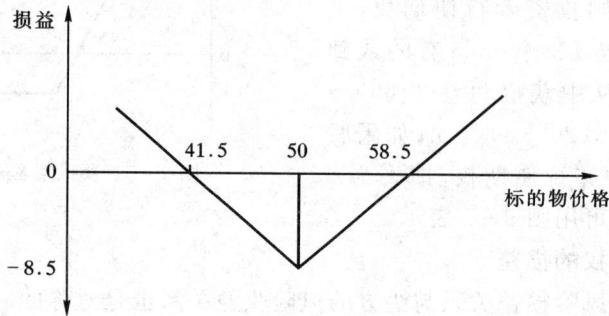

图 9-7　买入平值跨式期权损益图

例如,某投资者购买一个微软公司股票的看涨期权($K = 50$ 美元)的费用为 5 美元,购买一个看跌期权($K = 50$ 美元)的费用为 3.5 美元,则看涨期权的利润:$\max(0, S-K)$－看涨期权期权费,看跌期权的利润:$\max(0, K-S)$－看跌期权期权费,总利润＝看涨期权的利润＋看跌期权的利润。表 9-2 给出了不同股票价格在到期时的收益和损失。当股价保持在 50 美元时,损失最大,为 8.5 美元,两个期权到期时都没有收益。当股价上升或下降时,购买跨式期权收益增加,如图 9-7 所示。当股价为 58.5 美元或 41.5 美元时,总收益恰好等于 0。其损益情况如图9-7和表9-3所示。

表 9-3　跨式平值期权的损益

到期日的股价 S	购入看涨期权 $K=50$	购入看跌期权 $K=50$	购入跨式期权的损益
0	－5	46.5	41.5
30	－5	16.5	11.5
40	－5	6.5	1.5
45	－5	1.5	－3.5
50	－5	－3.5	－8.5
55	0	－3.5	－3.5
60	5	－3.5	1.5
70	15	－3.5	11.5
80	25	－3.5	21.5

(三)价差策略

价差策略是指同时买入与卖出以不同的实施价格或不同的到期日的两个看涨期权或看跌

期权的组合策略,它有许多组合形式。下面以牛市差价策略说明这种策略的运用。某投资者

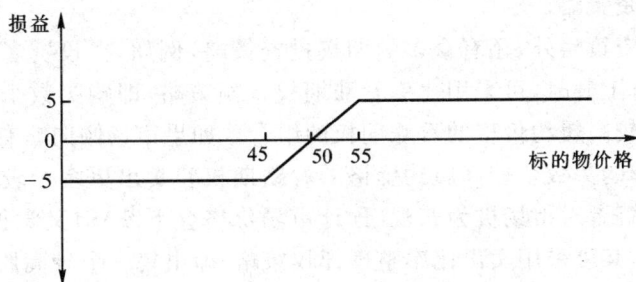

图 9-8　牛市差价期权的损益图

估计微软公司不久将发放某季度的盈利,因而预计其股票价格将上升,但也担心会出现巨大的亏损。此时采用牛市差价策略是比较合适的。该策略将使投资者在股价上升时获利,而在股价下跌时只遭受有限的损失。这种策略具体运作时,在预计股价上升时,以较低的履约价格 45 美元买入一个看涨期权,期权费为 8 美元,则其利润为:$-\max(0,S-K)-$ 看涨期权期权费;又以一个较高的履约价格 55 美元出售此看涨期权,期权费为 3 美元,则其利润为:$\max(0,S-K)+$ 看跌期权期权费。在不同的到期日股票价格下,其损益情况可用图 9-8 和表 9-4 所示。

表 9-3　牛市差价期权的损益

到期日的股价 S	购入看涨期权 $K=45$	卖出看涨期权 $K=55$	牛市差价期权的损益
0	−8	3	−5
10	−8	3	−5
40	−8	3	−5
45	−8	3	−5
50	−3	3	0
55	2	3	5
60	7	−2	5
70	17	−12	5
80	27	−22	5

从上表我们不难发现,在采用牛市差价期权策略中,投资者可以限制自己的损失,但也同时限制了自己潜在的最大收益。是否采用此策略取决于投资者各自的风险偏好和对将来股票价格走势的预期。在实行牛市差价策略中,可以有多种组合方式:

(1)购买一个较低履约价格的看涨期权,出售一个较高履约价格的看涨期权。

(2)购买一个较低履约价格的看跌期权,出售一个较高履约价格的看跌期权。

(3)购买一个较低履约价格的看涨期权,出售一个较高履约价格的看跌期权,并且卖空股票。

(4)购买一个较低履约价格的看跌期权,出售一个较高履约价格的看涨期权,并且购买

股票。

(四)其他期权投资策略

除了上述期权投资策略外,还有众多的期权投资策略,例如,在投资者预计市场价格将相对稳定,但又倾向略有上升时,可采用比率看涨期权差额策略,即购买数个较低履约价格的看涨期权和卖出更多个较高履约价格的看涨期权的组合。如果市场倾向略有下降则可采用比率看跌期权差额策略,即购买数个较高履约价格的看跌期权和卖出更多个较低履约价格的看跌期权的组合。如果投资者对市场极为悲观(预计市场价格会下跌)但又觉得预测也许错误,股票价格有可能回升时,其可采用卖出比率整理掉权策略,即出售一个较高履约价格的看跌期权和购买两个较低履约价格的看跌期权的组合。

蝶式期权策略包括多头和空头策略。多头蝶式期权策略是指购买一个较低履约价格的看涨期权和一个较高履约价格的看涨期权,出售两个中间价格的看涨期权。空头蝶式期权策略是指出售一个较低履约价格的看涨期权和一个较高履约价格的看涨期权,买入两个中间价格的看涨期权。

第三节　其他衍生证券的投资价值分析

一、可转换证券的投资价值分析

(一)可转换证券的构成要素

公司在发行可转换证券时,发行人一般都需要明确规定某些转换条件,我们把这些条件简称为可转换证券的构成要素。这些要素包括:

1. 转换期限

转换期限是指将可转换证券转换成公司普通股股票的起止日期。在整个转换期内,投资者可以视股价变动情况逢高价时转换,也可以选择将债券售出,但过期则转换失效。

2. 转换价格

转换价格指将可转换证券转换为普通股股票时每股的支付价格。其公式如下:

$$转换价格 = \frac{可转换证券面额}{转换比例}$$

一般而言,转换价格的制定要与债券的期限、票面利率、公司股票的市场价格等因素结合起来共同考虑。

3. 转换比例

转换比例是指一单位的可转换证券能够转换到的普通股的股数。显然,在转换价格与转换比例两者之中,只要规定了其中的一个,另一个也就随之确定了。

(二)可转换证券的价值

由于可转换证券实际上赋予了其持有人具有按照发行时规定的转换比例或转换价格将所持证券转换成普通股股票的选择权,因此可转换证券的价值有投资价值、理论价值、转换价值和市场价值之分。

1. 可转换证券的投资价值

可转换证券的投资价值是指持有人不行使转换权,只作为一般的不具有转换权的证券的价值。估计可转换证券的投资价值,首先应分析与它具有同等资信或类似投资特点的不可转换证券的必要收益率(往往是通过分析估计必要收益率),然后利用这个收益率计算出该证券未来现金流的现值(这与将债券的未来现金流折算成现值是一致的)。其计算公式为:

$$P = \sum_{t=1}^{n} \frac{C}{(1+r)^t} + \frac{F}{(1+r)^n}$$

式中:P ——可转换证券的投资价值;

　　　t ——剩余年数;

　　　r ——必要收益率;

　　　n ——偿还期;

　　　C ——可转换证券每期支付的利息;

　　　F ——可转换证券的面值。

[例9-1] 假设某可转换公司债券的面值为 1 000 元,票面利率为 5%,偿还期是 5 年,剩余年限为 3 年,而同类债券的必要收益率为 6%。本来投资者购买此证券有三种选择,一是到期时按规定还本付息;二是按规定的转换比例或转换价格转换为普通股股票;三是将此证券按合理价转让(须确定合理的转让价格)。投资价值实际上分析的就是第三种情况。

依据上述条件,该可转换债券的当前投资价值为:

$$P = \sum_{t=1}^{5} \frac{50}{(1+6\%)^3} + \frac{1\,000}{(1+6\%)^5} = 881.05 \text{ (元)}$$

2. 可转换证券的转换价值

可转换证券的转换价值是指将可转换证券实施转换时得到的该公司普通股股票的市场价值。它等于标的股票的每股市场价格与转换比例的乘积。用公式表示为:

转换价值 = 标的股票的市场价格 × 转换比例

[例9-2] 假定上例中的可转换债券的转换比例为 50,实施转换时标的股票的市场价格为每股 19 元。则,该可转换债券的转换价值为:

转换价值 = 19 × 50 = 950 (元)

3. 可转换证券的理论价值

可转换证券的理论价值也称可转换证券的内在价值,是指将可转换证券转股前的利息收入和转股时的转换价值按照必要收益率折算出来的现值。用公式表示为:

$$P = \sum_{t=1}^{n} \frac{C}{(1+r)^t} + \frac{CV}{(1+r)^n}$$

式中:P ——可转换证券的理论价值;

　　　t ——剩余年数;

　　　r ——必要收益率;

　　　n ——偿还期;

　　　C ——可转换证券每期支付的利息;

　　　CV ——可转换证券在持有期期末的转换价值。

4. 可转换证券的市场价值

可转换证券的市场价值就是指可转换证券的市场价格。其主要受市场供需状况的影响。在转换期间,可转换证券的市场价格会随普通股股价的涨跌而波动。可转换证券的市场价格一般保持在可转换证券的投资价值和转换价值之上。如果可转换证券的市场价值在投资价值之下,投资者购买此证券并持有到期,就会获得比同类证券更高的到期收益率。如果可转换证券的市场价值在转换价值之下,投资者就会购买此证券并把它立即转换为普通股股票,然后将股票售出,这样就可获得转换价值与市场价值之间的价差收入。因此,上述无论哪一种情况的发生,都会促使投资者踊跃购买此证券,最终推动该证券市场价格的上扬,直到可转换证券的市场价格不低于其投资价值和转换价值为止。同时,由于投资者存在着股票价格上升的预期,往往使可转换证券的市场价格经常高于其转换价值。

二、认股权证的价值分析

债券和优先股的发行有时会附有长期认股权证。它是一种允许持有者在规定的时间内以事先确定的价格购买一定数量普通股股票的选择权。其发行目的在于提高有价证券的吸引力或者降低筹资成本。而投资者在买入这类有价证券的同时,也无偿得到了一定数量的认股权。当然投资者要行使认股选择权时,是需要按照事先确定的认购价格支付资金的。

(一)认股权证的要素

1. 认股期限

在认股权证的有效期内,持有者可以随时按照事先规定的条件购买公司的普通股股票,超过期限认股权证自动作废。认股权证的有效期一般较长,时间为 3～10 年。

2. 认股价格

认股价格又称执行价格,即发行认股权证时所规定的实施认购行为时的支付价格,一般高于该公司股票市场价格的 10%～30%。认股权证在发行之初不具有价值,只有当普通股的市场价格高于执行价格时,认股权证才具有价值。

3. 认股数量

认股数量是指认股权证可以认购的普通股股票数量,通常以每一单位认股权证可以认购的普通股股数来表示。

(二)认股权证的价值

认股权证的价值有理论价值和内在价值之分。

1. 认股权证的理论价值

认股权证的理论价值是指普通股股票的市场价格与认股权证的认股价格之间的差额。用公式表示为:

认股权证的理论价值＝股票的市场价格－认股权证的认股价格

[例 9-3] 假定某公司普通股股票的市场价格为每股 8 元,而通过认股权证购买股票的价格为 10 元,则此认股权证的理论价值为－2 元。

很显然在上述情况下行使认股权,投资者认购的这部分股票将出现亏损。此时的认股权证不具有价值。只有当公司股票的市场价格高于认股权证的认股价格时,认股权证才具有价值。

仍以上公司股票为例,如果由于多方面的原因,公司普通股股票的市场价格上扬为 12 元,而通过认股权证购买股票的价格是发行之初就确定好的 10 元。则此认股权证就具有 2 元的理论价值。此时投资者行使的认股权才获得了盈利。

在实际中,认股权证的市场价格很少与其理论价值相同。在多数情况下,认股权证的市场价格要高于其理论价值。认股权证的市场价格超过其理论价值的部分被称作认股权证的溢

价,其计算公式为:

认股权证的溢价 ＝认股权证的市场价格－认股权证的理论价值

　　　＝认股权证的市场价格－(股票的市场价格－认股权证的认股价格)

由此可见,认股权证的理论价值会随着可认购股票的市场价格的变化而发生同方向的变化。当然认股权证的市场价格及其溢价也同样会随之发生变化。

2. 认股权证的内在价值

认股权证的内在价值是指投资者行使认购权所能获得的收益。其计算公式为:

认股权证的内在价值＝(股票的市场价格－认股权证的认股价格)

×每一单位认股权证可以认购的普通股股数

由上公式可知,认股权证的内在价值与普通股市价、认股权证的认股价格和认股数量直接相关。如果普通股市价上升,认股价较低或者认股数量较大,则认股权证的内在价值就较高;反之,则较低。

(三)认股权证的杠杆作用

认股权证的杠杆作用表现为认股权证的市场价格要比其可认购的公司股票的市场价格上涨或下跌的速度快得多。比如说,某公司股票市价为 7 元,未清偿的认股权证的认股价格为10 元,则该认股权证没有实际的理论价值。但是,股票市价上涨为 15 元时,认股权证就有了15－10＝5(元)的市场价值。当股票价格上升到 30 元时,股价上涨了 30－15＝15(元),上涨率为 100%,而认股权证的理论价值为 30－10＝20(元),上涨率为 200%。当然与之对应的是认股权证的市场价格也会出现较股票的市场价格更大的上涨率。

杠杆作用一般用考察期内认股权证的市场价格变化百分比与同一时期可认购的公司股票的市场价格变化百分比的比值表示,也可以用可认购的公司股票的市场价格与认股权证的市场价格的比值近似表示。认股权证的杠杆作用反映了认股权证的市场价格上涨(或下跌)幅度是可认购的公司股票的市场价格上涨(或下跌)幅度的几倍。

仍以上例来分析,假定股价由 15 元上升到 30 元时,认股权证的市场价格也由 5 元上升到18 元,认股权证的市场价格变化百分比为 360%,则杠杆作用为:

$$杠杆作用 = \frac{认股权证的市场价格变化百分比}{公司股票的市场价格变化百分比} = 360\% \div 100\% = 3.6(倍)$$

或者:

$$杠杆作用 = \frac{考察期期初的股票的市场价格}{考察期期初认股权证的市场价格} = 15 \div 5 = 3(倍)$$

三、优先认股权的价值分析

优先认股权是指在公司增发新股时,给予原有股东的优先购买新股的选择权。这是公司给予现有普通股股东的一项特权。

(一)优先认股权的要素

公司在增发新股前,由公司股东大会通过决议并公布本次增资发行的若干事项,如认股期限、认股价格、认股数量等。

1. 认股期限

原有股东可以随时按照事先规定的条件购买增发股票的有效期限,超过期限优先认股权自动作废。与认股权证的认股期限不同的是优先认股权的认股期限一般都较短,时间为 2 周～3 个月。规定较短的认股期限,是为了在短期内完成筹资计划。

　　享有优先认股权的股东在认购期限内可以有三种选择:一是放弃认购权,任其作废;二是选择认购权,按照规定的认股价在有效期内购买股票;三是将手中的优先认股权出售,实际上是将优先认股权附在股票上进行交易。

　　2. 认股价格

　　认股价格是指优先认股权所规定的实施认购行为时的支付价格。与认股权证的认购价格所不同的是,优先认股权的认购价格比公司股票的市场价格低,其作用主要是弥补原有股东因股本规模扩张而使每股收益稀释所造成的损失。

　　3. 认股数量

　　优先认股权的认股数量可以用每一股股票可认购的新股数量表示,也可以用认购一股新股所需要的股权数来表示。

　　(二)优先认股权的价值

　　分析优先认股权的价值要从附权优先认股权的价值和除权优先认股权的价值两个方面进行。

　　1. 附权优先认股权的价值

　　如果某上市公司发布了增发新股公告,同时给予原有股东优先认股权,那么在股权登记日之前购买公司股票的股东就自然拥有了优先认股权。在股权除权日之前,优先认股权是附在股票上进行交易的,这时的股票称作"附权股票"或者"附权优先认股权"。其理论价值可由下式求得:

$$附权优先认股权的价值 = \frac{股票的市价 - 新股认购价}{1 + 购买一股新股所需股权数}$$

　　2. 除权优先认股权的价值

　　股票除权后,优先认股权已与股票价格剥离,从理论上来看,原有投资者买入一股股票的价格应等于买入一股股票所需的优先认股权数量和认购价格的乘积。因此,除权优先认股权的价值计算公式变为:

$$除权优先认股权的价值 = \frac{除权股票市价 - 新股认购价}{购买一股新股所需股权数}$$

　　与认股权证一致的是优先认股权同样具有杠杆作用。

本 章 小 结

　　金融期货价格反映的是市场对现货价格的未来预期。随着期货交割月份的逼近,期货价格收敛于标的资产的现货价格。

　　在现货金融工具价格一定的条件下,金融期货的理论价格决定于现货金融工具的收益率、融资利率及持有现货金融工具的时间。

　　金融期货投资的投资策略一般有:套期保值、投机、套利、证券组合分散化。

　　金融期权的内在价值是指立即执行该期权所能得到的收益,即标的物市场价格和期权执行价之间的差额。期权内在价值有平价期权、实值期权、虚值期权之分。在实值期权的情况下,交割价偏离市场价格的幅度越大,内在价值越大,期权价格就越高。在虚值期权和平价期权情况下,期权无内在价值,其价格取决于时间价值和市场因素等。

金融期权的时间价值实质是买卖双方对时间风险所愿付出或接受的一部分权利金金额。在期权有效期内,期权时间价值的变化是一个从大到小,从有到无的过程。

世界上最普遍使用的期权定价模式为布莱克—斯科尔斯欧式看涨期权的定价模式。影响期权价格的因素主要有内在价值、市场价、交割价、有效期限、利息率等。

金融期权有四种基本的交易方式:买入看涨期权、卖出看涨期权、买入看跌期权、卖出看跌期权,在四种基本交易的基础上,可以对其加以组合,则可产生复杂较多的期权投资策略,投资者可利用这些策略实现不同的投资目的。

可转换证券的价值有投资价值、理论价值、转换价值和市场价值之分。可转换证券的转换价值等于标的股票的每股市场价格与转换比例的乘积。其市场价值是指可转换证券的市场价格。在转换期间,可转换证券的市场价格会随普通股股价的涨跌而波动,一般保持在可转换证券的投资价值和转换价值之上。

认股权证的理论价值是指普通股股票的市场价格与认股权证的认股价格之间的差额;而认股权证的内在价值是指投资者行使认购权所能获得的收益。

认股权证的杠杆作用表现为认股权证的市场价格要比其可认购的公司股票的市场价格上涨或下跌的速度快得多。一般用考察期内认股权证的市场价格变化百分比与同一时期可认购的公司股票的市场价格变化百分比的比值表示。

分析优先认股权的价值要从附权优先认股权的价值和除权优先认股权的价值两个方面进行。

关 键 术 语

金融衍生产品 实值期权 平价期权 牛市差价策略 对敲策略 比率期权策略 蝶式期权策略 可转化证券的转换价值 可转换证券的理论价值 认股权证的杠杆作用 附权优先认股权

思 考 与 练 习

1. 试从不同角度对期货交易与期权交易的风险与收益特征进行比较。
2. 试分析影响期权投资价值的主要因素。
3. 根据期货交易与期权交易的特点,试对我国采用这两类证券交易方式的前景及利弊进行分析。
4. 期权的投资策略有哪些?
5. 同一股票的同一履约价格的看涨期权与看跌期权可能会有相同的时间价值吗?二者可能会有相同的内涵价值吗?
6. 熟练掌握期权交易的损益分析。
7. 可转换证券的价值分析主要包括哪些方面?
8. 试对认股权证与优先认股权作一简单比较。

第十章 证券投资组合

在资金有限的情况下,面对众多的证券资产,投资者如何进行投资? 如何以最小的代价,实现资产的增值? 解决上述问题的最好途径就是对证券投资进行组合。

第一节 证券投资组合概述

一、证券投资组合的含义

证券投资组合是指投资者对各种证券资产的选择而形成的投资组合,即证券投资者所持有的各种有价证券的总称。在实际的投资活动中,证券投资组合一般是投资者根据自己的风险-收益偏好所选择的适合自己的几种金融工具的集合。有时,证券投资组合也可以包括一种资产。投资者在选择不同的金融资产时,所选中的每种资产占全部的组合的比例称作权重或比重,它反映了投资者将投资资金的多大部分投资于该种资产。因此,权重之和必等于1,即:

$$W_1 + W_2 + \cdots + W_n = \sum_{i=1}^{n} W_i = 1 \qquad \text{(公式 10-1)}$$

式中,n 代表证券组合所包括的资产种类的数量,i 代表投资者选择的第 i 种资产,W_i 就是投资者分配给第 i 种资产的资金的权重。当然,投资者没有必要将其资金分散投资于市场上所有的资产。

由于证券投资的预期收益受到多种因素的影响而具有不确定性,人们在投资过程中往往通过分散投资的方法来规避投资中的系统性风险和非系统性风险,实现投资效用的最大化。

证券组合不是简单的、随意的券种的组合,它体现了投资者的意愿和投资者所受到的约束,也即投资者对收益和风险的权衡。

二、证券投资组合的作用

(一)降低证券投资的风险

构建证券投资组合可以降低投资风险是通过以下两种方式实现的。一是投资于风险特性不同的资产可以抵消一些风险,这相当于套期保值。二是投资于资产组合,可以通过分散化降低风险。分散化意味着投资分布于各类资产中,这保证了任何特定证券所暴露的风险是有限的。通过把鸡蛋放在不同的篮子中,整个资产的风险要比资产组合中任何一个单独的证券所面临的风险要低。

(二)实现收益的最大化

理性投资者的基本行为特征是厌恶风险和追求收益的最大化。投资者力求在这一对矛盾中达到可能的最佳平衡。如果投资者仅投资于单个资产,他只有有限的选择。当投资者将各种资产按不同的比例进行组合时,其选择将会有无限多种。这为投资者在给定风险水平的条件下获取更高收益提供了机会。当投资者对证券组合的风险和收益作出权衡时,它能够得到比投资单个资产更为令人满意的收益和风险的平衡。

三、证券投资组合的分类

对于证券投资组合,可从不同的角度划分为不同的类型。

(一)按证券组合资产的构成划分

证券组合按其资产的构成,可划分为债券组合、股票组合、基金组合和股票债券基金组合四种。债券组合与基金组合风险小,收益也较低;股票组合收益高,风险也大;股票债券基金组合是按照券种分散化策略构建的证券组合。投资者将一部分资金投资于防御性债券和一级市场基金,另一部分资金投资于进攻性普通股和二级市场基金。这样既考虑了组合投资的风险,又考虑到了组合投资的收益。

(二)按证券组合的风险来划分

证券组合以风险来划分,可以分为低风险组合、中等风险组合和高风险组合。债券组合以及由债券和基金组成的组合属于低风险组合;中等风险的证券组合由一些债券,结合若干公用事业股票和成熟工业股票组成;高风险证券组合由一些高成长的普通股组成,这些普通股有低股息高度增长型和无股息极度增长型等几种类型。

(三)按证券组合管理的目标划分

证券组合按其管理的目标,可划分为收入证券组合、增长证券组合和收入—增长证券组合。收入证券组合以本金保值和经常收入稳定为目标;增长证券组合以资本增值为目标;而收入—增长证券组合则两者兼顾。

(四)按证券组合的效率划分

证券组合按其效率划分,可划分为有效证券组合和非有效证券组合。这两类证券组合在现代证券组合理论中经常提到。有效证券组合是位于有效边界之上的组合,非有效证券组合则位于有效边界之下,有效证券组合与非有效证券组合的区别在于,在风险相同条件下,有效组合比非有效组合提供更高的收益率;而在收益率相同条件下,有效证券组合的风险低于非有效组合。

第二节　证券组合收益与风险

一、证券组合的期望收益率

当一个投资者投资于多种证券时,其将来在这些资产上所获得收益率的大小取决于各种资产的类别和各种资产的投资比例。证券组合的期望收益率则为：

$$E(R_p) = \sum_{t=1}^{n} W_i E(R_i) \qquad \text{（公式 10-2）}$$

其中，n 代表证券组合中所包含的资产类别的数量，$E(R_i)$ 代表第 i 种资产的期望收益率，W_i 表示第 i 种资产的投资比重。从公式（10-2）看出，证券组合的期望收益率实际上是各种单个资产的期望收益率与各自所占比重的乘积之和。显然，第 i 种资产的投资比重 W_i 越大，那么，它对证券组合的期望收益率的影响就越大。

例如，某证券组合有两种资产组成，第一种资产的期望收益率为 $W_1 = 5\%$，所占的投资比重为 $1/2$；第二种资产的期望收益率为 $W_2 = 20\%$，所占的投资比重为 $1/2$，则

$$E(R_p) = \frac{1}{2} \times 0.05 + \frac{1}{2} \times 0.2 = 12.5\%$$

此外，还可以用另一种方法来计算证券组合的期望收益率，其方法是：将证券组合在各种可能的经济状况下的收益率与各种可能的经济状况发生的概率相乘，然后加总即得证券组合的期望收益率。其计算公式为：

$$E(R_p) = \sum_{t=1}^{n} R_i p_i \qquad \text{（公式 10-3）}$$

其中，n 代表证券组合中所包含的资产类别的数量，R_i 代表第 i 种资产的投资收益率，p_i 代表第 i 种可能收益率的概率。

二、证券组合的风险

一般而言，证券组合的风险与组合中证券间的同动程度有很大的关系。同动程度是用来衡量两种资产的收益率是否朝同一方向运动的指标。如果证券组合中两资产的收益率随市场条件的变化而同增同减，或者说随市场条件的变化而朝同一个方向变化，那么我们就可以说这两种资产的同动程度很高，此时我们称这两种资产为正相关。可见，同动程度越高，两资产的正相关性也就越强，反之亦然。如果一种资产的收益率上升，而另一种资产的收益率下降，也就是说，随着市场条件的变化，两种资产的收益率作反向运动，那么，我们就可以说两资产的同动程度很低，此时，我们称这两资产是负相关。

对于组合中的证券，同动程度越高，证券组合的风险越大，投资者所要求的风险报酬也就越高；反之，同动程度越弱，证券组合的风险也越小，投资者要求的风险报酬也就越低。

一般情况下，常用协方差来作为衡量证券间的同动程度的指标。

（一）协方差

协方差是用来表示两个随机变量之间关系的变量，是用来确定证券之间方差的一个关键性指标。若在 n 种证券中，证券 A 和 B 的收益率为随机变量，证券 A 和 B 间的协方差为：

$$COV(R_A, R_B) = \frac{1}{n} \sum_{t=1}^{n} [R_{Ai} - E(R_A)][R_{Bi} - E(R_B)] \qquad \text{（公式 10-4）}$$

其中，n 代表证券组合中所包含的资产类别的数量，R_{Ai} 为证券 A 的第 i 种可能的收益率，R_{Bi} 为证券 B 第 i 种可能的收益率，$E(R_A)$ 为证券 A 的期望收益率，$E(R_B)$ 为证券 B 的期望收益率。

$COV(R_A, R_B)$ 在此处的含义是：①如果协方差为正值，表明两种证券的收益率趋向于同一

方向变动,即一种证券的收益高于预期收益,另一种证券的收益也高于预期收益;一种证券的收益低于预期收益,另一种证券的收益也低于预期收益。②如果协方差为负值,表明两种证券的收益率相背变动的倾向,即一种证券的收益高于预期收益,则另一种证券的收益低于预期收益,反之亦然。③如果协方差为零,表明两种证券的收益率之间没有任何关系,一种证券的收益变动不能说明另一种证券收益的变动倾向。

(二)相关系数

协方差只能说明两个随机变量之间的关系,但不能说明这种关系到底密切到什么程度,因为协方差的大小要受被描述的变量本身的大小的影响。因此,人们常用相关系数来表示两个随机变量之间相互影响的关系的程度。

相关系数是协方差的标准化,其公式为:

$$\rho_{A,B} = \frac{COV(R_A, R_B)}{\sigma_A \sigma_B} \tag{公式 10-5}$$

其中,σ_A,σ_B 分别表示证券 A 和 B 的标准差,由于 σ_A,σ_B 的值总为正值,故相关系数 $\rho_{A,B}$ 的符号取决于协方差 $COV(R_A, R_B)$ 的符号。当协方差为正时,相关系数也为正,反之亦然。

相关系数 $\rho_{A,B}$ 的大小在 -1 和 1 之间。当 $\rho_{A,B} = -1$ 时,表示两种证券 A 和 B 的收益完全负相关;当 $\rho_{A,B} = 1$ 时,表示两种证券 A 和 B 的收益完全正相关;当 $\rho_{A,B} = 0$ 时,表示两种证券 A 和 B 的收益完全不相关。

(三)证券组合风险的度量

对于证券组合风险,人们常用证券组合的方差来度量。

如果有 n 种证券组合,各种证券在总投资中的比重为 W_i,证券两两之间的协方差为 σ_{ij},则证券组合的风险

$$\sigma_p^2 = \sum_{i=1}^{n} W_i^2 \sigma_i^2 + \sum_{i=1}^{n} \sum_{j=1}^{n} W_i W_j \sigma_{ij} = \sum_{i=1}^{n} W_i^2 \sigma_i^2 + \sum_{i=1}^{n} \sum_{\substack{j=1 \\ i \neq j}}^{n} W_i W_j \sigma_i \sigma_j \rho_{ij} \tag{公式 10-6}$$

从公式(10-6)中可以看出,证券组合的总风险是由两部分组成的,公式(10-6)右边第一项仅与各单个证券的风险及投资比重有关,我们称之为非系统风险,即可避免风险;右边第二项不仅与单个证券的风险及投资比重有关,还取决于各证券之间的相关系数,我们称之为系统风险,即不可避免的风险。

三、投资组合风险的分散

通过适当的证券组合,可以降低风险,但降低的只是非系统风险。证券组合理论认为,当投资组合中证券达到一定数目后,非系统风险可以基本消除,而只剩下系统风险。图 10-1 说明了投资组合中风险与证券数目的关系:

图 10-1 中,横轴表示组合证券数目,纵轴表示投资的风险(收益的标准差),曲线显示了不同证券组合数目与总风险的关系。当投资组合中证券数目增加时,风险降低了(这是分散经营的结果),但这里所降低的仅仅是非系统风险,不论证券数目如何增加,总风险也不会降到虚线之下,这一部分是系统风险或市场风险。只有当投资者彻底撤出市场,才能免除系统风险。

从图 10-1 中还可以看到,总风险曲线随着证券数目的增加逐步降低,且越来越平坦,这表明证券数目的增加与风险降低的速度成反向关系。在一开始增加证券数目时,迅速地减轻了风险,当继续增加证券数目达到一定程度以后,组合带来的仅是很小的好处了。

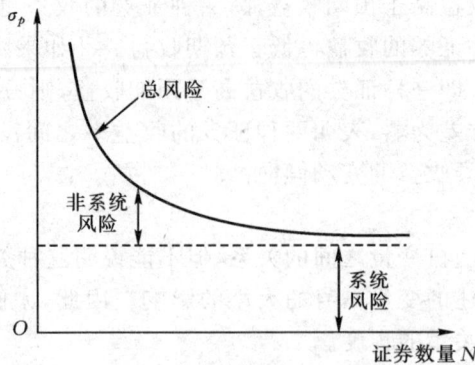

图 10-1 证券组合风险与证券数目的关系

下面通过一个例子来说明。假设证券组合中证券数目为 N,所有证券都是相互独立的,各证券之间不存在相关关系,既 $\rho_{ij}=0$;同时,假定组成证券组合的每一种证券的比例都相同,即每一证券所占的比例都是 $1/N$,每种证券收益的标准差均为 $\sigma=10\%$,即每种证券的方差均相等。则由公式(10-6)得:

$$\sigma_p^2 = \sum_{i=1}^{n} W_i^2 \sigma_i^2 + \sum_{\substack{i=1 \\ i \neq j}}^{n} \sum_{j=1}^{n} W_i W_j \rho_{ij} \sigma_i \sigma_j = \sum_{i=1}^{N} (\frac{1}{N})^2 \sigma^2 = \frac{\sigma^2}{N}$$

则: $$\sigma_p = \frac{\sigma}{\sqrt{N}} \qquad \text{(公式 10-7)}$$

依此公式同数字进行演算得表 10-1:

表 10-1 不同证券数目的"组合"风险

证券数目 N	组合收益的标准差 σ_p(%)
1	10.00
2	7.07
3	5.77
4	5.00
5	4.47
10	3.16
20	2.24
50	1.41
100	1.00
1 000	0.32
5 000	0.14

从表 10-1 可以看出,证券数目从 1 种增加为 4 种,风险降低了 50%,而从 4 种增加为 20 种风险才又降低了 55.2%,可见证券数目增加的速度不断加快,而风险减少的速度不断放慢。

虽然从理论上说,在上述假设条件下,随着证券数目 N 的不断增大,σ_p 可以趋向于 0,但实际上却不可能。原因有二:第一,随着证券数目的增加,收益互不相关的条件将越来越难以满足,相互独立的(可供选择的)证券越来越少,而相关的证券越来越多,$\sigma_p = \dfrac{\sigma}{\sqrt{N}}$赖以成立的条件终将被破坏;第二,当证券数目增加到一定程度以后,交易成本便不能忽略不计了,并且交易成本是加速上升即"边际递增"的,从而证券投资组合理论的零交易成本的假设前提也被破坏了。

事实上,非常幸运的是,大量实证研究表明,在投资组合中,并不需要选择很多种证券来实施组合,只要用少量的证券进行投资组合,降低风险的效果就已十分明显。一般来说,证券数目达到 15 种左右时,风险已经可以降到令投资者满意的程度了。

第三节　证券投资组合的选择

一、可行域及其有效域(有效边界)

面对 N 种证券,存在有无穷种证券组合形式。设想投资者只购买 A 和 B 两家公司的股票。当面临决策时,投资者有多种组合方式去购买 A 公司和 B 公司股票。例如,投资者把他的资金平分在购买这两种股票上,或用 25％的资金购买 A 股票,用 75％的资金购买 B 股票,或 33％的资金用于购买 A 股票和 67％的资金用于购买 B 股票,或采用其他任意百分比例分割。在这里即使我们不考虑对 C 公司的投资,我们也已经有了无数种证券组合方式。在投资者资金许可范围内所有的可能的证券组合方式的集合,我们称为可行集(feasible set,又称机会集)。

那么,投资者是否需要评估可行集内所有的证券组合形式呢? 答案是否定的。事实上,投资者只需要对位于有效集(efficient set)内的证券组合方式进行评估。有效集(或称有效边界)是同时满足下面两个条件的一组证券组合:

(1)在各种风险水平条件下,提供最大预期收益率。

(2)在各种预期收益率水平条件下,提供最小风险。

现代证券组合管理理论认为:一个投资者能够从上述一组证券组合中选择到他所期望的最优证券组合,是有效集定理。图 10-2 表示有效集和可行集。

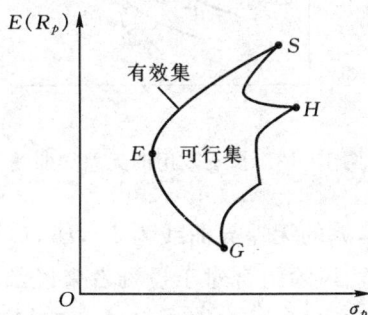

图 10-2　有效集和可行集

图 10-2 中给出了一个可行集位置说明。有效集位于可行集之中。简言之,可行集代表

从 N 种证券中所得到的所有证券组合形式的集合,其中在可行集边界上和边界内的点 G,E,S 和 H 代表其中四种证券组合形式。如图 10 - 2 所示,这种集合一般呈伞型状。比起图中所示的可行集,根据特定的一组证券,有效集集合或许更偏向右边或左边,或更高些或更低些,或更平坦些或更狭窄些。除了一些特殊情况,所有可行集形状都是相似的。

目前,我们能在可行集中运用有效集定理找到有效集。必须找出满足有效集定理第一个条件的所有证券组合。从图中可看到没有任何证券组合比位于 E 点的证券组合提供更小的风险。同样,没有任何证券组合比 H 点的证券组合提供更大的风险。因此,在各种风险水平条件下,能够提供最大化收益的证券组合位于从 E 点到 H 点间的可行集西北角边界上的点。考虑有效集定理第二个条件,可知可行集中没有一点能提供比 S 点更大的收益率。与此相同,可行集中没有一点能提供比 G 点更小的收益率。由此可见,在各种特定的收益水平条件下,能够提供最小风险的证券组合位于从 G 点到 S 点的可行集西部边界上的点。

要成为有效集中的证券组合,必须同时满足有效集的两个条件。可以看出,只有位于从 E 点到 S 点的西北边界上的证券组合才构成有效集。所有"有效"的可能组合都在这条曲线上。这条曲线 ES 称为有效边界(efficient frontier),有效边界上所有的点所代表的证券组合称为有效证券组合。投资者可以从有效证券组合中选择一个对他来说是最优的证券组合。在决策过程中,对所有不在有效集中的其他证券组合可不予以考虑。

二、风险偏好与投资组合选择

虽然证券组合的有效边界指出了曲线上所有点代表的证券组合都是有效的投资方案,但对于不同的投资者而言,仍然面临着一个选择:在有效边界上选择一个最合适的证券组合。

选择有效边界上的哪一点,取决于投资者对于收益和风险的态度。有的投资者宁愿为获取高收益而承担高风险;有的则宁愿接受低收益而不愿承担高风险等等。这些不同的态度可以用投资效用的无差别曲线来表示,曲线的形状反映投资者的风险偏好,如图 10 - 3 所示。

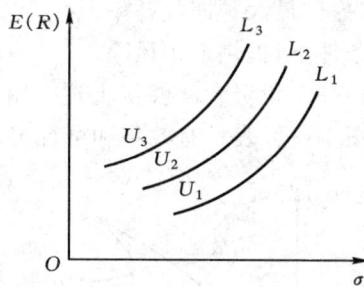

图 10 - 3　投资效用的无差异曲线

投资效用函数 $U=U[E(R),\sigma]$ 的无差异曲线为 L_1,L_2,L_3 等,在每一条无差异曲线上,表示曲线上任何一点的投资的收益、风险组合对于投资者来说都无选择地接受,它们的投资效用都是无差异的。L_2 高于 L_1 意味着 U_2 比 U_1 的效用水平高,U_3 又比 U_2 的效用水平高,等等。无差异曲线在左上方向位置越高,效用水平越高。并且,无差异曲线由左下向右上延伸是表示投资者对风险的回避性质;无差异曲线的下凹表示收益对风险的替代率递减的性质。

不同的投资者其效用无差异曲线是不同的,图 10 - 4 说明了这一点。

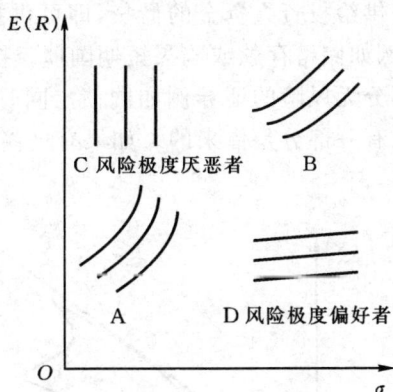

图 10 - 4　不同投资者的效用无差异曲线

在图 10 - 4 中,可以看出:相对于 B,A 是比较保守的投资者。因为 A 的无差异曲线较陡,表示对同样风险的上升要求更高的收益补偿,而 B 则相对比较冒险。比 A 更为极端的是 C,他不关注收益而只一味注意降低风险;而比 B 更极端的是 D,他只追求最大收益而不在乎风险。

显然,证券组合只适合于 A 和 B 类型的投资者,而不适合于 C 和 D 类型的投资者。对于 C 类投资者,只有无风险投资才能满足其投资倾向;而对于 D 类投资者只有市场预期收益最高、潜在风险也最大的一种投资才能满足其投资倾向。

对于 A 和 B 类投资者,最佳投资组合的选择必须将无差异曲线和有效边界相结合,如图 10 - 5 所示。

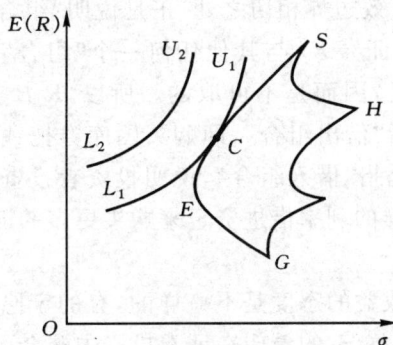

图 10 - 5　最佳投资组合

投资者的某一条效用无差异曲线 L_1 与证券组合的有效边界 ES 相切于 C 点,则 C 点所代表的证券组合就是该投资者的最佳组合。因为在可能的组合上已不可能存在比 C 点效用水平更高的点了。对于保守型投资者(如 B),C 点将偏向于 E 点,而对于进取型投资者(如 A),C 点将偏向于 S 点。

三、资本市场中投资组合的选择

上面所讲的"有效边界",只限于带有风险的证券的组合,主要是指普通股票而言。然而,在现实环境中,资本市场可提供给投资人资金的借贷,即可供投资的工具很多,有的是有风险的,有的是没有什么风险的,例如储蓄存款或购买短期国债。投资者在一个"组合"内可以既包括有风险的证券,也结合一部分无风险的证券例如国债。同时,投资在有风险证券上的资金,可以全部都是自己的,也可以有一部分是借来的。如果有这些情况发生,我们可用图 10 - 6 来说明。

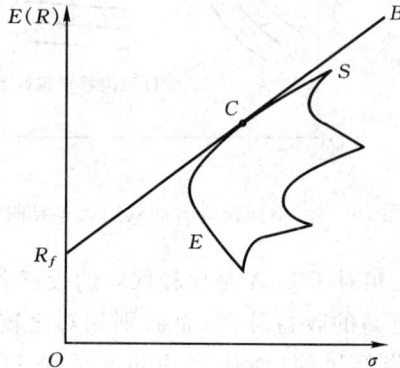

图 10 - 6　资本市场线与有效投资组合

图中 ES 曲线是有效边界,R_f 代表无风险证券的收益,假定是国债的现时收益,$R_f B$ 是一条无风险证券和有风险证券相结合与有效边界相切的斜线,是一条直线,表示其风险—收益的关系是成比例的。坡度的大小代表无风险证券和有风险证券所占比例的不同。要选择一个满意的"组合",总是在这条线上去寻找。

C 点恰是在 $R_f B$ 线上与有效边界相切之处,正是说明"组合"C 是在有风险证券组合中最优的一个组合。因为把无风险证券 R_f 与其他任何一个"组合"相结合,其结果它们的风险—收益比例均在 C 点的水平以上,因而是不可取的。所以,$R_f B$ 这条线被称为"资本市场线"。在 $R_f C$ 这段线上的各组合是指"借出组合",即购买国库券把钱借给政府,或者把资金存入银行;在 CB 这段线上的各组合是指"借入组合",说明投资者投资在有风险证券上时,除本人的本金外,可以以无风险证券同样的利率借进资金来购买更多的证券,意在利用杠杆效应来多获收益,当然也担负较大的风险。

不过,投资者对于风险和收益的态度是不一样的,有的宁愿高收益带高风险,有的喜欢风险不要太大而愿意接受较低收益,有的希望在证券投资中资金可以借出借进,有的则不想这样做。这些不同态度可以概括在一系列的无差异曲线上。曲线的形状反映投资者的偏好。总的来讲,由于投资者大都是风险的厌恶者,所以无差异曲线的特征是由左往右,坡度向上的(图 10 - 4 中 A,B),具体的形状一般有所不同,但在同一条曲线上的各点对具体的某个投资者来说是无差别的。所以投资者选择一个最优的组合,必须与他们所偏爱的无差异曲线相结合。

在图 10 - 7 中,ES 曲线为有效边界,C_1 为 L_2 与 ES 相切之点。在图 10 - 8 中,$R_f B$ 为资本市场线,C_2 为 L_2 与 $R_f B$ 线相切之处。两图中,L_1, L_2, L_3 均为投资者一系列不同水平的无差别曲线。从曲线的形状可以看出,图 10 - 8 的曲线坡度比图 10 - 7 略平,说明投资者相对能承受较大的风险,他们可能是较有钱、较年轻或只是较敢于冒险。图 10 - 7 表示投资者在"组合"中没有包括无风险证券,因此他在有效边界上选择一个最优组合。L_1, L_2, L_3 代表投资者对风险和收益的不同态度,只能在 L_2 上找到最满意的"组合",那就是 C_1,它正在 L_2 与 ES 相切之处,表示两者正相契合。除了 C_1 外,其他各点都不符合投资者的偏好。因此,C_1 是一个最佳投资组合。

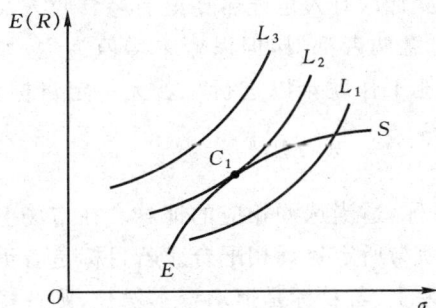

图 10 - 7　风险证券组合　　　　　　　　图 10 - 8　风险证券与无风险证券组合

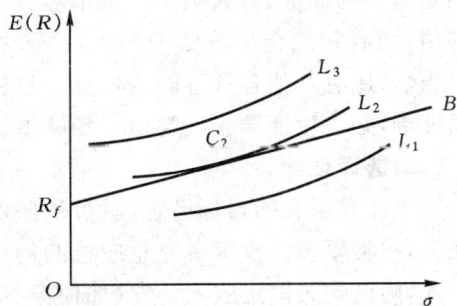

图 10 - 8 说明"组合"中包括风险和无风险两种证券,所投资金有借出的也有可能有借入的。因此投资者可以在资本市场线上找一个满意的组合。图10 - 8的 L_1,L_2,L_3 也代表投资者对风险和收益的不同态度,他所能在市场上选择到满意的组合,就是 L_2 与 R_fB 线相切之处即 C_2,也就是在这种情况下所能选出的最佳投资组合。

第四节　证券投资组合的管理

所谓证券投资组合的管理是指根据投资者对证券投资的目的和要求,从经常收入和资本增值方面研究如何进行证券组合,制订相应的投资策略和计划并加以实施的过程。

投资者建立并进而管理一个证券组合,牵涉到许多基本问题。首先,他必须明确筹集大批资金进行证券投资,其目的或目标是什么。对于个人投资者来说,家庭经济状况,本人的年龄、健康、教育程度、子女多寡、性情脾气等,各有不同,因而他们对投资所得的需求也不一样,必将各有不同的目标。同时,由于各人的性情特点的差异,对待投资风险的态度也不尽同,这对于确定目标亦会产生影响。对于机构投资者而论,它们各有本身性质和业务的特点,因此,对投资所得的需要,对投资风险的制约,乃至确定投资的目标,都会有所区别。其次,既然是证券投资,投资者当然应该熟悉证券种类及它们的收益和风险情况,以便根据不同"组合"的目标选购不同证券。再次,证券市场变动频繁,在"组合"中所购的证券,不能原封不动。投资者对"组合"必须经常根据现有证券构成的效益,加以核算和调整。由上可知,"证券组合"的管理,相当繁重复杂,不能随意行事,事前必须经过深思熟虑,制订一个比较缜密的计划。

一、证券投资组合管理的步骤

如上所述,证券组合的管理,千头万绪,是一项繁重复杂的工作,包括计划、监督、选择证券、决定买进卖出的时机、证券组合的调整,以及随时研究分析收益和风险的相互关系、如何使投资成效能完成投资的目标等,然而,其整个过程大致可以分为三个主要步骤逐步进行。

（一）确定目标

投资者建立并管理一个证券组合,首先必须根据本身的条件、特点和需要,确定组合应当达到的目标。目标因人而异。例如,有人进行投资的目的是得到经常而稳定的收入,有人的目的则是本金的保值,有人则企求资本在以后能较多地增值,有人可能希望既有经常收入又有资本增值,两者相结合但偏重于经常收入,有人也许愿意两者都要,但以资本增值为主,如此等等。当然,还有其他各种不同的目标。目标不定,其他工作就难以进行。若无一定目标,任意买卖证券,必将使证券投资类似一场赌博。

（二）选择证券

一个证券组合的目标已定,就可依照所规定的目标,适当选购相应的证券。在市场上交易的证券,种类繁多。投资者究竟应选购何种证券,必须与所定目标相配合。若目标是着重于经常收入,则以购买固定收入证券(如债券、优先股票)为主;若目标是追求资本增长,则选择增长型的普通股票如新兴工业的股票;若目标是两者结合,则在所拟购的证券中,应包括收入证券和增长证券两个部分,如有偏重,则比重可分大小。总之,就是要使选购证券的种类适当,能使整个组合达到收益最大化、风险最小化的最终目的。

与各类证券收益相联系的风险大小,也是在选择证券中应妥善考虑的因素。不同的证券包含不同的风险,投资者应结合目标和本身的条件,决定自己所能承受风险的能力。若是机构投资者,还须承受法令的限制。这些前提决定以后,在选择各个具体证券时,应对每种证券进行如前面所详细讲到的基本分析,根据分析结果作为实际选择的主要参考资料。至于在组合内须包括多少种证券以及各种所占的比重,以达到最佳分散化的效果,也须仔细核计,不能太少,也不宜过多。一般讲来,一个充分分散的组合,约在 15～25 种证券之间,数额分配也应有一个适当比例,不使各种证券的权数有偏重偏轻之弊。

（三）监视效益

一个证券组合经精心建成以后,必须经常密切注视其效益如何,是否能满足既定目标的要求。因为国民经济的涨滞、行业的盛衰、公司的强弱、政府的政策、技术的革新、原材料物价的涨落,乃至国际间政治风云的变幻、人们心理的变化和情绪的波动等,都会在市场上影响证券的价格和风险的特性。因此对组合的有效管理,有必要对其中每种证券加以不断的监视,看其价格和风险有无发生变化,如有,须出售对其不利的,换购对其有利的,进行必要的调整。在调整时,还须充分研究必须买入和卖出的合理种类和掌握低买高卖的适当时机。总之,在整个"组合"的存在时间内,都必须严密管理,以防止成效与目标相脱节。

二、证券投资组合管理的目标

证券组合的管理目标,需要体现投资者的投资目标。由于不同的投资者对证券投资者不同的目的和要求,因而各人的投资目标都有一定的差别,其证券组合的管理目标,自然也随之而异。

总的来说,组合的管理目标是收益尽可能的高,风险尽量的低。具体说来,有的需要得到的是经常收入,有的期望资本的增值,有的希望两者相结合。但为达到这种目标,对投资具有若干财务上的要求,简述如下:

（一）本金安全

这是管理目标中首先需要考虑的一个问题。这包含着两种意义,一是收回本金的原来货币数额,二是保持本金的原来价值。关于前一问题,债券自然比股票可靠。但是,债券因发行单位不同,本金能否全部收回或只是部分收回,甚或分文无着,也存在着不同的风险。同时,债券的市场价格,受市场利率的变动影响很大,与债券期限的长短也有密切的关系。长期债券因到期时间较长,市场利率变动的可能较大,因而其风险比短期债券为大,所以投资者也可依管理目标的需要,在两种债券中选择。

关于后一问题,就是如何使本金的实际价值不受通货膨胀的影响。债券是固定收入证券,其债息率在整个债券的期间是不变的。如果发生通货膨胀情况,领回本金的实际价值,就要受到购买力降低的很大影响。普通股票则不同,它是不定收入证券,所发股息和股价本身也会因通货膨胀的关系,随之增高,虽不一定能与物价同步上涨,完全消除购买力降低的影响,但作为抵补,可能减少一部分实际价值的损失。

(二)收入稳定

有一笔稳定的经常收入,常常是建立一个证券组合的出发点,经常收入是指按时可得的债息和股息的收入,当比将来有希望可得到的收入有较大的现实价值。但是,从收入的概念来说,收入也可以包括"组合"因市场价格变化而获得的资本增益或损失。就经常收入而言,债息的收入自然要比股息的稳定,而且大都要高一些。可是,股票升值的机会较多,所以计算股票的收入,有时应计算其总收入,即收益,等于股息加上股票升值部分。

(三)资本增长

一般说来,资本增长是"证券组合"管理所要求的一个目标,因为资本增长为投资者增加安全感、保持购买力和提供管理的机动性所必需。但如果由于涨价而使资本增长,则包含着风险。

(四)其他目标

如证券的流动性(即变现性)要求、证券的市场力(即可销性)、分散化等,都要求通过组合投资的管理得到体现。

三、证券的选择

投资者根据所确定的目标,可以选择建立"债券组合",还是"股票组合"。"债券组合"的风险较小但收益亦较低。"股票组合"却正相反。一般来讲,债券组合问题比较简单、容易,因为它通常包括高质量债券,风险相对较低。虽然也需要一些分散,但组合内的债券种类数不需要太多,例如有五、六种不同部门的债券就可满足分散化的要求。除政府债券外,可以包括若干如公用事业、电话电报业、银行和金融业的公司债券。由于这些债券所具有的风险差不多相等,所以它们的数量平均分配,也就可以了。至于普通股票组合如何分散搭配,就比较复杂,因为所选择股票的种类和数量,必须能实现"组合"的目标。关于普通股票组合应包括多少种证券,每种应有多少数量,可以利用传统的或现代的证券投资组合理论加以分析。

四、证券组合投资管理的策略

证券组合投资管理的策略是为了实现投资管理的目标而制订的投资谋略或方案。按照在充分估计风险承受力基础上对投资收益偏好是本期收益还是资本利得(资本增长)的标准划分,证券投资组合管理的策略的基本类型有:收入型策略、增长型策略、收入与增长混合型策略。

1. 收入型证券组合策略

收入型证券组合策略的目标在于追求稳定和规则性的本期收入的最大化而不强调资本利得和增长。满足这一目标的证券组合,应强调本金安全和当时收入。

根据这一要求,收入型证券组合所选择的证券注重具有较高本期收益率、安全性较好且有一定增长潜力的证券,例如政府债券、免税的市政债券、信用等级较高的在 BBB 以上的公司债券、优先股票以及具有高股息和盈利稳定的普通股票等。为了兼顾本期收入的最大化、稳定性和规则性,建立收入型组合时常常将防守型证券(债券)和进取型证券(股票)按一定构成比例融合起来,这样可以照顾到风险和收益的平衡。在确定本期收益最大化的目标前提下,收入组合还要尽可能降低风险,增加流动性。降低企业经营风险的办法,是把资金限于投在高质量的收入证券(包括政府债券)上;降低利率风险和市场风险的办法,是分散证券的到期日的多样化组合;降低购买力风险的办法,是购买浮动利率债券和既提供收入又能增长的普通股票;增加流动性的办法,是购买政府债券或大公司的债券。

2. 增长型证券组合策略

增长型证券组合管理策略的基本目标是使投资组合的将来价值尽量增大。它强调的是投资资金的增长或资本利得,而较少地考虑经常收入。增长型证券组合的当前收入并不一定高,但组合的总收益期望值必须高于市场平均水平。

在各种证券中,普通股票最适合体现增长型组合的目标,可以作为主要的选择对象。同时,要适当选择组合的证券数目,分散原则不应忽视,如果证券组合的种类太少,会造成风险过高,但数量太多,则难以提供满意的收益。

在确定了证券数量后,投资者可以从增长(升值)潜力大的证券(主要是普通股票)中选择服从增长目标的证券。选择的标准大致有以下几条:①具有较大的盈利或股息增长的潜力;②盈利增长率很稳定;③发放股息水平较低;④预期收益率较高;⑤预期收益的变动(即风险)较低。具备这些特点的证券通常在未来时期内其市场价格会趋于上升,从而给投资者带来资本利得与经常收入增长的好处,特别是一些虽不知名但资信状况良好有发展潜力的公司的普通股票。

因此,选择增长证券时必须重视基本分析,对有关部门(行业)、公司进行深入分析,分析公司产品需求、竞争地位、竞争者状况、经营特点和管理效率等情况,据此对公司的盈利和证券收益作出评价和估计,并通过对各种证券的内在价值和市场价格的对比,选择那些价格被低估、预期收益率较高、风险又较低的证券。总之,进行分析研究的总目的,是选择在领先部门中的领头企业,它们或者正在增长或者预期将有很大的发展。

增长型证券投资收益由于必须依赖于证券一段时期后的行市与股息分配上升,故而各种风险均比收入型证券组合的要大。因此构建这种证券投资组合要注意两点:一是要注意预防通货膨胀的风险,应选择名义收益率超过实际收益率加通货膨胀率的证券,且选择实力雄厚的大公司的证券以降低信用风险;二是掌握好适当的时机随时买卖以避免市场风险与利率风险。尤其是要加强对市场变动方向与利率走势的预测,当预计市场趋向繁荣,利率趋于上升时,就应采取"进取型"投资态度,增加高风险、高收益的证券在增长型投资组合中的比重;反之当预计市场将由繁荣转向衰退、利率将下降时,就应采取"防守型"投资态度,增大证券组合中无风险的防守型证券的比重,因为这时证券市价已被高估。投资者采取的态度,一般可分为三种类型,可以从高风险证券与无风险证券在组合中的构成比例表示出来:进取型组合为 90% 的风险证券对 10％的无风险证券；防守型组合为 10％的风险证券对 90％的无风险证券；平衡型组合为各占 50％的风险证券和无风险证券。总而言之，包括在"增长组合"中的证券，大都选择高预期收益、低风险和低股息率的普通股票。这主要表现在股票的收益对风险的比例上。股票的"收益风险比例"的计算方法是：

$$K = \frac{E(R) - R}{\sigma} \qquad \text{（公式 10 - 8）}$$

式中：K —— 收益风险比例；

$E(R)$ —— 风险证券的预期收益率；

R —— 无风险证券（如短期国库券）的收益率；

σ —— 风险（预期收益率的标准差）。

若某种股票的收益风险比例 $K > 1$，则该种股票是可选择的；反之若 $K < 1$，则该股票不应选入"增长型"证券组合。

[**例 10 - 1**] 投资组合 A 的均值收益为 10％，标准差为 8％。投资组合 B 的均值收益为 15％，标准差为 30％。无风险资产的收益为 5％。这两种投资组合中应选择哪一个与这种无风险资产进行组合？

投资组合 A：$(0.10 - 0.05) \div 0.08 = 0.625$

投资组合 B：$(0.15 - 0.05) \div 0.30 = 0.333$

显然投资组合 A 提供了较高的收益风险比例，故投资者选择投资组合 A 要好些。

3. 收入与增长混合型组合策略

收入与增长混合型证券组合管理策略是一种介于收入型和增长型之间的投资管理策略。这种策略既强调本期收入，又希望资本增长，因此需要在收入和增长之间进行权衡。这样混合型证券投资对象选择可以采取灵活兼顾的策略，既可以是收入型证券与增长型证券的综合，也可以是兼有收入和增长潜力的证券。

本 章 小 结

证券投资组合是指个人或机构投资者所拥有的各种有价证券的总称。证券投资者构建证券组合的原因是为了降低风险和实现收益最大化。

证券组合期望收益率的大小受投资证券的类别和投放到各种证券的资金比重的影响。其计算方法一种是求单个资产的期望收益率与各资产所占比重的乘积之和，另一种是各单个资产的收益率与各种可能发生概率的乘积之和。

证券组合的风险与组合中证券间的同动程度有很大的关系。协方差是衡量证券间的同动程度的指标，同时也是用来确定证券之间方差的一个关键性指标。

相关系数是用来表示两个随机变量之间相互影响的关系的程度。它的取值范围介于和—1 和 1 之间，根据其取值可以确定证券间的相关性。

人们常用证券组合的方差来衡量证券组合的风险。证券组合的总风险由系统风险和非系统风险构成。在证券组合的总风险中，随着组合中证券种类的增加，证券组合的总风险将逐步降低，但这是通过证券组合分散非系统风险而实现的。

在众多的证券组合中，投资者可从有效证券组合中选择一个对他来说是最优的证券组合。选择结果取决于投资者对风险-收益的偏好。

证券投资组合管理的步骤是确定目标、选择证券、监视效益。证券投资组合管理策略的基本类型有:收入型策略、增长型策略、收入与增长混合型策略。

关 键 术 语

证券投资组合 预期收益 方差 协方差 相关系数 有效边界 最佳投资组合

思考与练习

1. 什么是证券投资组合? 证券组合为什么能降低投资风险?

2. 张三期初拥有下述 A,B,C,D 四只股票,其相关数据如下:

股票	股数(股)	当前价格(元/股)	期末预期价格(元/股)
A	100	100	90
B	200	40	40
C	50	30	50
D	500	50	60

求在该期间张三持有的投资组合的期望收益率是多少?

3. 股票 A 与 B 的期望收益率分别为 13% 和 5%,标准差分别为 10% 和 9%,李四决定卖空 1 万元的股票 B,并用所得资金与其原有的自有资金 2 万元一起去购买股票 A,该股票 A 与 B 间的相关系数为 0.25,试求李四的投资组合的期望收益率。

4. 证券组合投资管理的策略有哪几种类型?

5. 股票 A 和 B 的有关概率分布如下:

状态	概率	股票 A 的收益率(%)	股票 B 的收益率(%)
1	0.10	10	8
2	0.20	13	7
3	0.20	12	6
4	0.30	14	9
5	0.20	15	8

(1)股票 A 和 B 的协方差和相关系数为多少?

(2)股票 A 和 B 的期望收益率和标准差分别为多少?

(3)若用投资的 40% 购买股票 A,用投资的 60% 购买股票 B,求投资组合的期望收益率和标准差。

(4)假设有最小标准差资产组合 M,股票 A 和 B 在 M 中的权重分别是多少?

第十一章　资本市场理论

本章要点

1. 资本市场线和证券市场线
2. 资本资产定价模型
3. 套利定价理论

第一节　资本资产定价模型

　　林特(1965)、莫森(1966)和夏普(1964)的资本资产定价模型(capital asset pricing model,CAPM)是建立在一定理想化假设下,研究风险的合理测定和定价问题,讨论资产的预期回报率与衡量该资产风险的 β 值之间的关系。

一、资本资产定价模型的基本假定

(一)基本假定

　　(1)投资者通过组合的预期收益率和标准差来评价组合;

　　(2)其他条件相同时,投资者将选择具有较高预期收益率的那种;

　　(3)当其他条件相同时,投资者将选择具有较小标准差的那种;

　　(4)每种证券都是无限可分的,投资者可以购买任意数量的某种证券;

　　(5)投资者可以以无风险利率无限制地借和贷;

　　(6)税收和交易成本忽略不计;

　　(7)所有投资者都有相同的投资期限;

　　(8)对于所有投资者,无风险利率相同;

　　(9)所有投资者都可以无偿自由地获得信息;

　　(10)投资者具有相同预期,即对预期回报率、标准差和证券间的协方差的判断相同。

(二)分离定理

　　由于假设所有投资者对证券的预期回报率、方差和协方差的估计以及无风险利率的大小的看法都是完全一致的,因此所有投资者的可行域相同,所有投资者的有效集也相同,是由无风险利率处发出与马柯维茨模型有效集相切的射线。所以,在线性有效集上的任何一个证券组合,都由切点最优风险组合和不同程度的无风险借入和贷出所构成。影响投资者选择不同组合是因为他们各自拥有不同的无差异曲线,也就是对风险的态度。

每个投资者将他的资金投资于风险资产和无风险借入和贷出上,而每一个投资者选择的风险资产都是同一个资产组合,加上无风险借入和贷出只是为了达到满足投资者个人对总风险和回报率的选择偏好。由此形成风险组合的选择与风险偏好的分离,被称为分离定理。

从图 11-1 中看出,I_1 代表厌恶风险程度较轻的投资者的无差异曲线,该投资者的最优投资组合位于 P_1 点,表明他将借入资金投资于风险资产组合上,I_2 代表较厌恶风险的投资者的无差异曲线,该投资者的最优投资组合位于 P_2 点,表明他将部分资金投资于无风险资产,将另一部分资金投资于风险资产组合。虽然 P_1 和 P_2 位置不同,但它们都是由无风险资产(A)和相同的最优风险组合(T)组成,风险资产组合中各种风险资产的构成比例相同。

投资者可以选择有效集上的任意点(投资组合)。在点 T 左端的点表示投资到利率为 R_f 的无风险证券和风险证券组合 T 的组合,它适宜较保守的投资者。在点 T 右端的点表示以 R_f 借款和自有的资金一起投资风险证券组合 T,它适宜比较喜爱冒险的投资者。

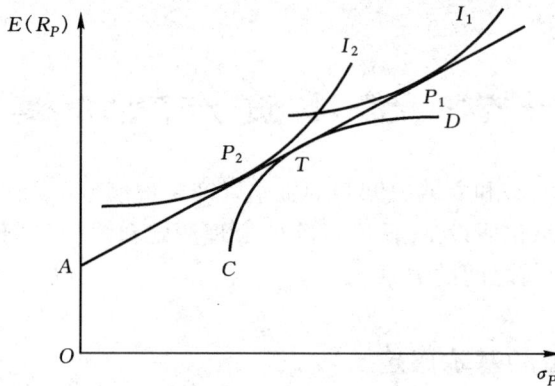

图 11-1　分离定理

二、资本市场线

每个投资者均投资于相同的风险组合 T,这个组合必须与整个市场风险证券比例一致,称为市场证券组合。用 M 表示市场组合,W_{Mi} 表示市场证券组合中证券 i 的比例,$i=1$ 表示无风险证券。设市场存在的证券种数为 n,则:

$$W_{Mi} = \frac{P_i Q_i}{\sum_{t=2}^{n} P_t Q_t} \quad (i = 2, \cdots, n) \qquad \text{(公式 11-1)}$$

式中,P_i 为证券 i 的价格,Q_i 为证券 i 的总股数,则 $P_i Q_i$ 即为证券 i 的市场总价值。这里证券 1 表示无风险证券,因而风险证券种数为 $n-1$ 种。在这个组合中,投资于每一种证券的比例等于这种证券总市值除以所有证券的市值总和。

每个人将沿图 11-2 中的射线 FM 选择一点。较保守的投资者将贷出一些资金,而将其余的资金投资于市场证券组合 M 上;喜好冒险的投资者将借入资金,以便将比初始资金更多的资金投资于市场组合上,但所有点都将停留在射线 FM 上,这条线就称为资本市场线(capital market line,CML)。

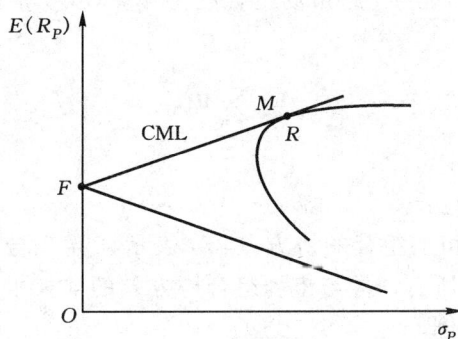

图 11-2　资本市场线

组合的风险和收益满足线性关系。资本市场线表示为:

$$E(R_P) = r_F + r_e \times \sigma_P \qquad \text{(公式 11-2)}$$

$E(R_P)$ 为任意有效组合 P 的收益率,r_F 为无风险收益率,r_e 则为资本市场线的斜率,σ_P 为有效组合 P 的标准差。投资组合 P 的期望收益率 $E(R_P)$ 分成两个部分:第一部分 r_F,称为时间价值;第二部分 $r_e \times \sigma_P$,称为风险的价值,与风险的大小 σ_P 成正比。

因为市场组合 M 也在资本市场线上:

$$E(R_M) = r_F + r_e \times \sigma_M \qquad \text{(公式 11-3)}$$

所以资本市场线的斜率为:

$$r_e = [E(R_M) - r_F]/\sigma_M \qquad \text{(公式 11-4)}$$

式中,$E(R_M)$ 为市场组合 M 的期望收益率,σ_M 为市场组合收益率的标准差。

设 $E(R_i)$,σ_i 分别为第 i 种证券的期望收益率和收益的标准差($i=2,\cdots,n$),市场组合的权数记为 $(W_{M2},\cdots,W_{Mn})$,ρ_{ij} 是证券 i 与证券 j 收益的相关系数,则市场组合的期望收益率 $E(R_M)$ 和方差 σ_M^2 可由下式来计算,

$$E(R_M) = \sum_{i=2}^{n} W_i \times E(R_i) \qquad \text{(公式 11-5)}$$

$$\sigma_M^2 = \sum_{i=2}^{n} \sum_{j=2}^{n} W_{Mi} \times W_{Mj} \times \rho_{ij} \times \sigma_i \times \sigma_j \qquad \text{(公式 11-6)}$$

三、证券市场线

单个证券的总风险分成系统性风险和非系统性风险,系统性风险能够得到收益的补偿,而非系统性风险通常通过分散投资组合消除。

在资本资产定价模型的假设下,人们均选择有效的证券组合,用标准差来度量有效组合的风险。市场组合标准差的计算公式为:

$$\sigma_M = (\sum_{i=1}^{n} \sum_{j=1}^{n} W_{iM} \times W_{jM} \times \sigma_{ij})^{1/2} \qquad \text{(公式 11-7)}$$

其中 W_{iM} 和 W_{jM} 分别表示证券 i 和 j 在市场组合中的比例。公式(11-7)可以展开为:

$$\sigma_M = (W_{1M} \sum_{j=1}^{n} W_{jM}\sigma_{1j} + W_{2M} \sum_{j=1}^{n} W_{jM}\sigma_{2j} + W_{3M} \sum_{j=1}^{n} W_{jM}\sigma_{3j} + \cdots + W_{nM} \sum_{j=1}^{n} W_{jM}\sigma_{nj})^{1/2}$$

$$\text{(公式 11-8)}$$

　　根据协方差的性质可知,证券 i 跟市场组合的协方差(σ_{iM})等于证券 i 跟市场组合中每种证券协方差的加权平均数:

$$\sigma_{iM} = \sum_{j=1}^{n} W_{jM}\sigma_{ij} \qquad \text{(公式 11-9)}$$

代入公式(11-8),可得:

$$\sigma_M = (W_{1M}\sigma_{1M} + W_{2M}\sigma_{2M} + W_{3M}\sigma_{3M} + \cdots + W_{nM}\sigma_{nM})^{1/2} \qquad \text{(公式 11-10)}$$

　　其中,σ_{1M} 表示证券 1 与市场组合的协方差,σ_{2M} 表示证券 2 与市场组合的协方差,依次类推。市场组合的标准差等于所有证券与市场组合协方差的加权平均数的平方根,其权数等于各种证券在市场组合中的比例。

　　由此可见,在考虑市场组合风险时,重要的不是各种证券自身的整体风险,而是其与市场组合的协方差。这就是说,自身风险较高的证券,并不意味着其预期收益率也应较高;同样,自身风险较低的证券,也并不意味着其预期收益率也就较低。单个证券的预期收益率水平应取决于其与市场组合的协方差。

　　在均衡状态下,单个证券风险和收益的关系可以写为:

$$E(R_i) = r_F + \left[\frac{E(R_M) - r_F}{\sigma_M^2}\right]\sigma_{iM} \qquad \text{(公式 11-11)}$$

　　证券市场线(security market line,SML)反映了单个证券与市场组合的协方差和其预期收益率之间的均衡关系。如果我们用 $E(R_i)$ 作纵坐标,用 σ_{iM} 作横坐标,则证券市场线在图上就是一条截距为 r_F,斜率为 $\{[E(R_M) - r_F]/\sigma_M^2\}$ 的直线,如图 11-3(a)所示。

　　我们用某种证券的收益率和市场组合收益率之间的 β 系数作为衡量这种证券系统性风险的指标。某种证券的 β 系数 β_{iM} 指的是该证券的收益率和市场组合的收益率的协方差 σ_{iM},再除以市场组合收益率的方差 σ_M^2,其公式为:

$$\beta_{iM} = \sigma_{iM}/\sigma_M^2 \qquad \text{(公式 11-12)}$$

把式(11-12)代入式(11-11):

$$E(R_i) = r_F + [E(R_M) - r_F]\beta_{iM} \qquad \text{(公式 11-13)}$$

　　如用 $E(R_i)$ 为纵轴,用 β_{iM} 为横轴,则证券市场线也可表示为截距为 r_F,斜率为 $[E(R_M) - r_F]$ 的直线,如图 11-3(b)所示。

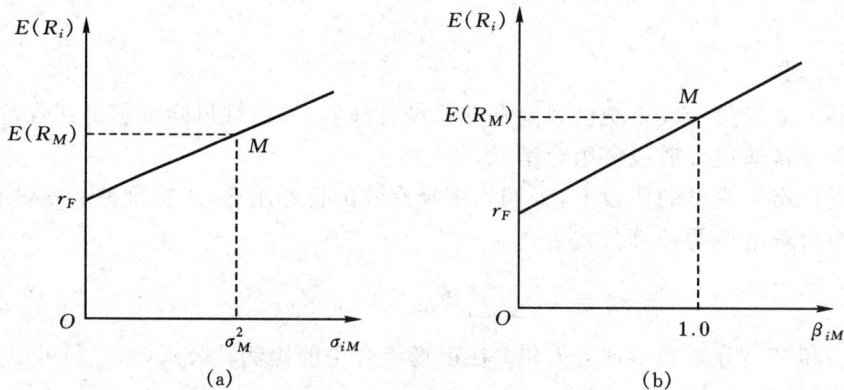

图 11-3　证券市场线

一个证券组合的 β 值等于该组合中各种证券 β_{iM} 值的加权平均数：

$$\beta_{pM} = \sum_{i=1}^{n} W_i \beta_{iM} \qquad （公式 11-14）$$

其中 β_{pM} 表示组合 P 的 β 值，权重 W_i 为各种证券的市值占整个组合总价值的比重。

比较资本市场线和证券市场线可以看出，只有最优投资组合才落在资本市场线上，其他组合和证券则落在资本市场线下方。而对于证券市场线来说，无论是有效组合还是非有效组合，它们都落在证券市场线上。

证券市场线包括了所有证券和所有组合，也就包含市场组合和无风险资产。在市场组合点 β 值为 1，预期收益率为 $E(R_M)$，坐标为 $[1, E(R_M)]$。在无风险资产点，β 值为 0，预期收益率为 r_F，坐标为 $(0, r_F)$。证券市场线反映了各种证券和证券组合系统性风险与预期收益率的均衡关系。由于预期收益率与证券价格成反比，因此证券市场线实际上也给出了风险资产的定价公式。

四、资本资产定价模型的应用

资本资产定价模型所揭示的投资收益与风险的函数关系，是通过投资者对持有证券数量的调整并引起证券价格的变化而达到的。根据每一证券的收益和风险特征，给定一证券组合，如果投资者愿意持有的某一证券的数量不等于已拥有的数量，投资者就会通过买进或卖出证券进行调整，并因此对这种证券价格产生涨或跌的压力。在得到一组新的价格后，投资者将重新估计对各种证券的需求，这一过程将持续到投资者对每一种证券愿意持有的数量等于已持有的数量，证券市场达到均衡。

在实际运用中，常用单因素模型来估计 β 值。单因素模型表示为：

$$r_{it} = \alpha_i + \beta_i r_{mt} \varepsilon_{it} \qquad （公式 11-15）$$

式中：r_{it} 为证券 i 在 t 时刻的实际收益率；r_{mt} 为市场指数在 t 时刻的收益率；α_i 为截距项；β_i 为证券 i 收益率变化对市场指数收益率变化的敏感度指标，它衡量的是系统性风险；ε_{it} 为随机误差项，该随机误差项的期望值为零。虽然从严格意义上讲，资本资产定价模型中的 β 值和单因素模型中的 β 值是有区别的，前者相对于整个市场组合而言，而后者相对于某个市场指数而言，一般用市场指数来代替，但可以用单因素模型测算的 β 值来代替资本资产定价模型中的 β 值。

根据资本资产定价模型 $E(R_i) = r_F + [E(R_M) - r_F]\beta_{iM}$，$\beta$ 系数被当做有效证券组合中单个证券或证券组合的风险测定。β 系数作为证券或证券组合的特征线的斜率，它刻画了证券或证券组合的实际收益的变化对市场收益（市场组合收益）的敏感性程度。当 $\beta>0$ 时，证券组合的收益率变化与市场收益率的变化是同方向的。当 $\beta<0$ 时，证券组合的收益率变化与市场组合收益率变化是反方向的。当 $|\beta_P|>1$ 时，该证券或证券组合为进取型。当 $|\beta_P|<1$ 时，该证券或证券组合为保守型。

资本资产定价模型的最核心的应用是搜寻市场中价格被误定的证券。根据资本资产定价模型，每一证券的期望收益率应等于无风险利率加上该证券由 β 系数所测定风险的风险溢价。当我们获得市场组合的期望收益率的估计 E_M 和该证券的风险 β_i 系数的估计值时，我们就能计算出在市场处于均衡状态下，证券 i 的期望收益率 E_i，并将实际的市场价格与均衡的期初价格进行比较。如果二者不相等，就说明市场价格存在被误定（过高或者过低）的现象：当证券的实际价格低于均衡的期初价格时,说明该证券的价值被低估,应该买进;相反,证券的价值被高估,应该卖出。

第二节　套利定价理论

套利定价模型(arbitrage pricing theory,APT)是以多因素模型为基础,建立在一个重要的假设基础上的理论。这个重要的假设是:当市场达到均衡时,不存在套利机会。这一假设的一个等价原则是"一价规则":两种具有相同风险和收益的证券,其价格必定相等。套利定价模型的核心思想是市场不允许套利机会存在,即市场价格将调整到使投资者无法在市场上通过套利活动获得超额利润。它认为资产收益受系统风险的影响而变化,但系统风险是由不同的相互独立的因素表现出来的,它们共同决定了风险资产的收益。

一、套利的含义

套利定价理论是建立在一个很重要的概念——套利(arbitrage)——基础之上的。套利机会是指一种能毫无风险地赚取收益的条件。套利是一种操作行为,这种操作是否成功,市场的完备性起着很重要的作用。只有当市场的流动性很强时,即在资本市场上人们能很快地买卖自己想要买卖的资产,此时才存在套利机会,而套利的结果是很快消除套利机会。

二、套利定价理论的假设与公式

(一)APT 的假设

(1)资本市场是完全竞争的,即资本市场无摩擦,因此无需考虑交易成本。

(2)投资者为风险厌恶者;也就是投资者在风险确定的情况下会选择更多的财富。

(3)证券的收益可以被 k 个具有一元线性相关的因素解释,并满足:

$$R_i = a_i + b_{i1}f_1 + b_{i2}f_2 + \cdots + b_{ik}f_k + \varepsilon_i \qquad (公式 11-16)$$

且 $COV(\varepsilon_i,\varepsilon_j)=0$; $COV(f_i,\varepsilon_i)=0$; $COV(f_i,f_j)=0$; $E(f_j)=0$; $E(\varepsilon_i)=0$。

(4)市场上的证券个数 N 远远大于因素个数 k。

(二)APT 定价公式的含义

APT 的定价公式为:

$$E(R_i) - R_f = (\delta_1 - R_f)b_{i1} + \cdots + (\delta_k - R_f)b_{ik} \qquad (公式 11-17)$$

其中,$\lambda_j = \delta_j - R_f$ 表示证券 i 对第 j 个因素的风险溢价或者风险价格。b_{ik} 类似于资本资产定价模型中的贝塔系数:

$$b_{ik} = \frac{COV(R_i,\delta_k)}{\sigma^2(\delta_k)} \qquad (公式 11-18)$$

定价公式的具体含义:有 k 个因素共同影响证券 i 的超额收益率,每一个因素对超额收益率的贡献等于该因素的风险价格乘以该因素的风险。

三、因素模型

因素模型是一种假设证券的收益率只与不同的因素或者指标的运动有关的经济模型。因素模型具有以下特点:第一,子模型中的因素应该是系统影响所有证券价格的经济因素;第二,两个证券的收益率相关仅仅是因为它们对因素运动的共同反映所致;第三,证券的收益率总不能由因素模型解释的部分是该证券所独有的,与其他证券无关。

(一)单因素模型

可以认为风险证券的收益率由经济中某一因素来决定,这一因素不一定是全市场组合。因素模型的实质是关于证券收益率生成过程的模型,而单因素模型则认为收益形成过程只包含唯一的因子。它假设:

$$R_i = a_i + b_i f + \varepsilon_i \qquad (公式 11-19)$$

其中 $R_i(i=1,2,3,\cdots,N)$ 为风险资产的收益率;f 为决定 R_i 的唯一因素,是一个随机变量,对任何的 i 都相等;a_i 为截距项;b_i 则是第 i 个证券对因素 f 的敏感系数;ε_i 为误差项。

而且假设:$E(\varepsilon_i)=0$, $COV(f,\varepsilon_i)=0$, $COV(\varepsilon_i,\varepsilon_j)=0$。

(二)多因素模型

单因素模型将所有的系统风险都归结为单一因素,认为这一因素对所有股票都产生相同的影响。实际上,一方面系统风险包括多种因素,例如经济周期、利率和通货膨胀的不确定性等;另一方面,不同的因素对不同的股票的影响力是不同的。因此,想要准确地分析对股票收益的影响,还需要将影响其收益的系统风险进行进一步的分解。

当证券收益率由多个因素(这里有大于1的 k 个因素)生成时,套利定价理论的定价公式进行扩展:

在 k 个因素($f_1,f_2,\cdots,f_k$)的情形中,每一种证券在如下 k 因素模型都将具有 k 个敏感性($b_{i1},b_{i2},\cdots,b_{ik}$),所以模型表示如下:

$$R_i = a_i + b_{i1} f_1 + b_{i2} f_2 + \cdots + b_{ik} f_k + \varepsilon_i \quad (i=1,2,\cdots,N) \qquad (公式 11-20)$$

同样假设:$E(\varepsilon_i)=0$, $COV(f,\varepsilon_i)=0$, $COV(\varepsilon_i,\varepsilon_j)=0$, $COV(f_j,\varepsilon_i)=0$, $COV(f_i,f_j)=0$。

假设的含义:第一,每个证券的误差项都是独立的。不同证券的误差项彼此不相关,每个证券的误差项与各因素也无关,而且预期值为零,也就是从长期来看它们的平均值为零。第二,不同因素之间彼此线性无关。

(三)实际应用方法

在实际应用中,应用单因素模型通常分三个步骤:首先,确定影响证券的因素;其次,搜集数据;最后,计算 a_i 和 b_i。

1. 因素选择

因素的选择包括因素的个数和因素的种类。因素分为:

(1)外生因素,即证券之外的因素如 GDP、CPI、失业率等指数。这些因素具有一些共同的特点:它们与证券市场的关系不是非常直接的,而是通过影响整个社会的经济发展状况,从而对证券的收益产生一定的影响。当经济发展速度较快,GDP 快速增长时,证券的收益率也就提高,反之则降低。

(2)抽取因素,即证券平均指数,如股票指数,有时甚至可用一个证券的收益率作为另一证券的因素。当一个证券与某一其他证券或投资组合的协方差较大时,它们的相关系数也较大,表明它们的收益率明显地呈线性关系。

这种方法实际上是从证券市场内部寻找决定证券收益的因素,市场因素模型即为此类。

2. 数据的搜集

数据的搜集通常有两类方法:一类是横向数据法,另一类是纵向数据法。横向数据法是指选取某一时点的不同证券或因素的数据,其特点是所有数据的产生均为同一时期。纵向数据也称为时间序列,它是指某一指标从历史到现在不同时期的数据,它反映的是对该指标的历史数据的记录。

3. a_i 和 b_{i1},b_{i2} 的确定

从理论上,我们可以通过计算协方差得到关于 b_{i1},b_{i2} 的方程组,解方程组可得 b_{i1},b_{i2},然后再由 $a_i = E(R_I) - [b_{i1}E(f_1) + b_{i2}E(f_2) + L + b_{im}E(f_m)]$ 来求 a_i,由于大量统计软件的应用,计算系数 a_i 和 b_{i1},b_{i2} 十分容易。

四、套利定价理论与资本资产定价模型的联系和区别

套利定价理论与资本资产定价模型的共同点是它们都认为期望收益与风险之间存在着正相关关系。

它们的区别就在于:

套利定价理论对资产或资产组合收益生成的说明,较之资本资产定价模型更具现实意义。收益实际上是一个内涵十分复杂而丰富的概念,资本资产定价模型仅将收益限制在风险的回报上,显然与现实脱节,而套利定价理论则对收益生成不做事先的规定和限制,因素可多可少,过程可繁可简,要求可高可低,非常富有弹性,可以根据实际情况和自身需要进行灵活选择,因而较易接近现实。

套利定价理论对投资者的效用函数没有严格的假定。资本资产定价模型假定投资者的效用函数为风险回避型,尽管这一假定较为合理,但也增加了该理论的复杂性和接受检验的难度。相比之下,套利定价理论没有这一假定,理论变得简洁明了,大大减少了该理论应用于实际的种种限制。

套利定价理论通过套利行为来说明资本市场的均衡。资本市场的均衡是资本资产定价的前提。资本资产定价模型认为资本市场的均衡是因为投资者都按照马科维茨的理论去行动,从而最终实现均衡,而套利定价理论则认为资本市场的均衡是由套利行为去实现的。后者较之前者更直观易懂,具有更强的解释说服力。

套利定价理论的参数 b_{ij} 较之资本资产定价模型的参数 β 更加灵活多变。β 的含义非常明确和具体,即用来衡量资产、资本组合的风险,而 β 可以被用来衡量资产、资产组合的风险,也可以用来作为对某一因素灵敏度和贡献率的量度,因而使得套利定价理论在实践中更易得到应用。

套利定价理论的单期模型可以很容易扩展为多期模型。这就意味着套利定价理论更容易实现动态化,对时间序列的实用性和解释能力将更强。

本 章 小 结

市场证券组合由所有资产构成,其中每一种资产的权重是这种资产的总值与市场内所有资产总值的比。市场证券组合中的每一种证券的现时市价都是均衡价格。

分离定理表示风险资产组成的有效证券组合的确定与个别的投资者风险偏好无关。

资本市场线表示均衡状态的有效证券组合的预期回报和标准差的线性关系。

证券市场线表示在均衡状态下一个证券的预期回报和它的 β 系数的线性关系。还可以表示为一个证券的预期回报和市场协方差的线性关系。β 系数等于市场协方差与市场证券组合

的方差比。

β 系数是衡量一个证券系统性风险的重要指标,证券组合的 β 系数等于该组合中各种证券的 β 系数的加权平均数,权重为各种证券的市值占组合总价值的比重。如果一种证券或证券组合的 β 系数等于1,说明其系统性风险等于市场组合的风险;如果 β 系数大于1,说明其系统性风险大于市场组合的风险;如果 β 系数小于1,说明其系统性风险小于市场组合的风险;无风险资产的 β 系数等于0。

资本资产定价模型表明,当证券市场处于均衡状态时,资产的预期收益率等于市场对无风险投资所要求的收益率加上风险溢价。给定无风险收益率 r_F 为一常数,投资收益率是系统性风险 β 系数的正的线性函数,而风险溢价决定于下面两个因素:①市场组合的预期收益率减去无风险收益率 $[E(R_M)-r_F]$,这是每单位风险的风险溢价;②用 β 系数表示的风险值,用公式表示:$E(R_i)=r_F+[E(R_M)-r_F]\beta_{iM}$。

资本资产定价模型中一个证券的总风险可以分成系统(市场)风险和非系统(独有)风险。后者可以通过多样化方法变得很小。

套利定价理论的研究思路是:分析市场是否处于均衡状态;如果市场是非均衡的,分析投资者会如何行动;分析投资者的行动会如何影响市场并最终使市场达到均衡;分析在市场均衡状态下,证券的预期收益由什么决定。

投资者可以在市场上可以进行套利活动。这一模型是建立在套利基础上的,所以称为套利定价模型。相对于 CAPM 而言,套利定价模型更一般化,在一定条件下我们甚至可以把传统的 CAPM 视为套利定价模型的特殊形式。两者的区别是套利定价理论对假设的限制性较小,不像 CAPM 那样严格。

关 键 术 语

资本资产定价模型　资本市场线　证券市场线　β 系数　套利定价理论

思考与练习

1. 为什么资本资产定价模型强调市场均衡?
2. 资本市场线和证券市场线有何异同?
3. 套利定价理论和资本资产定价模型有何区别和联系?
4. 对整个投资组合的风险度量方法与对单个证券的风险度量有何不同?
5. 为什么投资者希望建立一个套利组合?
6. 市场模型和因素模型有何区别和联系?
7. 假定无风险利率为 6%,市场收益率为 16%,股票甲当日售价为 20 元,在年末将支付每股 0.5 元的红利,其 β 值为 1.2,请预期股票甲在年末的售价是多少?
8. 假定无风险收益率为 5%,β 值为 1 的资产组合市场的期望收益率是 12%。根据资本资产定价模型:

(1)市场资产组合的期望收益率是多少?

(2)β 值为 0 的股票的期望收益率是多少?

(3)假定投资者准备买入一只股票,价格为 15 元,该股票在来年将支付每股 0.5 元的红利,投资者预期可以以 16.5 元卖出,该股票的 β 值为 0.5,请问该股票是否应该买入?

9. 有关市场、无风险利率以及两只股票的相关信息如下：

	期望收益率	与市场的相关系数	标准差
国库券利率	4%	0.0%	0.0%
股票指数	11%	1.0%	0.15%
股票1	14%	0.7%	0.25%
股票2	9%	0.4%	0.20%

画出证券市场线并计算各股票的 β 值。再以证券市场线为参照,画出各股票的位置。

10. 基于单因素模型,微软股票的因素敏感性为3。给定无风险收益率为5%,因素的风险报酬为7%,请计算微软股票的均衡预期收益率是多少?

11. 基于单因素模型,两个组合甲和乙,均衡预期收益率分别为9.8%和11.0%,如果因素敏感性分别为0.80和1.00,那么请计算无风险收益率是多少?

12. 假设有一个单因素模型.考虑具有下列因素敏感性的三种证券组合:

证券名	因素敏感性
证券1	0.9
证券2	3.0
证券3	1.8

如果证券1在组合中的比例增加0.2,在组合的因素敏感性保持不变的情况下,另外两种证券在组合中的比例将会发生什么变化?

第十二章　证券投资国际化

本章要点

1. 证券投资国际化趋势及其效应
2. 国际证券市场上股票与债券发行上市的条件和程序
3. 证券市场国际化的经验借鉴
4. 中国证券市场国际化发展、障碍和对策

证券投资国际化是以证券形式为媒介的资金在国际间的自由流动,各国上市公司的有价证券发行和销售超越本国国界。证券市场国际化是生产国际化和资本国际化发展的必然结果,也是国际金融一体化和国际融资证券化趋势的必然要求,使交易双方可在本国或国际证券市场自由参与各种上市证券的交易活动。证券市场国际化既包括一国证券走向国际市场,又包括国外证券在该国证券市场自由流动。证券市场投资国际化程度的高低,不仅反映一国资本市场的总体发展水平,也在一定程度上反映一国参与国际分工的深度以及该国国民经济的总体发展水平,特别是一国经济的国际化程度和开放程度。中国加入 WTO 后,经济国际化和对外开放程度迅速提高,证券市场国际化成为经济发展的必然选择。

第一节　证券投资国际化趋势及效应

一、证券投资国际化趋势

证券市场投资国际化是指以证券为媒介的国际间资本流动,即证券发行、证券交易、证券投资超越一国界限,实现国际间自由化,形成国际性证券市场。世界各主要证券市场已经呈现出明显的国际化趋势,具体表现为两个方面:第一,世界各大证券交易所已拥有越来越多的外国上市公司,各国竞相建立创业板市场,各国证券交易所寻求大联盟。2000 年,纳斯达克上市的 4 829 家公司中有 429 家外国公司;纽约交易所上市的 2 592 家公司中有 405 家外国公司;伦敦交易所上市的外国公司占全部上市公司的 20%,外国公司的市值占全部上市公司市值的66%;其他市场外国公司的比例分别为阿姆斯特丹 40%,布鲁塞尔 42%,瑞士 42%,新西兰34%。欧洲的巴黎、阿姆斯特丹、布鲁塞尔三大交易所一直在寻求结盟;伦敦、法兰克福、斯德哥尔摩证券交易所也在探讨合并;纳斯达克近年来一直在尝试将其市场延伸至日本东京和香港;新加坡证交所与美国证交所的合作也在进行之中。随着经济全球化和市场经济的发展,我国证券市场也逐步国际化,这使得我国证券市场与国际证券市场的相互影响更加明显。第二,证券市场投资国际化符合当前国际资本流动证券化的总体趋势。20 世纪 90 年代以来,国际

资本流动呈现出新特点,其中之一就是以银团贷款为主的间接融资比重下降,以发行公开上市证券为主的直接融资比重上升,国际资本流动证券化趋势日益明显。据国际货币基金组织统计,2007年全球发行国际债券6.6万亿美元。全球机构、主权、超国家机构债券增长14.2%至6 097亿美元,美国融资额占全球融资总额的58%,欧洲、中东和非洲地区融资占36%,其余为亚洲地区债券发行融资。日本公司新发行债券增长5%,针对海外市场的国际债券发行或此类交易总计为3.83万亿美元,基本以德国、西班牙和英国的借方为主,新兴市场国际债券发行量从1 114.2亿美元增至1 396.9亿美元。

世界各国证券市场国际化的经验表明,第一,一国证券市场国际化是本国经济发展到一定阶段,在国际经济活动中所占份额日益增长的过程中逐步形成的。第二,证券市场国际化以一国国内证券市场一定的规模和一定的发展程度为基础,并与证券市场的规律相互促进、相互推动。第三,证券市场国际化是有步骤、有计划、分阶段进行的。一般情况下,发展中国家证券市场国际化通常首先从利用证券市场筹集外资开始,然后逐步过渡到证券市场全面对外开放。第四,证券市场国际化过程是一国政府不断放松管制的结果。现实中,完全意义上的证券市场国际化目标的实现是一个历史的渐进过程。具体到国际化进程中的某一个阶段,一般具有两个特点:一是具有相对性。纯粹意义上的不作任何限制的证券市场国际化,不仅在发展中国家无法实现,即使是在发达的西方国家也难以实现。任何国家在证券市场国际化的过程中总是在自觉或不自觉地采取一些限制性政策与措施,以保护本国的经济利益不受侵害和损失。二是具有阶段性。由于证券市场国际化具有全局性和复杂性,因此,很多国家证券市场在走向国际化时,都保持较为谨慎的态度,实施步骤上通常采取小步前进、分步推进策略。如果说发达国家凭借其强大的经济基础和丰富的调控能力可以加速证券市场开放进程,则对于多数不具备上述两个条件的发展中国家来说,应该采取相对审慎的开放政策与步骤。

二、证券市场投资国际化的效应

(一)提高了国内与国际证券市场关联度

从世界经济发展来看,经济全球化使得各国生产、贸易、市场等各方面都参与国际分工,同时也带动筹资和投资国际化。跨国公司作为经济全球化的主要组织形式,为了获取国际比较利益而进行的国际投资与国际融资,对证券市场投资国际化提出直接要求。此外,资产选择理论在国际范围内的应用、宽松的金融市场环境、金融创新与投资工具的加速发展、会计制度的规范与统一、科学技术与证券交易技术的迅猛发展,都是证券市场投资国际化的重要原因。我国改革开放后,实行更为自由、开放的市场经济,经济发展速度令人瞩目。我国巨大的市场潜力和经济的持续快速发展吸引了越来越多的国际投资者,他们不仅希望通过直接投资形式参与我国经济建设,而且还希望通过证券市场进行更深入、广泛、灵活的投资。我国上市公司和新兴企业也希望到海外证券市场筹资和投资,积极参与国际发展与竞争。因此,我国证券市场国际化必将进一步发展。就当前情况来看,证券市场国际化已经对中国证券市场产生明显影响,证券市场与国际证券市场关联度日益提高。国际证券市场的发展态势日益成为中国证券市场发展走向的重要背景和参考因素之一。一般而言,证券市场国际化将使本国证券市场和国际证券市场在整体市场走势、产业结构发展方面都表现出明显的关联性,这种关联具体表现为:

1．整体市场走势关联

证券市场是国民经济发展的晴雨表，一方面表明宏观经济走向决定股市，另一方面表明证券是宏观经济的先行指标，能够提前反映经济周期变动。世界各国经济发展状况及其相关因素变化都会在证券市场显现，而各国经济贸易关联性使得国际化的各国证券市场整体市场走势互相关联、相互影响。发达国家证券市场走势尤其是美国证券市场走势，对世界各国证券市场尤其是开放度高的证券市场走势都会产生一定影响。美国纽约证券市场的道琼斯指数、NASDAQ 指数已经成为对各国证券市场走势预期的重要指标。经济全球化使得证券市场波动性的溢出效应即市场价格波动性从美国证券市场传递到其他国家证券市场越来越明显。美国经济运行状况、其采取的财政政策和货币政策等各方面都会或多或少引起国际证券市场波动，由于全球信息快速传播，这种影响越来越直接，我国证券市场同样也会因此受到影响。此外，我国证券市场还会受到亚洲各邻国和我国香港地区等与我国经济关系紧密的证券市场影响。

2．产业结构发展关联

人类进步的不同时期伴随不同产业的迅猛发展。人类已经从农业经济、工业经济发展到现在以信息产业、生命科学等高新技术产业为主要动力的知识经济时代。这些知识密集型的新兴产业代表了新的经济增长点和未来经济发展方向，它们的蓬勃发展带动世界产业结构的调整。美国作为当今世界经济和科技最先进的国家，其证券市场上不同产业的发展和调整反映世界上最先进投资理念对整个世界范围内产业兴衰的理解。美国的 NASDAQ 市场就是以高新技术产业为代表的证券市场，高新技术企业的良好发展前景和投资回报率吸引了越来越多的投资者和上市公司。证券市场投资国际化的关联性使得各国证券市场中高新技术企业的比重越来越大，高科技板块的发展异军突起。NASDAQ 市场变化可能直接影响我国高科技企业在我国证券市场和海外上市的表现，产业结构发展关联性十分明显。

（二）优化资源配置

随着证券市场国际化，国际国内证券市场日益联为一体，企业的跨国融资、投资者的跨市场交易和中介机构的跨国服务逐渐成为一种趋势。证券市场的国际化可以提高证券市场的容延度。一方面，证券市场国际化不仅可以增加经营和投资机构的数量，而且可以扩大融资规模，提高金融资产占国民生产总值的比率。另一方面，证券市场国际化可以拓宽证券市场的空间结构，使一国的证券市场性质发生根本性变化，即由民族性、本土性的市场演变成国际性的市场。跨国上市可以使国内企业在全球范围内配置资源，跨国交易可以使投资者在全球范围内寻求组合投资，提高资源配置和使用的效率。在证券市场国际化过程中，随着国际金融市场壁垒逐步消除和金融管制的放松，金融中介机构可以在国际国内市场上提供投融资服务。投资银行为有效地参与全球竞争，纷纷调整业务空间布局，通过多种形式向境外市场扩张。在证券公司经营全球化、企业跨国上市融资的带动下，证券交易所也走向合并联盟，以节省交易成本，提升交易所的竞争力。

（三）市场法规、会计制度和市场监管国际化

在证券市场国际化背景条件下，各国证券市场要遵循统一的技术标准和制度规则。如果各国证券监管部门在监管措施上仍然各自为政，不仅会弱化证券市场监管的效果，而且还会助长国际游资的恶性投机，影响国内国际证券市场的稳定。在证券市场的开放方面，根据世界贸易组织金融与服务贸易协定，发展中国家开放证券市场只能遵循一套固定的规则；在证券上市

和投资者保护方面,各国证券监管部门都遵循国际证券监督组织的监管原则和框架内容,使得各国证券监管内容和基本制度国际化;国际会计准则成为各国市场普遍采用的核算方法,也必须遵循公司治埋的核心原则。

(四)加速金融创新进程

20 世纪 90 年代的金融创新令人瞩目。金融创新不仅发生在发达国家,也发生在发展中国家和国际金融市场。金融创新的结果是金融市场交易品种千变万化、层出不穷。随着金融创新和金融交易的快速发展,各国(地区)金融相关度进一步提高,竞争的加剧、汇率的波动、国际短期资本的流动以及经济发展战略的失误都可能直接引发一国(地区)甚至多国(地区)发生金融危机,而一国(地区)的金融风险可能立即在周边国家(地区)传递甚至影响国际金融市场正常运行。频频发生的金融危机使人们认识到,金融全球化不仅意味着全球金融活动一体化,而且意味着全球金融风险日益紧密联系并相互传递。金融风险已成为 20 世纪 90 年代以来影响世界经济稳定发展的最重要的因素。

第二节　国际证券发行与上市
的条件和程序

国际证券市场是在国际范围内发行并交易有价证券的市场,是长期资本投资者与需求者之间的有效中介,是国际资本市场的重要组成部分,是国际间资本流动的重要途径。目前国际证券市场已成为我国利用外资的一种重要形式。

一、国际证券市场的发展

根据证券的种类不同,国际证券市场可以分为国际债券市场和国际股票市场;根据证券发行与交易性质则分为一级市场和二级市场。国际证券市场是在 20 世纪 60 年代伴随欧洲货币市场发展而出现的。目前,国际证券市场已经逐步规范化。随着各国金融管制放松和金融市场全球化程度加深,国际证券市场在融资规模、市场结构、资金流向和融资技术等方面出现了一系列新特点与新趋势。

(一)国际证券市场发展新动向

1. 证券发行量增长迅速

20 世纪 80 年代,国际资本市场非中介化和证券化出现,其 20 多年的发展使全球证券融资规模迅速扩大。据世界交易所联盟(WFE)的不完全统计,2007 年末,全球主要证券交易所的股票市值约为 60.69 万亿美元;2007 年 6 月末,全球债券市场债券未清偿余额为 73.82 万亿美元;据国际清算银行(BIS)统计 ,截至 2007 年 6 月末,全球场外利率衍生品市场名义余额达 346.9 万亿美元。

2. 国际证券市场股票规模发生结构性变化

国际证券市场股票总额流量有较大增长,由 1982 年的 14.049 万亿美元增加到 2007 年的 60.69 万亿美元。同时地区流向发生明显变化,20 世纪 90 年代前,欧洲一直是国际股票投资最大的来源地,20 世纪 90 年代后北美地位迅速上升,欧洲则相对下降。到 2007 年底,美国、日本、欧元区股票市场规模虽然依旧保持全球领先地位,但中国内地股票市场规模增长较快。全球股票市值主要集中在美国、日本、欧元区和英国、上海证券交易所,印度孟买证券交易所和印度国家证券交易所股票市值增长较快。据世界交易所联盟(WFE)的不完全统计,全球股票市值最大的五家交易所是纽约证券交易所(NYSE),东京证券交易所(TSE),泛欧交易所(Euronext),纳斯达克(NASDAQ)和伦敦证券交易所(LSE)。2007 年末,其股票市值在全球股票市值中所占的比重分别为 25.8%、7.1%、7%、6.6%和 6.3%。五大交易所共占据全球股票市值的 52.8%。2007 年中国内地股票市场市值增长显著,其中上海证券交易所股票市值占全球的比重为 6.1%,位居全球第六位。印度孟买证券交易所和印度国家证券交易所股票市值也增长较快,在全球的排名上升至第十位和第十二位。

3. 国际证券市场创新持久并不断深化

20 世纪 80 年代,国际金融创新极大地推动了国际证券市场的发展,主要包括可转换债券、附有认股证的债券、零息债券、双重货币债券、浮动利率债券、存托凭证等新型证券出现及互换交易、远期利率协议、期货期权交易等技术创新的应用。新型交易技术和金融工具的应用,提供了处理不确定性的方法和降低公众投资风险的工具。

4. 国际证券市场风险性加大

证券发行涉及大量当事人,他们分散在不同国家,受制于不同法规,境外市场的违约、欺骗、经营失败和其他突发事件等不易控制。各国金融自由化政策的推行、对资本输出入管制的放松、证券投资运作的自动化及衍生证券市场的巨大发展,既为国际证券市场创造了空前繁荣,也为过度投机活动埋下隐患。近年来,国际金融市场动荡不安,证券市场风险加剧。如巴林银行倒闭、日本大和银行事件、山一证券倒闭等金融风波中,国际证券投资起到推波助澜作用,迫切要求各国金融当局加强对资本市场监管,规范证券市场运作,对国际投机资本活动进行有效监控。

从 1982 年起,我国通过中国国际信托投资公司在日本发行 100 亿日元的武士债券进行海外筹资。之后,中国银行、中国农业银行、中国建设银行、财政部等机构相继到日本、香港、新加坡、美国、瑞士、英国等国家和地区金融市场发行国际债券,进入国际资本市场,同时恢复发行国库券、企业债券、股票,并积极探索进入国际证券市场的途径。至 1997 年 6 月,已上市 B 股 93 家,筹集外资 30 亿美元。1997 年 5 月,我国共有 31 家企业在香港及境外发行股票并上市,25 家单独在香港上市(H 股),2 家在纽约上市(N 股),3 家在香港、纽约同时上市,1 家在香港、伦敦同时上市,累计筹集外资约 60 亿美元。可以看出,1991 年以来我国证券市场发展步伐较快,在外资筹措中发挥十分重要的作用。合资证券公司从 1999 年开始强烈冲击国内证券行业,其高端客户的运作模式和国际化的业务框架成为国内证券公司模仿和赶超的对象,也促进了国内券商经营管理水平的提升。与此同时,国内证券公司也开始了走出去的国际化尝试。除历史遗留的中金、申银万国和国泰君安等公司在香港有法定分支机构外,2006 年,随着国内证券公司赴海外设置分支机构的政策开始放宽,中信证券和招商证券等也设立了香港分公司。但是,证券市场投资国际化的快速发展需要具备一些条件,比如:金融深化应达到一定水平,宏观调控足够有力,法规和监管体系较为完善等。我国目前金融改革和金融深化尚未达到这一目标,证券市场整体发展在各方面还不够成熟和规范,因而,需要考虑到大规模境外证券资本进入可能对我国经济和金融造成的冲击和不利影响,推进和完善金融体制改革,积极创造证券市场投资国际化的条件,在适当条件下加快其国际化发展。

二、国际证券市场的基本结构

(一)市场结构

1. 一级市场

一级市场是指新证券发行人从策划到由投资银行等中介机构承销直至全部由投资人认购完毕的全过程。这一过程涉及的当事人有：

(1)发行人。即发行股票的股份公司或发行债券的国家、地方政府、金融机构、公司企业等。

(2)证券监管机构。即一国有权对证券市场进行监督管理的机构，可以是政府部门，也可以是政府授权或法律认可的机构。

(3)公证机构。包括会计师事务所、审计师事务所、律师事务所、专门对新债券发行进行信用评级的机构等。

(4)承销机构。即承担股票或债券推销任务的机构，主要有证券公司、信托投资公司、投资银行、财务公司等。

(5)投资人。即资金供给者，包括个人投资者，机构投资者如商业银行、投资银行、储蓄与贷款协会、互助储蓄银行、保险公司、信托投资公司、投资基金管理公司、养老基金会等。

一级市场是一种分散的、无固定场所的市场。在该市场中，投资人所购买的证券全部为新发行的证券，并且一般要通过证券承销机构购买。新证券发行要经过发行所在地国家证券监管机构的审核批准、认可或按所在国有关法律程序进行，公开发行则须有详细募股说明书，其内容须符合所在地国家法律或监管机构要求。新证券发行是否与上市相连，取决于证券发行量、价格、公众接受程度及证券发行监管机构审批的难易程度，一般国际股票发行与上市相连，否则其市场很难维持。随着证券市场全球化发展，一级市场金融工具也不断创新。

2. 二级市场

二级市场指已发行证券的交易市场，包括有形市场和无形市场两部分。有形市场即有组织的证券交易所；无形市场即在证券交易所之外形成的电子化、网络化证券自动报价系统所形成的市场。二级市场上最活跃部分是股票市场，目前国际股票市场交易在主要交易所分布地点(伦敦证券交易所、纽约证券交易所、东京证券交易所、香港联合交易所等)和交易时间上已经形成全球化全天候交易。在这一市场中，股票交易活跃、价格波动频繁，随着股票市场一体化程度的加深，股票市场出现许多为降低风险而衍生的派生证券市场，如股票期货市场和期权市场，并实行自律管理。

(二)证券发行条件

发行国际证券，由于发行人和投资者属于不同国家或地区，证券发行及上市条件有不同要求和做法，所具备条件一般包括：第一，发行国际证券应具有较高信誉，这是证券海外发行成功与否的关键。第二，符合国际惯例和资本市场规则。发行者须参照所在国经济法规，遵守其符合国际惯例的资本市场规则。第三，重视币种选择，防范汇率风险。发行国际证券要考虑利率、汇率变动对证券市场的影响，预先制定好风险防范措施。第四，合理选择承办发行证券的主干事。发行国际证券须由所在国证券机构经办发售业务，选择信誉好、经验丰富、积极协作的承办主干事是发行成功的保障。第五，发行方法和手续与所在国或地区保持一致。如：申请发行、选择承办发行主干事、信息咨询、资金交割、还本付息、分红等都应遵照其惯例进行。第六，掌握市场动态，选择有利发行时机。国际证券的发行条件受世界经济形势、利率升降、汇率变动、资金余缺、投资者偏好、发行数量等诸多因素影响,发行者应正确分析和判断市场,抓住有利环境与时机。

三、股票境外发行和上市的条件和程序

1. 股票境外上市条件

我国股份公司在境外发行和上市股票除须符合中国证券监管部门要求的境外上市外资股发行的审批条件外,还必须符合股票上市地有关法规和证券交易所上市规则要求。

(1)H股上市条件。在香港联合交易所申请H股上市应符合如下条件:第一,上市适宜性。新发行人申请H股上市须由联交所认定其适合上市,因而发行人要证明其业务性质属于联交所鼓励和支持的行业及该公司有足够实力和能力提供长期投资机会。第二,预期市值。发行人发行后的预期市值应达到或高于10 000万港元,"海外公司"发行后预期市值经许可后可降为5 000万港元以上。第三,公众持股。已发行股份总额中至少应有25%由公司关联人员以外的公众人士持有。如果该发行人已经发行A股,则由公众持有的H股和A股之和不低于股份总额的25%;若未发行A股,则由公众持有的H股应不低于公司股份总额的25%。此外,持股公众人数应不少于100人。第四,持续的营业记录。新发行人申请上市通常须有连续3年的营业记录,并且该营业记录是在同一管理层经营下形成的,且反映该营业记录的公司财务报表之截止日距招股章程公布不应长于6个月。第五,股份可自由转让。发行人申请上市的股票须可自由流通转让,否则不适宜上市。第六,公众有足够兴趣。申请上市股票应有适当市场,公众对其有足够兴趣。第七,上市后的持续性责任。发行人须承诺上市后将持续应有的信息披露责任,包括对有关权益的公开,关联交易和有关交易的公开,法定年报和重大事项披露等。

(2)N股上市条件。在纽约证券交易所申请外资股上市,除应满足上市适宜性标准和信息披露条件外,还应满足如下条件:公司N股的预期市值或公司的有形资产净值不应低于1 800万美元;持有100股以上的N股股东不少于2 000人或N股股东总人数不少于2 200人;公众股东持有的股份数额不应少于110万股;公司上年度税前利润总额不低于250万美元,且近2年来税前利润总额不低于200万美元,或公司近3年连续盈利,累计税前利润总额不低于6 500万美元,且上年度税前利润总额不低于450万美元。另外,在纽约证券交易所上市也可以适用"非美国公司"的条件,它们是:公司世界范围内的预期市值达10 000万美元;公司世界范围内的有形资产净值达10 000万美元;公司近3年来连续盈利,累计税前利润总额达10 000万美元,且3年来最低盈利年度税前利润不少于2 500万美元;在世界范围内,持有公司100股以上的股东人数不少于5 000人;公司在世界范围内的公众持股总额不少于2 500万股。

(3)S股上市条件。在新加坡证券交易所(以下简称新交所)上市股票,可在主板和外国板上市。①在新交所主板上市。在新交所主板上市可以采取首次上市和第二上市两种方式。在主板申请首次上市须达到以下要求:5年以上的营业记录;缴足和发行资本中至少400万新元或25%以上须由1 000名以上股东持有;缴足资本最少为3 000万新元;过去3年所累积的税前盈利至少1 500万新元;每年税前盈利至少200万新元。在主板申请第二上市须符合下列条件:公司已在其本国或外国的证券交易所挂牌,股东必须达2 000名;第二上市的外国公司市值至少为5 000万新元;过去3年累积的税前盈利至少为1 500万新元,而在这3年期间,每年税前盈利至少为200万新元。在新交所挂牌的股票必须以外币作为交易单位。无论是申请

首次上市还是第二上市,公司的声望、管理能力、管理层的道德品质、财务状况、业务风险等均是新交所审核时所要考虑的因素。②在新交所外国板上市。该市场于 1995 年 12 月 4 日设立,旨在吸引更多外国公司到新加坡挂牌筹集资金,包括新成立但具有发展潜能的外国公司及发展基础设施项目的公司。从事基础设施项目的公司上市其缴足资本至少为 3 000 万新元;项目总值至少为 3 亿新元;且在申请挂牌时项目的特许经营权期至少还有 15 年(经营期至少 10 年的公司在某些情况下也会考虑);申请挂牌前的财政年度并不需要有盈利或盈利记录,但须有强劲的现金流量并在特许经营期间有良好回报率;公司发起人或创办人须在公司挂牌后最少仍持有已发行股本的 51%,发起人股在上市期间不得出售。非从事基础设施项目,也不符合主板上市条件但业务和前景良好的外国公司,新交所会考虑允许其在外国板挂牌,其缴足资本须达 3 000 万新元,股份的 25% 以上由至少 1 000 名股东持有,且符合以下条件之一:一是公司最近 2 年的累积税前盈利至少达 1 500 万新元,且最近一年至少达 600 万新元;二是公司最近 1 年税前盈利至少为 1 000 万新元;三是发起人在公司上市后仍须持有 51% 以上股本,发起人股在上市后 1 年内不得转让或处分。

　　2. 股票境外上市程序

　　按照许多国家和地区证券法规,股票上市申请往往在股票发行之前即已进行,发行完成距上市核准的期限较短。

　　(1)H 股上市程序。①上市申请。发行人在发行准备阶段即可与香港联交所联系,提交招股章程草案、公司组织章程、内部细则和其他有关文件复印件、拟发行使用的认股权凭证样张、拟发行的股票或股权凭证样张。发行人在发行准备基本完成后,即可向香港联交所提出上市申请。联交所收到申请后,即安排审核听证会。②审核与听证。联交所上市委员会自收到初步申请之日起 7 日内,即对申请文件和资料进行审查,并在规定期限内召开听证会,审核讨论有关申请公司上市和招股章程问题。若发行人股票上市申请符合联交所上市条件,上市委员会将批准上市申请和招股章程披露内容,并出具上市承诺文件。③招股章程披露与注册。联交所获准股票上市申请后,发行人即可安排发行承销工作。若此时外资股发行与上市已获中国证券管理部门批准,即可开始股票发行,按规定程序和披露方式公布招股章程及相关招股文件,并报证交所和证券监管部门注册备案。④股票上市。股票发行完成并办理完股权登记后两周之内,联交所安排所承诺的公司股票上市。

　　(2)N 股上市程序。①上市申请。发行人自收到具有上市适宜性通知之日起 6 个月内可随时向纽约证券交易所提出正式上市申请。纽约证券交易所在收到全部申请材料后 3~5 周内,作出准否发行人股票上市的决定并予以通知。②签署上市协议。发行人接到许可上市通知后,即可与纽约证交所签署上市协议。③发行人责任承诺。除上市协议外,发行人还应签署责任承诺和声明文件,保证发行人负担持续性信息披露责任;接受美国法律对于公司管制的政策;保证在公司董事中至少有两名代表公众股东的独立董事;承诺只要公司仍符合纽约证交所的上市规则,公司将不能依股东会普通决议向证交所提出摘牌,但证交所有权依法定原因决定对公司股票予以停牌等。④招股说明书披露与注册。经过上述程序后,若发行人股票的发行与上市已得到中国证券监管部门批准,则可以按发行地国家要求的程序和方式将招股说明书和相关招股文件披露,并报 SEC 和证交所注册备案。⑤安排上市交易。股票发行完成及股权登记完毕后,证交所安排股票上市。

　　(3)S 股上市程序。①委任发行经理人。外国公司要在新交所发售新股或现有股票,须委任一家新交所成员公司、银行或其他新交所认可的商业银行或个人为发行经理人,负责办理所有申请手续。②审核。新交所在公司提呈申请后的 6 个星期内进行审核并作出决定,对于情况特殊和复杂的公司,审核时间将延长。对公开发售的股票管制严格,即使在原则上获得上市批准后,也可以基于所考虑的理由,拒绝让某一家公司股票上市。③公开售股。申请公司获得新交所原则批准后,申请上市计划进入最后阶段。发行经理人将招股计划书定稿,并安排召开记者会,宣布公开售股计划,派发申请表格,收集申请表格及汇票,抽签配股,直到股票正式上市为止。

四、外资股境内上市的条件和程序

除直接到国际股票市场发行上市和交易股票外,我国在利用股权融资方面有独特之处,即面向国外投资者发行且在国内证券交易所上市的股票,即 B 股。

1. B 股上市条件

根据我国《股票发行与交易管理暂行条例》、《关于股份有限公司境内上市外资股的规定》和有关法规要求,B 股上市审批条件为:股票经证券监管部门批准已经发行,发行后的股本总额不少于证券监管部门要求数额;持有人民币 1 000 元以上的个人股东(包括 A 股股东和 B 股股东)不少于 1 000 人,个人持有的股票面值总额不少于人民币 1 000 万元;A 股股东和 B 股股东所持有的股份不少于公司股份总额的 25%;公司总股本超过人民币 4 亿元的,A 股和 B 股所占的比例不少于 15%;发起人持有股份不少于公司股份总额的 35%;发起人对股份有限公司的净资产出资额不少于人民币 15 000 万元,原有股份公司增资发行 B 股或者《关于股份有限公司境内上市外资股的规定》颁布之前已经发行完 B 股的外商投资股份公司不在此限;公司最近 3 年财务会计报告无虚假记载,最近 3 年无重大违法行为;公司最近 3 年连续盈利;原有企业改组或者国有企业作为主要发起人设立公司的可以连续计算;所筹资金用途符合国家产业政策和有关利用外资规定;依法已经取得外商投资股份有限公司的资格和能力;证券主管部门规定的其他条件。

2. B 股上市程序

根据我国《公司法》和《股票发行与交易管理暂行条例》规定,发行人股票发行及登记完毕后,可以向证券交易所上市委员会提出申请。发行人申请上市要经过以下几个阶段:

(1)上市申请。在不同证券交易所上市,根据上海证交所和深圳证交所的要求提交不同的申报文件。

(2)审查批准。证交所上市委员会收到上市申请文件后,主要进行形式审查和部分实质审查,并在 20 日内作出审批决定。

(3)签订上市协议。申请人收到上市通知后,应与证交所签订上市协议书,明确信息披露、财务公开、上市费用等事项,确定双方的权利义务。

(4)送交股东名录备查。申请人自上市申请阶段开始,应根据证交所提出的格式和程序要求修改制作或补充制作上市公司股东名录软盘,最迟在上市日前一周将修改好的公司股东名录送证交所或证券登记公司备案。

(5)上市公告书披露。申请人应在其股票挂牌交易日前 3 个工作日内将简要的上市公告书全文或不超过 1 万字的上市公告摘要刊登在至少一种中国证监会指定的全国性报刊上,并且将上市公告书备置于公司所在地拟挂牌交易的证交所和有关证券经营机构及其网点供公众查阅,同时报送证监会一式 10 份。

(6)挂牌交易。在上市公告书披露后,申请上市的股票将根据证交所安排和上市公告书披露的上市日期挂牌交易。

综上所述,证券上市一般要经过上市申请、审核和洽谈上市日期三个步骤,重点是审查,审查获准后才可上市,进入证券交易所交易。但上市并非一劳永逸,若证券不能达到上市条件,上市资格就会被取消,证券交易所将作出"停牌"或"终止上市"决定。由于证券上市需经过审核,受诸多条件和标准限制,因而证券上市比例与一国上市标准的严格程度有关。例如在美国,证券上市标准较严格,因此非上市证券比重很大;日本非上市证券也达 80%左右。非上市证券只是不能在证券交易所内挂牌买卖,仍可以在 OTC 市场进行交易。随着近年来世界证券流通市场交易场外化的出现,上市证券也开始步入场外交易市场。

五、债券的发行

1. 外国债券的发行

外国债券是指借款人在其本国以外的某一个国家发行,并以发行地所在国货币为面值的债券。世界目前主要的外国债券有扬基债券、武士债券、瑞士法郎外国债券等。

(1)扬基债券的发行。扬基债券是在美国债券市场上发行的外国债券,即美国以外的政府、金融机构、工商企业和国际组织在美国国内市场发行的且以美元为计值货币的债券。扬基债券具有如下特点:①期限长、数额大。扬基债券期限通常为 5~7 年,一些信誉好的大机构发行的扬基债券期限甚至可达 20~25 年。近年来,扬基债券发行额平均每次都在 7 500 万到 1.5 亿美元之间,有些大额发行甚至高达几亿美元。②美国政府对其控制较严,申请手续远比一般债券繁琐。③发行者以外国政府和国际组织为主。④投资者以人寿保险公司、储蓄银行等机构为主。在美国,公募扬基债券的手续较为复杂,从筹划到正式发行约需 6 个月,私募扬基债券则相对简单。公募扬基债券的具体发行程序包括:选择主干事、会计师和律师等发行中介机构;发行人向资信评估机构提交资料,以评定债券发行人和债券的资信等级;发行人同主干事、律师共同草拟债券发行的有关申报文件,并向美国证券交易委员会(SEC)呈报注册登记的文件;由选定的主干事牵头负责组成承销团,负责包销及有关发行工作;证券交易委员会对债券注册申报文件进行审查,并就其中一些问题向发行人提出意见,发行人应做出答复并将修改后的文件重新申报;发行人同有关发行机构决定发行条件并分发临时发行说明书,但在证券交易委员会宣布注册生效之前不得出售债券;发行人根据证券交易委员会意见,向其提交一份"价格补充说明书",补充说明发行的具体条件;发行人和承销团成员签订认购协议,并向承销团成员分发债券发行说明书最后文本副本,准备进行债券发售工作;证券交易委员会在收到"价格补充说明书"和请示的当天,即可通知注册报告生效;发行人和承销团选择一个生效日期,根据他们视为最有利的市场条件给债券定价并在市场上正式发行。

(2)武士债券的发行。武士债券是在日本债券市场上发行的外国债券,是日本以外的政府、金融机构、工商企业和国际组织在日本国内市场发行且以日元为计值货币的债券。武士债券的发行分公募和私募两种,公募发行需花费一些时间,尤其是第一次发行时约需 3~4 个月。而私募通常由特定者承办,在小范围内募集,所需时间较短,手续比较简单。公募发行程序大体如下:发行人选择主干事或牵头人、支付代理人,主干事编制债券发行申请书,由主干事向大藏省申报并准备起草有关合同文件;文件起草完毕,主干事与发行人一起讨论并修订债券发行申报文件及有关合同文件,由主干事将申报文件和合同文件印刷装订成册;主干事向大藏省提交签字生效后的债券发行申报文件;根据外汇法,由主干事代表发行人向日本银行提交申请书,申请批准以日元支付;由主干事组织承销团,并由发行人与主干事共同确定承销团成员;主干事组织承销团并向承销团成员分发临时发行说明书,向投资人推荐发行人;根据外汇法,发行人向大藏省提交外汇申报书;发行人与主干事最终确定条件,主干事与其他承销团成员签订承销合同;根据经大藏省批准生效的募集申报书,发行人签订承购合同、募集委托合同、登记合同和支付合同,并将这些合同作为附件再次向大藏省提交债券发行申报书;债券发行申报书获准生效后并始募集;债券募集结束,投资人缴款,并在两个月后在东京证券交易所上市。

(3)瑞士法郎外国债券的发行。瑞士法郎外国债券是指外国机构在瑞士发行的瑞士法郎债券。瑞士法郎外国债券也有公募与私募两种发行方式,私募的发行额没有限制,公募的发行额限制在 1 亿瑞士法郎之内。根据瑞士中央银行规定,公募债券的发行期限可达 10 年以上,私募债券的期限一般在 8 年以下,在私募债券发行中,主干事和承销团只能出售给自己的固定客户而严禁对第三者进行推销。瑞士法郎外国债券的发行程序如下:决定发行债券,选择主干事并向瑞士中央银行提出发行申请;起草发行说明书和合同书;确定最后的发行条件,并与主干事承销团签订承销合同,募集开始;募集结束,缴款并上市。瑞士法郎外国债券的发行需 3 个月左右时间,发行结束大约 3 个月后公募债券可上市流通。

2. 欧洲债券的发行

欧洲债券是指发行人在本国之外的另一个国家发行,且以第三国货币计值的债券。欧洲债券的发行有公开发行和非公开发行两种。公开发行指债券在一个公认的证券交易所登记上市和交易,欧洲债券多在伦敦证券交易所或卢森堡证券交易所登记上市;亚洲债券多在新加坡证券交易所和香港联合交易所登记上市。非公开发行的债券手续比较简单,费用较低,由几家大机构购买,然后在较小范围内发行。欧洲债券发行比较严格,首先是待发行的债券要通过国际权威证券评级机构的级别评定,其次债券还需要由政府或大型银行或企业提供担保,另外还需有在国际市场上发行债券的经验,在时间间隔方面也有一些限制。债券发行通常由国际性银团进行包销,一般由 4～5 家较大的跨国银行牵头,组成一个世界范围的包销银团。有时包销银团还要组织一个更大的松散型的认购集团,联合大批各国的银行、经纪人公司和证券交易公司,以便在更大范围内安排销售。欧洲债券的发行一般约需 2～3 个月,发行程序大体如下:①决定债券的种类及期限。根据欧洲债券市场的行情,决定发行固定利率债券还是浮动利率债券抑或多重货币债券、可转换债券。②选择有关当事人,尤其是主干事(或牵头人)。债券发行人应选择一家实力雄厚、有较强组织能力、经验丰富、信誉卓著的国际性大银行作为主干事行,并由其组织干事团、承销团、销售团,干事团负责组织,承销团负责认购包销,销售团负责代销。③编制有关发行文件。由发行人提供必要资料,主干事或干事团负责编制债券募集和销售的必备文件:发行说明书、认购承销合同、代销合同、财务代理人合同、债券票面和条款等。④决定发行条件。即确定债券利率、期限、偿还方式。⑤发行人推介。由主干事召集干事团和承销团,向其推介发行人,并通过干事团和承销团,进一步向公众推介发行人及其债券。⑥合同签字。正式签订发行合同、认购合同、代销合同,分发债券认购数量、代销数量。签字后印刷正式的发行说明书,印好后分发正式的说明书并开始在市场上销售。⑦交割。通常在签字 1 周到 10 日内由债券发行人通过财务代理人付给债券,从认购人处得到资金。⑧上市。将公开发行的欧洲债券在证券交易所上市。

第三节　证券市场国际化的经验借鉴

世界各国证券市场国际化进程大体可以分为三类：一是以美国、英国为代表的老牌发达国家，其证券市场在形成初期国际化程度就已经较高；二是以日本为代表的后发达国家，随着近几十年经济实力的大幅增强逐步开放了证券市场；三是以东南亚和拉美国家为代表的新兴工业化国家，由于经济获得高速发展而对资本的需求快速增长，正在以较快速度推进其证券市场国际化进程。

一、美英证券市场国际化进程

1. 美国证券市场国际化进程

美国证券交易国际化在第二次世界大战之前就有一定发展。战后，随着跨国公司和跨国银行发展，股票市场国际化进程加快。据统计，1975 年美国 200 家销售额达 10 亿美元以上的大公司中有 80 家在国外交易所挂牌上市。同年，外国人在纽约证券交易所买卖美国股票的交易额为 260.73 亿美元。到 1985 年，交易额达 1 581.55 亿美元，比 1975 年增加 5 倍之多。经过一个多世纪的发展，目前美国证券市场，无论从外国公司融资数量、上市家数、外国债券发行量、本国居民持有的外国证券数量而言，堪称世界最大的国际证券市场。到 2007 年，NYSE（纽约证券交易所），NASDAQ 和 AMEX（全美证券交易所）共有外国上市公司 1 200 家。美国证券市场之所以能够在很早就形成国际化趋势，并在随后发展过程中快速深化，最终成为世界上最开放的证券市场，与该国金融自由化程度高密切相关。首先，美国对证券市场的限制极少。经济大危机及二战后美国证券市场曾出现过"内化"倾向，但美国很快取消了外汇管制，加快了外国公司在美融资上市的步伐；1984 年，美国取消预扣税，使其证券市场国际化障碍基本消除。其次，美国证券市场是提供发行和上市方式最多的证券市场。美国证券商和交易市场为了在竞争中获得更有利的地位，通过创造各种法律所许可的方式争取外国公司在美国发行和上市。外国公司可以首先在获得 SEC 的注册后，在 NASDAQ 或 AMEX 交易上市，然后成熟后再转入纽约证券交易所。再次，美国证券市场的开放度与其移民特点有关，其作为移民国家具有的历史、本质和民族心理决定了美国经济及证券市场的开放性。

2. 英国证券市场的国际化进程

英国证券市场在 20 世纪曾经是世界上最发达的证券市场，第一次世界大战以前，在伦敦证券交易所上市的证券中有 80% 是海外证券，这充分显示了伦敦在国际证券市场中的地位。但经历了第一次世界大战后，由于英国经济衰弱和对其保守传统的固守，致使其证券市场地位下降，在 1929—1933 年新发行的证券中，国内证券上升到 82.6%，外国证券下降到 17.4%。二战以后，英镑区日益缩小，英联邦联合体不断瓦解，美元债券不断向伦敦集中，最终使得英国在国际上的地位被美国所取代。1986 年，英国对其证券市场进行全面改革后，其活力迅速恢复，不仅成为欧洲最大的证券市场，而且成为世界主要证券市场之一。英国证券市场国际化开始的较早，早在 1969 年，伦敦证券交易所便允许非会员公司持有会员公司 10% 的股份，1979 年取消外汇管制，促进了外国银行和证券业进入英国证券市场以及外国公司的上市和交易。在英国证券市场上，外国股权交易额和市值占全世界外国上市公司总交易额的比重最大，均达到了 60%。英国证券市场国际化是以英国证券市场的历史基础为背景，实施融资国际化并大力发展国际股权融资,从而形成了世界最大的国际股权市场。如果没有以放松管制为主的英国证券市场的对外开放和改革,就没有英国证券市场的今天。

二、日本证券市场国际化进程

日本证券市场国际化缓慢而艰难。20世纪50年代,非居民对日本股票的投资受到严格管制,政府规定外国股份在日本非限制性行业和限制性行业中所占的最高份额分别是15％和10％,以防止大量外资流入垄断日本经济命脉。非居民购买的股票2年后可清偿,股票清偿收益在5年内以每年20％的速度汇出日本,收益汇出之前必须存在非居民日元存款账户或外国投资者存款账户。后来,股票收益汇出日本改为3年内等速汇出,1961年放宽到1年内可以100％汇出。20世纪60年代日本加快外国资本对日投资自由化步伐。1962年,日本把购买股票2年后方可清偿的期限缩短到6个月,到1963年,6个月的期限也被取消。这样,外国资本进入日本股票市场的速度加快。1967年,日本把外国股份在日本非限制性行业和限制性行业所占的最高比例分别提高到20％和15％,1970年又将前者提高到25％。1973年日本修改直接投资法,外国股份占日本各行业的比例限制被取消,股票收益可以直接进入外汇市场进行交易,从而对东京外汇市场的发展起到促进作用。直到1971年,日本居民的每笔海外股票投资均要获得有关部门的批准。1971年,国际货币市场危机加剧,日元汇率攀升,为平抑对日元的大量需求,日本政府允许互助基金以外的本国居民购买外国股票,购买数量不限。1972年日本实施《外国证券公司法》,允许外国证券公司在日本开展证券业务。同年9月,美国通用电话公司在东京成功发行75万股普通股票,这是外国公司在日本证券市场的首次成功运作。1973年,TSE(东京证券交易所)开始上市海外股票。最初有6种,以后3年内增加到17种,后来部分股票由于交易量较小而退出。1980年,日本颁布了《外汇管理法》,使外国在日本的交易"原则禁止"到"原则自由",即原则上允许外国投资于日本股票。它使日本证券市场有了一定的开放度,从而结束了日本证券市场长达40年的封闭状态。但由于《外汇管理法》规定外国公司可以通过指定的证券公司获得日本公司10％以内的股票。如果不通过证券公司购买,则需要提前向大藏省报告。实际上外国公司在TSE发行和上市股票的条件,在一些情况下比其国内公司更加烦琐和苛刻。然而,从1986年6月开始,没有在TSE上市的外国公司已被允许按照日本证券交易商协会的规则在日本发行股票,在日本交易的股票被限制在发行量的30％。20世纪80年代末已有113家海外公司在东京发行股票并上市,而且还在逐渐增多。1990年,外国投资者持有的日本股票的比例由1983年的6.2％下降到4.2％。1990年,在TSE交易的外国股票只有2万亿日元,仅占可交易的186.7亿日元国内股票的1.07％。

虽然日本股票市场的对外开放程度大大低于美国和英国证券市场,但到国际证券市场上开展证券业务和开放本国的债券市场日本并不落后。日本于1959年首次在美国发行债券。到1988年,日本在海外发行的非日元债券已达到599亿美元。1970年12月,第一笔武士债券由亚洲开发银行在日本发行。到1990年共发行79笔债券,筹得13 800亿日元。1970年,日本也开始允许投资信托公司投资于外国证券。与外国股票相比,日本投资者对外国债券更有兴趣。从1985年至1989年,每年对海外债券的净购买平均达到13.5亿日元,而对股票的净购买平均只有1.4亿日元。由于国际化是双向的,美国和英国证券市场的高度开放性,也必将促使日本证券市场的进一步开放。

三、新兴工业化国家证券市场国际化进程

1. 新加坡证券市场国际化进程

1973 年 5 月之前,新加坡和马来西亚共有一个证券交易所。当年 5 月 24 日,"新加坡股票交易所有限公司"成立,6 月 4 日正式营业。1980 年 10 月,新加坡股票交易所正式加入国际交易所联合会。1987 年,新加坡建立了股票交易所第二交易部自动报价股市。1988 年自动报价股市与美国"全国自动报价系统"联网,使投资者可以买卖美国场外交易市场的上市股票。1990 年 1 月 2 日,新加坡股票交易所开发"自动撮合国际股市",即境外股票场外交易市场,以电脑交易方式从事场外交易。自 1978 年 6 月起,新加坡所有的外汇管理条例均已废除。外汇管制取消导致更多外国公司股票登记上市,促使新加坡投资模式发生变化。目前,新加坡对非居民股票交易无外汇管理方面限制。居民与非居民银行账户待遇相同,非居民可以用任何货币不受限制地购买或销售任何新加坡股票,投资收益可自由汇出或存入任何账户。对境外投资者购买股票,无专门限制性规章或条例,只有某些行业和公司对外国人控股作出限制。根据《银行法》,不允许外国人拥有银行和金融公司 20％以上股权。《新闻出版法》则将外国人对报社的股权控制限制在 49％以下。另外,一些公司在自己的公司章程中,对外国人持股比例有公司自身的限制性规定,如新加坡航空公司规定外国人拥有股权不得超过 25％。为了吸引国际金融机构到新加坡设立分支机构,1990 年 4 月起,新加坡政府给予在该国设立金融中心的跨国公司以重大优惠,即对其以新加坡为中心的外汇买卖、离岸投资、财务服务的溢利税税率减到 10％,减幅近 70％。

2. 马来西亚证券市场国际化进程

1973 年 5 月 8 日,马来西亚终止了与新加坡签订的货币互换协议后,两国联合交易所正式分离,成立了各自单独的股票交易所。1973 年 7 月 2 日,吉隆坡股票交易所依据马来西亚《公司法》组建为有限责任公司。1976 年 12 月,马来西亚《证券行业法》正式生效。吉隆坡股票交易所建立初期,一些新加坡公司和英国公司仍旧可在该交易所上市。随着"新经济政策"推行,新加坡上市公司被列为境外上市公司。以后,由于在英国注册的马来西亚公司逐渐返回,以及马来西亚新上市公司数量增加,马来西亚上市公司数量超过了境外公司上市数量。作为政府推进股票市场向海外发展的努力之一,阿拉伯马来西亚商人银行与世界银行的附属机构——国际金融公司——合作,发行了 8 700 万美元的"马来西亚基金",并于 1987 年 5 月在纽约上市。马来西亚 1953 年《外汇管制法令》和外汇管理局发布的实施条例对外汇管制作出一系列规定,外汇管制相当宽松,除对少数国家如以色列有特殊限制性规定外,统一适用于同所有国家的交易往来。1975 年 12 月,马来西亚证券市场对外开放,除了银行和金融公司的股票,外国投资者可持有其他马来西亚公司 100％的股份。1984 年,外汇管制自由化,本国居民可自由购买外国证券。同年 2 月,马来西亚实施严厉资本流入管制政策。限制对非居民的短期证券销售;限制投机性的互换和远期交易;限制银行的非贸易国外负债;对外国银行的本币存款账户要求非利息负担等。在资本管制措施取得效果后,1994 年年底,马来西亚取消其资本流入管制政策,继续推行资本账户自由化改革。到 1997 年年底,政府允许用本币进行国际贸易结算;当地居民和国外居民进行金融交易几乎没有限制;不限制任何外国证券投资,也不限制当地自然人的对外证券投资,但对有国内借款的企业对外证券投资要求一定的资本流出上限;非居民在马来西亚的首次证券发行和本国企业在国外发行证券也需经过批准;允许银行在国外借款和给本国居民、外国居民发放外币贷款,但当地居民超过一定量的外币借款需经过

批准;除了一些特殊行业,对外和对内的直接投资都没有限制。1998年9月1日起,马来西亚政府采取强硬措施,切断资本联系边界,强制进行货币管制。在股票交易方面,对与非居民出售股票所得款项划出境外有时间限制。

3. 韩国证券市场的国际化进程

1981年,韩国政府向外国投资者宣布开放国内证券市场长期规划。两个服务于外国投资者的开放型国际信托基金建立,外国投资者可以借助于这两个信托基金投资于韩国国内的上市公司。1984年成立三家封闭型投资信托基金,以便利外国投资者投资于国内股市。1988年11月,韩国居民海外直接投资自动认可额提高到200万美元,同年韩国证券公司被允许在外国的证券市场从事业务,机构投资者被允许在一定的限额内进行对外证券投资。早在1981年1月,韩国政府公布了分阶段实施以证券投资自由化为核心的资本自由化措施,即《推进证券市场自由化计划》,但直到20世纪90年代初,韩国证券市场对外开放才进入实质阶段。1990年,美韩双边金融政策对话后,外国证券公司被允许在韩国建立分支机构和合营企业,并成为韩国股票交易所成员。1992年2月,韩国证券市场向直接投资的外国人开放,但为了防止可能侵犯或控制韩国公司,对外国投资者持有股份额度作了明确限制。规定在任何类型公司中,外国资本所占份额最高不得超过10%,外国个人投资者最高不得超过3%。1995年1月,外国资本所占韩国公司股份上限提高到12%。1995年7月和1996年4月,韩国将外资股份提高到15%和18%。从1996年7月起逐步放开对外国公司购买韩国股票的限制,到1999年可达29%,2000年起全面废除这一限制。1996年6月,韩国宣布,在之后两年半时间内,完全放开外国人在韩国开设银行和证券公司的限制。从1996年12月起,韩国废除外国公司在外资信托公司中股份不得超过50%的限制。

四、证券市场国际化比较及其经验借鉴

1. 证券市场国际化目标比较

美国和英国等老牌发达国家证券市场国际化的基点建立在其世界经济中心的地位之上,证券市场国际化基本定位于成为全球金融中心。日本证券市场国际化目标选择非常清晰:一是根据其快速发展的经济和日元在国际市场上的波动选择其证券市场国际化推进速度,证券市场国际化很大程度上成为其调节全球日元供给的手段之一;二是证券市场国际化进程明显侧重于低风险、大规模的债券市场,而股票市场则采取一种非常保守和谨慎的策略,债券市场国际化程度远远高于股票市场。新兴证券市场国际化的主要目标选择是尽可能地通过证券市场对外开放吸引国际资本,因此在这一目标引导下部分新兴市场选择了高度自由化政策,如新加坡、马来西亚等,而部分国家和地区虽然选择了逐步自由化政策,如韩国、中国台湾地区等,但总体上都是倾向于一种金融自由化程度较高的证券市场开放政策,而且证券市场开放主要集中在股票市场,这种过分看重吸引国际资本的目标取向也成为后来金融危机爆发的直接原因之一。因此,一国证券市场国际化首先要有一个合理的目标取向,要结合该国实际的经济发展状况,采取相应的开放态度,选择相应的开放重点,否则就可能出现目标选择与实际效果产生巨大差异的问题,严重者将导致金融危机爆发。

2. 证券市场国际化模式选择

一般来讲,根据外国投资者进入一国证券市场的方式,将市场的开放分为直接开放和间接开放两种,其中直接开放又分为完全直接开放和有限制直接开放。从各国家采取的开放模式

来看,绝大多数国家和地区都采取了有限制直接开放或间接开放模式,但更多国家并非简单地选择一种证券市场国际化模式,而是根据其证券市场发展的不同阶段采取相应模式。具体来讲,完全直接开放属于一种金融自由化程度最高的模式,外国投资者享有完全的国民待遇,可以自由买卖该国国内上市证券,在买卖数量、品种以及本金和收益汇入汇出方面均不设限制。这种模式的优点是能最大限度地吸引外资,但同时也由于缺少限制,容易受到世界股市风潮影响或国际游资冲击,吸引外资的稳定性相对较差,因此采取完全开放模式要求国内证券市场具有规模较大、功能健全、能够承受外界冲击的能力。但从各国证券市场国际化实践来看,只有中国香港、德国、意大利、比利时、丹麦等少数国家和地区采取这种模式,即使是类似美英等老牌发达国家的证券市场国际化也未采取这种自由化程度颇高的模式。有限制直接开放是一种较为普遍也更为现实的证券市场开放模式,一般采取设立内外资股两个市场或对国外投资者给予限制两种方式控制证券市场的自由化程度。就各国证券市场国际化实践来看,设立内外资股市场的方式适合证券市场历史较短、规模不大、外汇管制较为严格的国家,主要有中国和菲律宾;但世界上大多数国家在推进证券市场国际化时都会实施一种对国外投资者有所限制的政策,主要目的是避免形成国际资本对该国国计民生有举足轻重影响或敏感性行业和公司的控制,日本、英国、美国等发达国家以及新加坡、韩国、马来西亚、中国台湾等新兴市场国家和地区的间接开放则属于一种较为保守的证券市场开放模式,也是多数国家和地区在证券市场开放初期所采取的模式,其最大特点是通过组建共同基金方式吸引外资。如韩国在 1981 年先后建立的"韩国国际信托基金"和"韩国信托",而我国台湾地区更是通过证券信托投资基金吸引外资进入证券市场的典型代表,并逐步演变为对我国内地极具借鉴意义的 QFII 制度。事实上,一国政府在决定采取何种模式推进其证券市场国际化时,一般都要从本国的外汇制度、经济发展、国家安全和金融市场特点等方面出发,特别是对于诸多新兴市场国家和地区而言,普遍采取一种有限直接开放模式,而且有许多国家和地区在证券市场开放初期则采用间接开放模式,这些值得我们借鉴。但到目前为止多数新兴市场先后出现的金融危机也给各国敲响警钟,即使采取最保守的开放模式也不能完全克服潜在的种种风险,所以采取适当的开放模式只是一个基本框架的选择,在基本模式框架之下制定相应的各种风险控制政策必不可少。

3. 证券市场国际化进程比较

虽然各国选择证券市场国际化的目标和具体模式不尽相同,但在推进证券市场国际化进程方面却具有一定相似性。首先,从证券市场国际化的时机选择来看,无论是发达国家还是新兴市场国家和地区,证券市场发展和对外开放都是建立在经济实力迅速增强的基础之上,只有美英等国家试图建立全球金融市场中心,巩固其全球经济中心地位,而多数新兴市场国家和地区则试图利用流动的国际资本进一步推动自身经济发展。其次,从证券市场国际化进程中投资业务开放程度的控制方式来看,主要有以下四种:一是投资比例控制,初步引入国外投资者时基本控制在 10%~20%之间;二是投资品种限制,对于一些特殊行业,如金融、新闻、航空等设定更为严格的投资比例甚至禁止进入;三是总体规模限制,主要根据市场规模设定国际资本进入总额度;四是投资收益汇出控制,对非居民在国内市场获得的资本利得规定具体的汇出时间或汇出比例。再次,从证券市场国际化业务开放顺序来看,在国际化初期普遍会适当放开国外投资者,即有限制引入国际资本,然后逐步放宽投资比例和品种限制,而对于外国金融机构在国内设立分支机构经营相关中介业务则普遍采取较为谨慎策略,通常都是在投资业务逐步放开过程中有选择地允许其试点经营。总体上看,由于新兴市场国家和地区在证券市场国际化时的经济背景和证券市场发展状况,在业务开放顺序选择上具有三个明显倾向:一是首先考虑能吸引国际资本进入方面的业务领域开放,然后选择可能导致国内资本外流的业务领域开放;二是首先选择容易控制风险的业务领域开放,然后选择不容易控制风险业务领域开放;三是首先选择有利于国内金融机构拓展经营范围的业务领域开放,然后选择可能加剧国内金融机构竞争压力的业务领域开放。从日本等发达国家到韩国、中国台湾等新兴国家和地区,证券市场国际化都是稳步推进,多数国家(地区)证券市场各项业务逐步开放时间基本在 15 年以上甚至更长,但每个国家(地区)证券市场国际化进程的加速最终都建立在外汇管制的放松和突破基础上。可以说,证券市场国际化进程中各项业务开放顺序和开放程度都取决于一国(地区)金融政策变化、经济实力强弱以及证券市场发展程度等因素。

第四节 中国证券市场的国际化

2011 年 5 月国家发改委《关于 2011 年深化经济体制改革重点工作的意见》提出,要围绕加快转变经济发展方式深化改革,推进场外交易市场建设,研究建立国际板市场,进一步完善多层次资本市场体系。可见,我国资本市场国际化受到了相当的重视。随着我国多层次市场的建立、上市公司股东构成越发国际化、多元投资者结构的形成、中国会计制度与国际接轨、做空机制的完善,中国股市越来越透明,国际化道路越走越宽广。

一、中国证券市场国际化发展

我国从 20 世纪 90 年代初开始进行了证券市场国际化的积极而卓有成效的探索,归结起来可以用"四大国际化"加以概括,即上市公司自身业务国际化、证券融资国际化、证券投资国际化和证券经营机构国际化。

(一)上市公司自身业务国际化

上市公司,作为资本市场的参与主体,其走向国际化是中国股市国际化的必然。从公司自身业务组成看,中国企业国际化最重要的路径就是国际购并和海外的业务扩张,越来越多的领域从"中国制造"发展成为"中国所有"。

据普华永道数据统计显示,2011 年中国企业海外并购交易数量达创纪录的 207 宗,已披露的交易金额合计约 429 亿美元。如果加上国内企业间并购和境外企业对境内企业的并购,中国 2011 年全部并购交易的总数量同样创出历史新高。数据显示,2011 年公布的中国并购交易数量达 5 364 宗,已披露的交易金额超过 2 000 亿美元。普华永道指出,中国经济的持续强劲增长及行业整合成为并购交易快速增长的重要驱动因素。

(二)证券融资国际化

1.B 股市场的发展

B 股境内企业发行的以人民币标明面值和以外币认购和进行交易,专供外国和中国港澳台地区的投资者买卖的特种股票。1992 年 2 月第一只 B 股"电真空"发行上市,拉开了中国股票市场国际化的帷幕。截至 2011 年底,B 股市场上共有 108 家上市公司。B 股是人民币不能自由兑换背景条件下中国需要获取外汇、中国资本市场需要国际化的产物。它把企业推向国际市场,把境外投资者引入中国证券市场,是中国证券市场国际化的先驱。

2.境内企业境外发行的发展

1992 年 9 月 10 日,华晨中国在纽约证券交易所挂牌上市,成为我国内地第一家境外上市公司。近 20 年来,我国大量企业在中国香港、美国、新加坡以及境外其他市场首发或买壳上市,形成了强大的海外上市兵团。中国石化还实现了在纽约、伦敦、香港和上海四地同时上市的壮举。

截至 2010 年,在境外资本市场上市的中国公司有 1000 多家,市值超过 6 000 亿美元(4 万亿人民币)。而据美国主要市场(纽约交易所、纳斯达克交易所以及两个场外交易市场 PINK SHEET 与 OTC BB 市场)的统计,具有中国背景的在美上市公司已达约 500 家。

3.外商投资股份有限公司境内发行上市的发展

由于外汇管制等诸多方面的原因,中国还不允许境外企业(境外法人)直接在沪深两地证券交易所发行上市。然而,为了推动境内证券市场的健康发展和对外开放,规范外商投资股份有限公司上市发行股票和外商投资企业进入股票市场的行为,2001 年 11 月 5 日,中国证监会与原对外经贸部联合发布了《关于上市公司涉及外商投资有关问题的若干意见》,明确规定外商投资股份有限公司可以在境内 A 股市场发行上市,同时,《若干意见》对外商投资股份有限公司发行上市的条件进行了明确的规范。

2004 年 5 月 11 日,东睦股份在上海证券交易所挂牌交易,成为第一家外资控股的上市公司,由两家港资一家台资参股的永新股份于 2004 年 7 月 8 日在深圳证券交易所挂牌交易,成为首只外资参股成功上市的中小板公司。

4.债券融资国际化的发展

中国境内机构在境外发行外币债券始于 1982 年 1 月,当时中国国际信托投资公司率先在日本东京市场发行了 100 亿日元的武士债券(私募),揭开了中国债券融资国际化的序幕。1984 年 11 月,中国银行在东京发行 200 亿日元武士债券(公募),标志我国企业正式进入国际债券市场。1985 年 6 月,中国银行首次进入德国法兰克福市场;同年 8 月中信公司首次在中国香港发债,1986 年 11 月、1987 年 10 月相继开拓新加坡和伦敦市场;1993 年初,中国建设银行进入美国市场发债。

国家开发银行于 2003 年和 2004 年成功发行了两次总额 10 亿的境内美元债券,开创了我国境内外币债券市场的先河。由于人民币尚未实现自由兑换,境内外币供给有限,投资者数量并不多,市场流动性较差,因此这个市场还只是处于尝试和起步阶段。

为推进国内债券市场开放,中国人民银行、财政部、国家发展和改革委员会和中国证券监督管理委员会于 2005 年 2 月 18 日联合发布《国际开发机构人民币债券发行管理暂行办法》(以下简称《管理办法》),允许符合条件的国际开发机构在国内发行人民币债券,并于发布之日起正式实施。允许国际开发机构在国内债券市场发行人民币债券,进一步丰富了国内债券市场的发债主体,可以说是我国债券对外开放过程中的一个重大突破,具有极大象征意义和现实意义。2005 年 9 月,国际金融公司(IFC)和亚洲开发银行(ADB)获得国务院批准,将成为首批在华发行人民币债券(熊猫债券)的国际金融机构。2005 年 10 月 9 日,中国人民银行正式批准国际金融公司和亚洲开发银行在全国银行间债券市场分别发行熊猫债券 11.3 亿元和 10 亿元,期限均为 10 年。

(三)证券投资国际化

证券投资国际化最主要是指境外投资者投资于境内证券市场。

在股权分置改革施行之前,境外投资者还可以通过购并重组,受让上市公司 A 股的非流通股部分。1995 年 8 月 9 日,日本五十铃汽车株式会社及伊藤忠商事株式会社分别受让北京旅行车股份有限公司 24 012 万股和 16 008 万股法人股,开启了我国外资受让境内上市公司法人股的先河。由于上市公司向外商转让国家股和法人股,引起公司股权结构变化,股价出现异常波动。为避免造成国有资产流失,保证股票市场健康发展,国务院办公厅于 1995 年 9 月 23 日发布了《国务院办公厅转发国务院证券委员会关于暂停将上市公司国家股和法人股转让给外商请示的通知》,俗称"95 禁令"。

随着我国加入 WTO,准许外资进入的产业被逐渐放开,外商投资法律环境日臻完善,外资受让上市公司的政策也逐渐解冻。2001 年 11 月 5 日,中国证监会和原对外经贸部联合发布了《关于上市公司涉及外商投资有关问题的若干意见》;2002 年 10 月 8 日,中国证监会发布了《上市公司收购管理办法》;2002 年 11 月 4 日,中国证监会、财政部和原国家经贸委联合发布了《关于向外商转让上市公司国有股和法人股有关问题的通知》,明确规定了可以向外商转让上市公司的国有股和法人股。该《通知》使暂停多年的外资并购上市公司得以重新全面启动,彻底解决了外资的市场准入问题,并对外资受让的程序、外资行业政策、外汇管理等方面都作出了明确的政策规定,标志着外资并购上市公司进入了实质性的操作阶段。

随后,原对外贸易经济合作部、国家税务总局、国家工商行政管理总局、国家外汇管理局分别于 2002 年 12 月 30 日、2003 年 3 月 7 日联合发布了《关于加强外商投资企业审批、登记、外汇及税收管理有关问题的通知》及《外国投资者并购境内企业的暂行规定》,这两个文件对外资并购的原则、方式、程序、审批等都做出了相应规定,并在某些方面的立法上有所突破,比如确认并允许外资比例低于 25%,允许被并购企业持股一年以上的自然人股东成为并购后外资企业的股东等,被认为迄今为止关于外资并购国内企业最为详细的规定。

据统计,由境外公司控股的上市公司多达 20 余家,由境外公司参股的上市公司更多。目前,QFII(合格的境外机构投资者)成为境外投资者进入 A 股二级市场的主要渠道。2001 年 11 月 5 日,中国证监会发布了《合格境外机构投资者境内证券投资管理暂行办法》,自 2002 年 12 月 1 日起施行。根据中国证监会公布的 2011 年 4 月 QFII 名录,取得 QFII 资格的机构已达到 109 家。

(四)证券经营机构国际化

2011 年 5 月 30 日,国联证券股份有限公司与苏格兰皇家银行有限公司宣布在中国的合资证券公司正式开业。该公司是首家由英国银行投资的合资证券公司,也是今年在中国首家开业的合资证券公司。

2003 年 1 月 12 日,我国首家中外合资基金管理公司——招商基金管理有限公司——成立。根据中国证监会公布的 2011 年 4 月基金管理公司名录,目前中外合资基金管理公司共有 37 家基金管理有限公司,在基金管理公司占比高达 57.8%。同时,中资券商"走出去"的业务一直在拓展中,11 家内地券商在香港设立的分公司,还有多家中型券商也在筹划借港出海。随着我国经济的企稳回升,资本市场的不断发展,对外开放程度的进一步深化,国内券商正迎来"走出去"的良好时机。

二、我国证券市场国际化发展的障碍

(一)上市公司整体素质不高

由于我国股份制经济不规范,现代企业制度难以真正贯彻,宏观经济运行中缺乏真正的产权清晰的现代企业。我国的股份公司大都是在《公司法》颁布之前经改制设立的,且改制之前这些公司都拥有大量的下属企业,有的是通过划拨兼并而来,有的则以集体所有制形式成立,有的还受到地方机构和部门的管理,这些都导致企业的产权和管理结构不清晰,存在较多的关联交易;而且许多公司的法人治理结构和管理制度尚未真正建立起来,股东大会和监事会形同虚设,董事长总经理实际上仍由上级主管部门任命,董事长总经理权责不清,信息披露极不规范。

(二)金融管制较严格,政府干预较多

我国目前仍实行比较严格的金融管制,其中对证券市场的管制主要是对证券机构建立的限制、对证券上市规模的限制、对外国投资者投资证券活动的限制、对在华外国金融机构业务的限制等。其中,影响中国证券市场国际化的一个主要障碍是人民币不能自由兑换,造成 A、B 股市场分割。这种资金不自由、货币不自由的壁垒在很大程度上排斥了国际证券资本。虽然外国投资者可以通过外汇调剂中心把所得部分利润汇回本国,但这对于机构投资者来说并无吸引力。

在证券市场上,政府既是规则的制定者,也是参与者,还是证券发行的重要主体之一,发行证券的品种仅限于债券。我国证券市场结构性缺陷很突出,主要表现之一就是股票市场和债券市场发展的不平衡。虽然在我国债券比股票出现的早,发行债券的优势也很明显,单发展却很缓慢,主要原因之一就是政府管制较严,行政干预过多。

(三)管理证券市场主要依靠行政手段

公司股票的发行与上市,迄今实行的是额度分配和审批制度。这种以行政手段分配资本市场资源的制度,排斥了企业以业绩和成长预期竞争进入资本市场的平等机会,为寻租行为提供了空间,给绩劣公司以"公关"和虚假包装等手段挤入上市公司行列开了后门,导致上市公司良莠不齐,增加了证券市场的风险。

(四)证券市场投机过度

理论上说,证券市场应是一个投资场所,由于其收益高,故具风险较大。但目前我国证券市场受多种利益机制的内在驱动,其中的风险被明显放大,使我国证券市场有更大的风险:一是政府缺乏管理经验和行为规范,对资本市场干预不及时、不果断或进行不必要的干预,造成市场震荡;二是部分机构投资者人为操纵市场,还有些投资者为谋取暴利,散布虚假信息,造成争购或争售某种股票等种种违法违规行为,往往使广大的投资者尤其是中小投资者蒙受巨大的经济损失;三是证券中介机构自律管理存在很多问题,在一定程度上损害了投资者的利益。

(五)市场规模小,证券数量品种少

纵向看,中国证券市场发展很快,但与横向比,中国证券市场的规模和融资却处于较低水平,难以抵御庞大外国资本的冲击。到 2006 年底,中国有上市公司 1 389 家,而美国与印度超过 7 000 家,日本与英国也超过 3 000 家。日本、瑞士、德国、法国、意大利等国上市公司规模均超过 10 亿美元,而中国上市公司平均规模不到 2 亿美元。同时,我国证券市场金融工具品种少,除股票、债券和基金外,其他衍生工具的发展比较落后,投资者的避险工具匮乏,几乎不存在证券交易的对冲机制,单一的投资品种、单一的交易机制,一直是困扰我国证券市场健康发展的主要难题之一,也是我国证券市场暴涨暴跌、投机气氛浓厚的主要根源。

三、中国证券市场国际化发展的对策

(一)规范上市公司运作,提高上市公司质量

上市公司的规范运作是证券市场国际化的前提和基础。上市公司的质量是保障证券市场不断健康发展的基石,应逐渐推进下列措施提高上市公司质量。

1.建立健全优胜劣汰机制

赋予优秀的上市公司有更大的发展空间,淘汰劣质上市公司。

2.充分发挥证券市场资源优化的功能,实现上市公司的产业机构调整

在推进上市公司兼并重组时,应尽量减少有关部门的行政干预。

3.改善股权结构,完善公司治理

包括建立经理期权制、设置中小股东权益保护机制、独立董事制度等问题。同时,放松对国内企业到国外上市的限制,让更多的企业在国际市场上融资,接受更为严格的监管。

(二)完善我国证券市场投资者结构

投资者可分为机构投资者和个人投资者两类。证券市场完善的重要标志之一就是投资者结构合理并且投资水平高。我国证券投资队伍主要以个人投资者为主,结构很不合理,信息的利用程度低,利用成本高。这种投资者结构对证券市场的平稳发展十分不利,蕴含着巨大的风险。因为个人投资者经验有限,理性投资不足,大多以短线炒作、快进快出为主,从而使证券市场波动较大、投机盛行,而机构投资者却正好相反,机构投资者采用专家理财的方式,注重上市公司的发展潜力,投资稳定,无论是信息分析和传播能力,还是对市场风险的抵御能力都比较强,有利于证券市场的平稳发展。针对这种现状,应该通过各种途径发展壮大机构投资者。另外国外的机构投资者之所以能在证券市场上居于重要地位,其中一个原因是机构投资者中保险基金、社保资金占有相当比重。我国应加大放宽保险资金和社保基金投资资本市场比例,从增量上提高机构投资者在证券市场中的地位。

(三)调整证券市场体系

债券市场和股票市场是一个完善的证券市场体系的两大支柱,从全球证券市场一体化的进程来看,债券市场也始终是一个国际资本流动更为活跃和青睐的市场。但我国目前的证券市场体系非常简单,债券市场发展明显滞后于股票市场。债券市场规模的大小和发达程度对于国际资本的流动倾向具有举足轻重的作用,因为债券市场具有流动性高、风险低、收益稳定的特点,所以总是机构投资者重要的投资组合品种,其规模和发展速度远非股票市场可比。但我国目前的债券市场规模小、市场化程度不高,根本无法满足国际资本的投资要求。

(四)完善上市公司股权结构

我国上市公司股权流动性低且集中度高,对国际资本缺乏吸引力。证券市场最大的特点是充分体现资本的意志,对于许多中小投资者而言主要是行使其"用脚投票"的权利,对于许多资金规模很大的机构投资者而言就不仅局限于此,他们对于股份公司包括股权结构在内的基本情况更为关心,而且包括在一些公司重大经营决策以及保护自身投资安全等方面能否真正行使一个股东的权利和义务,而保证这一权利的基础就是需要一个合理的股权结构基础之上的法人治理结构。我国证券市场按投资主体的身份划分为国家股、法人股、个人股等。其中,国家股、法人股转配的部分不能流通而处于沉淀状态。并且,在可流通股的投资者中,个人投资者占绝大部分,机构投资者只有少部分。此外,同一企业根据其发行股票的对象、地点不同,又分为 A 股、B 股、N 股、H 股等,在不同的交易所或同一交易所进行分类上市。这种结构性

的缺陷扭曲了证券的变现机制、市场评价机制和资本运营机制,造成了证券市场炒作行为的产生,降低了资源的配置效率,阻碍了证券市场的健康发展。应该说,股权分置改革和国有股减持政策的出台,正是为了改善目前上市公司股权低流动性缺陷。可以肯定,随着我国证券市场的不断发展,股权结构的流动性缺陷必将得到改善。只有降低我国市场股权的集中度,提高股权的流动性,真正发挥外部监管机制的有效性,才有望逐步改善目前上市公司业绩不佳和股权流动性的现状,才能增强对国际长期资本的吸引力。

(五)充分发挥中介服务机构在证券市场国际化中的作用

1.壮大证券公司的实力

证券经营机构可谓证券市场运行的核心,它一方面承担着为投资者交易媒介、咨询服务的中介功能,另一方面也为筹资者提供发行上市、资产重组等多方面财务顾问类服务。不仅如此,证券经营机构还往往是金融交易产品的创新者,正是不断的创新,推动着证券市场长期保持高速发展和稳定活跃。从美国证券经营机构的发展历程来看,在其证券市场几百年的发展历史上,大型投资银行经历了"混业—分业—再混业"的过程,目前采取的混业经营模式一方面可以充分发挥传统商业银行资金实力雄厚的优势支持投资银行业务的发展,另一方面也可以充分利用投资银行的盈利能力提高传统商业银行的获利水平。当然,这一模式的根基所在就是要拥有一套完整、有效的监管体系,能够成功地控制和降低因此可能产生的金融风险传递现象。其次,从收入构成来看,国内证券经营机构与美国投资银行相比,具有更高的不稳定性。具体表现在:国内证券经营机构的核心收入为手续费收入和自营证券差价收入,二者占比高达74.12%,而美国投资银行的收入构成更加多样化,也相对均衡,几项收入均在10%～25%之间;国内证券经营机构的核心收入很大程度上依赖证券市场活跃程度。目前看来,券商盈利水平高低与年换手率高低和波动幅度高低具有很强的正相关性,但一个成熟的证券市场必将在理性投资的引导下,逐步降低换手率和波动幅度。与其形成鲜明对比的是,美国投资银行最大的收入来源是各类投资银行业务,应该说其业务收益的稳定性要明显高于手续费收入和自营证券差价收入。可见,我们的收入结构表明我们的盈利能力具有更高的不稳定性。因此壮大券商的实力也迫在眉睫。我们可以通过以下途径壮大券商的实力:首先,增加券商的资本金。中国券商资本金薄弱的问题可通过三条途径解决:一是增资扩容;二是发行上市;三是业内并购。其次,建立合资券商。建立合资券商将有利于国内券商特别是中小型券商的发展和壮大。再次,拓展业务空间。中国证券公司的业务主要集中在传统的业务领域,即承销和经纪业务,近几年还拓展了证券基金的发起与管理及企业并购业务。但传统业务占收入的比重仍很大,中国证券公司应在继续发展基金业务以及并购业务的同时,涉足一些新的业务领域,如金融工程等。只有业务范围广了,公司的经营风险才能得到有效的分散。此外,还应鼓励一部分有实力的证券商走出国门,到海外设立分支机构,以扩大自身的业务规模,参与国际竞争,在竞争中不断壮大自己。

2.积极推动银证合作,逐步实现金融业功能监管

银证合作是国际金融业发展的前沿趋势。花旗、美林等国际金融机构都是混业经营的全能型机构。它们在国际金融市场上扮演的是多面手的角色,与之相比,国内金融机构的融资能力、盈利能力、业务创新能力仍有很大差距,在国外金融机构大举进入国内市场后,国内商业银行或证券公司的运营效益将会受到明显的冲击。因此,稳步推动银证合作,是一个明智的选择,同时应鼓励国内商业银行和证券公司开展多层次、多渠道的合作。符合条件的金融机构可以进行兼并和重组,逐渐提高国内金融机构的竞争力。在条件成熟的时候,实现国内金融业的混业监管,改变目前"分业经营、分业监管"的格局,由主体监管向功能监管转变。

本 章 小 结

证券投资国际化是以证券形式为媒介的资金在国际间的自由流动,各国上市公司的有价证券发行和销售超越本国国界。证券市场国际化是生产国际化和资本国际化发展的必然结果,也是国际金融一体化和国际融资证券化趋势的必然要求,使交易双方可在本国或国际证券市场自由参与各种上市证券的交易活动。

证券市场投资国际化效应包括:提高国内与国际证券市场关联度;优化资源配置;市场法规、会计制度和市场监管国际化;加速金融创新进程。

发行国际证券必须具备一定的条件,但由于发行人和投资者属于不同国家或地区,证券发行及上市条件有不同要求和做法。

世界各国证券市场国际化进程大体可以分为三类:一是以美国、英国为代表的老牌发达国家,其证券市场在形成初期国际化程度就已经较高;二是以日本为代表的后发达国家,随着经济实力的大幅增强逐步开放证券市场;三是以东南亚和拉美国家为代表的新兴工业化国家,由于经济高速发展而对资本需求快速增长,正在加速推进其证券市场国际化进程。比较各国证券市场国际化进程,总结其值得借鉴的共同经验,对我国具有重要的现实意义。

中国在证券筹资、投资、证券商及其业务、证券市场制度国际化等方面都有很大程度发展。但由于中国资本市场的开放程度、证券市场的制度建设、上市公司的治理结构等多种因素制约,目前中国证券市场国际化水平仍有待提高,面对诸多障碍,必须研究相应的对策。

关 键 术 语

国际证券市场　N股上市条件　H股上市程序　扬基债券　武士债券　QFII　QDII
欧洲债券　证券投资国际化模式

思 考 与 练 习

1. 证券投资国际化的效应有哪些?
2. 证券市场国际化的趋势表现为哪些方面?
3. 发行国际证券需要具备什么条件?
4. 欧洲债券有哪些特点?
5. 中国在国外发行证券需要考虑哪些因素?
6. 比较各国证券市场国际化进程,你认为有哪些经验值得我国借鉴?
7. 中国在证券市场国际化方面推出了哪些相关政策?
8. 中国证券投资国际化存在哪些问题和障碍?
9. 论述中国证券市场国际化的障碍和对策。

参考文献

[1] 汉姆·列维. 投资学[M]. 北京：北京大学出版社，2000.

[2] 朱宝宪. 投资学[M]. 北京：清华大学出版社，2002.

[3] 谭中明，等. 证券投资学[M]. 合肥：国科技大学出版社，2004.

[4] 杨大楷. 证券投资学[M]. 上海：上海财经大学出版社，2000.

[5] 谢剑平. 投资学[M]. 北京：北京大学出版社，2004.

[6] 贝政新. 证券投资学[M]. 上海：复旦大学出版社，2005.

[7] 吴晓求. 证券投资学[M]. 北京：中国人民大学出版社，2000.

[8] 滋博·博迪，等. 投资学[M]. 北京：机械工业出版社，2002.

[9] 宋国良. 证券投资基金[M]. 北京：人民出版社，2005.

[10] 施兵超. 金融期货与期权[M]. 上海：上海三联书店，2003.

[11] 章劼. 证券投资学[M]. 上海：复旦大学出版社，2006.

[12] 傅学良. 现代证券投资[M]. 上海：上海交通大学出版社，2002.

[13] 任淮秀. 证券投资学[M]. 北京：高等教育出版社，2003.

[14] 周宗安. 证券投资学[M]. 广州：中山大学出版社，2004.

[15] 陈志军. 证券投资学[M]. 济南：山东人民出版社，2005.

[16] 林俊园. 证券投资学[M]. 郑州：经济科学出版社，2001.

[17] 余杰. 发现黑马——基本分析选股指南[M]. 郑州：河南人民出版社，2000.

[18] 顾铭德. 长线是金——基本面与股价走势分析[M]. 四川人民出版社，1999.

[19] 吴晓求. 证券投资技术分析[M]. 北京：中国人民大学出版社出版，2004.

[20] 尤晓东，等. 证券投资入门[M]. 北京：机械工业出版社，2001.

[21] 李国义，等. 现代证券投资[M]. 北京：中国金融出版社，2003.

[22] 夏江，等. 证券投资通论[M]. 南京：南京大学出版社，2002.

[23] 周爱民. 证券投资学[M]. 北京：中国统计出版社，2003.

[24] 周平海，等. 证券投资分析与评价[M]. 上海：同济大学出版社，2003.

[25] 张祖国. 证券经济学[M]. 上海：华东师范大学出版社，2004.

[26] 陈高翔. 证券投资学[M]. 北京：中国经济出版社，2004.

[27] 李一智. 期货与期权教程[M]. 北京：清华大学出版社，2003.

[28] 戴晓凤. 证券投资学[M]. 长沙：湖南人民出版社，2001.

[29] 约翰·赫尔. 期权、期货和衍生证券[M]. 北京：华夏出版社，1997.

[30] 谢百三. 证券投资学[M]. 北京：清华大学出版社，2005.

[31] 陈永生. 投资学[M]. 成都：西南财经大学出版社，2004.

[32] 曹风岐，等. 证券投资学[M]. 成都：北京大学出版社，2000.

[33] 韩德宗，等. 证券投资学[M]. 成都：中国物价出版社，2002.

［34］胡昌生,等. 证券投资学［M］. 武汉：武汉大学出版社,2002.

［35］夏普. 证券投资理论与资本市场［M］. 北京：中国经济出版社,1992.

［36］杨义进,等. 投资学［M］. 北京：清华大学出版社,2004.

［37］陈世发. 新编债券投资学［M］. 大连：东北财经大学出版社,2004.

［38］孙立,林丽. QFII 制度的理论基础及其在中国证券市场的实践［J］. 东北师大学报（哲学社会科学版）,2005(5).

［39］张磊. QFII 制度与中国渐进资本开放［J］. 金融与经济,2003(7).

［40］谭小芬. QFII 制度在资本账户开放中的可行性分析［J］. 金融教学与研究,2003(1).

［41］Peter S Rose. Money and Capital Markets：Financial Institutions and Instruments in a Global Marketplace［M］. Sixth edition. McGraw-Hall,1997.

［42］William Sharpe,Gordon Alexander and Jeffery Bailey. Investments［M］. fifth edition. Prentice Hall,1995.

［43］Robert. A. Haugen. Modern Investments Theory［M］. fifth edition. Prentice Hall，2001.

图书在版编目(CIP)数据

证券投资学/王建喜主编.—2版.—西安:西安交通大学
出版社,2013.1(2018.11重印)
普通高等教育"十二五"金融学专业规划教材
ISBN 978-7-5605-5037-4

Ⅰ.①证… Ⅱ.①王… Ⅲ.①证券投资-高等学校-教材
Ⅳ.①F830.91

中国版本图书馆 CIP 数据核字(2013)第 018517 号

书　　名	证券投资学(第二版)	
主　　编	王建喜	
责任编辑	魏照民　　武美彤	

出版发行　西安交通大学出版社
　　　　　　（西安市兴庆南路 10 号　邮政编码 710049）
网　　址　http://www.xjtupress.com
电　　话　(029)82668357　82667874(发行中心)
　　　　　　(029)82668315(总编办)
传　　真　(029)82668280
印　　刷　西安明瑞印务有限公司

开　　本　787mm×1 092mm　1/16　**印张** 14.375　**字数** 342 千字
版次印次　2007 年 9 月第 1 版　2014 年 8 月第 2 版　2018 年 11 月第 9 次印刷
印　　数　20 501～21 500
书　　号　ISBN 978-7-5605-5037-4
定　　价　29.80 元